5급 신입행원 채용대비

KDB
산업은행

직업기초능력평가

KDB산업은행

직업기초능력평가

개정판 발행	2022년 10월 7일
개정2판 발행	2023년 3월 27일

편 저 자	|	취업적성연구소
발 행 처	|	㈜서원각
등록번호	|	1999-1A-107호
주 소	|	경기도 고양시 일산서구 덕산로 88-45(가좌동)
교재주문	|	031-923-2051
팩 스	|	031-923-3815
교재문의	|	카카오톡 플러스 친구[서원각]
홈페이지	|	www.goseowon.com

Preface

KDB산업은행은 우리나라의 산업개발과 국민경제의 발전을 위해서 설립되었다. KDB산업 은행은 전후 경제재건 주도, 국가 성장동력 확보, 시장안전판 역할 수행 등 시대적 요구 에 부응하는 역할을 통해 산업과 국민경제 발전을 선도하였다. 대한민국과 함께 성장하는 글로벌 금융리더로 혁신성장금융, 투자금융, 글로벌금융, 사회적금융의 정책금융을 진행하 고 있다.

KDB산업은행은 업무에 필요한 역량 및 책임감과 적응력 등을 구비한 인재를 선발하기 위 하여 필기시험을 치르고 있다. KDB산업은행에서 5급 신입행원 채용하기 위해 시행하는 필기시험인 직업기초능력을 대비하기 위한 교재이다. 응시생이 쉽게 시험유형을 파악하고 효율적으로 대비할 수 있도록 구성하였다. 직업인으로서 갖추어야 할 기초능력을 확인하 는 평가인 NCS직업기초능력평가과목인 의사소통, 수리, 문제해결, 정보능력을 수록하였 다. 매 영역별로 출제분석을 하여 수록하였으며 자주 출제되는 유형을 분석하였다.

직무수행능력에서 일반시사논술을 대비하기 위한 논리적 사고력 평가를 위해 논술의 기초 및 논술논제를 수록하여 다방면으로 대비할 수 있도록 하였다. 또한 KDB면접 기출질문을 인성과 PT/심층면접별로 분류하여 수록하여 응시생이 면접장에서 당황하지 않을 수 있도 록 하였으며 타 금융권 기출질문도 함께 수록하여 다양한 질문으로 면접에 도움이 될 수 있도록 하였다.

신념을 가지고 도전하는 사람은 반드시 그 꿈을 이룰 수 있습니다. 처음에 품은 신념과 열정이 취업 성공의 그 날까지 빛바래지 않도록 서원각이 수험생 여러분을 응원합니다.

Structure

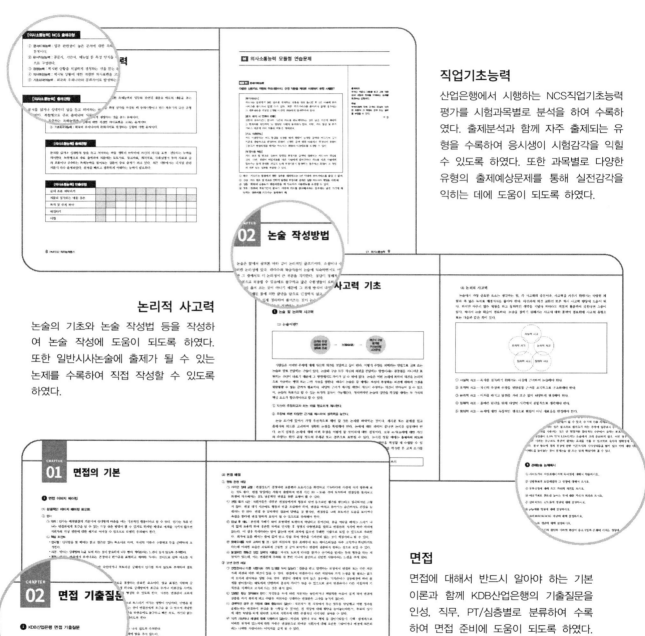

직업기초능력

산업은행에서 시행하는 NCS직업기초능력 평가를 시험과목별로 분석을 하여 수록하였다. 출제분석과 함께 자주 출제되는 유형을 수록하여 응시생이 시험감각을 익힐 수 있도록 하였다. 또한 과목별로 다양한 유형의 출제예상문제를 통해 실전감각을 익히는 데에 도움이 되도록 하였다.

논리적 사고력

논술의 기초와 논술 작성법 등을 작성하여 논술 작성에 도움이 되도록 하였다. 또한 일반시사논술에 출제가 될 수 있는 논제를 수록하여 직접 작성할 수 있도록 하였다.

면접

면접에 대해서 반드시 알아야 하는 기본이론과 함께 KDB산업은행의 기출질문을 인성, 직무, PT/심층별로 분류하여 수록하여 면접 준비에 도움이 되도록 하였다. 또한 타 금융권 기출질문을 수록하여 다양한 질문으로 준비할 수 있도록 하였다.

Contents

Contents

PART

01

직업기초능력

의사소통능력

[의사소통능력] NCS 출제유형

① 문서이해능력 : 업무 관련성이 높은 문서에 대한 독해능력과 업무와 관련된 내용을 메모의 내용을 묻는 문제이다.
② 문서작성능력 : 공문서, 기안서, 매뉴얼 등 특정 양식을 작성할 때 주의사항이나 빈칸 채우기와 같은 유형으로 구성된다.
③ 경청능력 : 제시된 상황을 적절하게 경청하는 것을 묻는 문제이다.
④ 의사표현능력 : 제시된 상황에 대한 적절한 의사표현을 고르는 문제이다.
⑤ 기초외국어능력 : 외국과 우리나라의 문화차이로 발생하는 상황에 대한 문제이다.

[의사소통능력] 출제경향

문서를 읽거나 상대방의 말을 듣고 의미하는 바를 정확히 파악하여 자신의 의사를 표현 · 전달하는 능력을 의미한다. 복합형으로 주로 출제되며 지문에는 보도자료, 참고자료, 회의자료, 상품설명서 등의 자료로 글의 흐름이나 유추하는 독해능력을 물어보는 질문이 주로 출제가 되고 있다. 최근 시험에서는 디지털 관련 지문이 다수 출제되었다. 문제를 빠르고 정확하게 이해하는 능력이 필요하다.

[의사소통능력] 빈출유형

글의 흐름 파악하기											
지문과 일치하는 내용 유추											
목적 및 주제 파악											
배열하기											
어법											

예제 01 문제이해능력

다음은 신용카드 약관의 주요내용이다. 규정 약관을 제대로 이해하지 못한 사람은?

[부가서비스]

카드사는 법령에서 정한 경우를 제외하고 상품을 새로 출시한 후 1년 이내에 부가서비스를 줄이거나 없앨 수가 없다. 또한 부가서비스를 줄이거나 없앨 경우에는 그 세부내용을 변경일 6개월 이전에 회원에게 알려주어야 한다.

[중도 해지 시 연회비 반환]

연회비 부과기간이 끝나기 이전에 카드를 중도해지하는 경우 남은 기간에 해당하는 연회비를 계산하여 10 영업일 이내에 돌려줘야 한다. 다만, 카드 발급 및 부가서비스 제공에 이미 지출된 비용은 제외된다.

[카드 이용한도]

카드 이용한도는 카드 발급을 신청할 때에 회원이 신청한 금액과 카드사의 심사 기준을 종합적으로 반영하여 회원이 신청한 금액 범위 이내에서 책정되며 회원의 신용도가 변동되었을 때에는 카드사는 회원의 이용한도를 조정할 수 있다.

[부정사용 책임]

카드 위조 및 변조로 인하여 발생된 부정사용 금액에 대해서는 카드사가 책임을 진다. 다만, 회원이 비밀번호를 다른 사람에게 알려주거나 카드를 다른 사람에게 빌려주는 등의 중대한 과실로 인해 부정사용이 발생하는 경우에는 회원이 그 책임의 전부 또는 일부를 부담할 수 있다.

---

① 혜수 : 카드사는 법령에서 정한 경우를 제외하고는 1년 이내에 부가서비스를 줄일 수 없어.
② 진성 : 카드 위조 및 변조로 인하여 발생된 부정사용 금액은 일괄 카드사가 책임을 지게 돼.
③ 영훈 : 회원의 신용도가 변경되었을 때 카드사가 이용한도를 조정할 수 있어.
④ 영호 : 연회비 부과기간이 끝나기 이전에 카드를 중도해지하는 경우에는 남은 기간에 해당하는 연회비를 카드사는 돌려줘야 해.

출제의도

주어진 약관의 내용을 읽고 그에 대한 상세 내용의 정보를 이해하는 능력을 측정하는 문항이다.

해설

부정사용에 대해 고객의 과실이 있으면 회원이 그 책임의 전부 또는 일부를 부담할 수 있다.

※ ②

예제 02 문서작성능력

다음은 들은 내용을 구조적으로 정리하는 방법이다. 순서에 맞게 배열하면?

> ㉠ 관련 있는 내용끼리 묶는다.
> ㉡ 묶은 내용에 적절한 이름을 붙인다.
> ㉢ 전체 내용을 이해하기 쉽게 구조화한다.
> ㉣ 중복된 내용이나 덜 중요한 내용을 삭제한다.

① ㉠㉡㉢㉣　　　　　　　　② ㉠㉡㉣㉢
③ ㉡㉠㉢㉣　　　　　　　　④ ㉡㉠㉣㉢

출제의도
음성정보는 문자정보와는 달리 쉽게 잊히기 때문에 음성정보를 구조화 시키는 방법을 묻는 문항이다.

해설
내용을 구조적으로 정리하는 방법은 '㉠ 관련 있는 내용끼리 묶는다. → ㉡ 묶은 내용에 적절한 이름을 붙인다. → ㉣ 중복된 내용이나 덜 중요한 내용을 삭제한다. → ㉢ 전체 내용을 이해하기 쉽게 구조화한다.'가 적절하다.

※ ②

예제 03 문서작성능력

다음 중 공문서 작성에 대한 설명으로 가장 적절하지 못한 것은?

① 공문서나 유가증권 등에 금액을 표시할 때에는 한글로 기재하고 그 옆에 괄호를 넣어 숫자로 표기한다.
② 날짜는 반드시 연도와 월, 일을 언급하며, 날짜 다음에 괄호를 사용할 때는 마침표를 찍지 않는다.
③ 첨부물이 있는 경우에는 붙임 표시문 끝에 1자 띄우고 "끝."이라고 표시한다.
④ 공문서의 본문이 끝났을 경우에는 1자를 띄우고 "끝."이라고 표시한다.

출제의도
업무를 할 때 필요한 공문서 작성법을 잘 알고 있는지를 측정하는 문항이다.

해설
공문서 금액 표시는 아라비아 숫자로 쓰고, 숫자 다음에 괄호를 하여 한글로 기재한다.
예 123,456원의 표시 : 금 123,456
　　　(금 일십이만삼천사백오십육원)

※ ①

예제 04 의사표현능력

당신은 팀장님께 업무 지시내용을 수행하고 결과물을 보고 드렸다. 하지만 팀장님께서는 "최 대리, 업무를 이렇게 처리하면 어떡하나? 누락된 부분이 있지 않은가."라고 말하였다. 이에 대해 당신이 행할 수 있는 가장 부적절한 대처 자세는?

① "죄송합니다. 제가 잘 모르는 부분이라 이수혁 과장님께 부탁을 했는데 과장님께서 실수를 하신 것 같습니다."
② "주의를 기울이지 못해 죄송합니다. 어느 부분을 수정보완하면 될까요?"
③ "지시하신 내용을 제가 충분히 이해하지 못하였습니다. 내용을 다시 한 번 여쭤보아도 되겠습니까?"
④ "부족한 내용을 보완하는 자료를 취합하기 위해서 하루정도가 더 소요될 것 같습니다. 언제까지 재작성하여 드리면 될까요?"

출제의도
상사가 잘못을 지적하는 상황에서 어떻게 대처해야 하는지를 묻는 문항이다.

해설
상사가 부탁한 지시사항을 다른 사람에게 부탁하는 것은 옳지 못하며 설사 그렇다고 해도 그 일의 과오에 대해 책임을 전가하는 것은 지양해야 할 자세이다.

※ ①

예제 05 경청능력

다음은 면접스터디 중 일어난 대화이다. 민아의 고민을 해소하기 위한 조언으로 가장 적절한 것은?

> 영주 : 민아 씨, 어디 아파요? 표정이 안 좋아 보여요.
> 민아 : 제가 원서 넣은 공단이 내일 면접이어서요. 그동안 스터디를 통해서 면접연습을 많이 했는데도 벌써부터 긴장이 되네요.
> 영주 : 민아 씨는 자기 의견도 명확히 피력할 줄 알고 조리 있게 설명을 잘 하시니 걱정 안하셔도 될 것 같아요. 아, 손에 꽉 쥐고 계신 건 뭔가요?
> 민아 : 아, 제가 예상 답변을 정리해서 모아둔 거예요. 내용은 거의 외웠는데 이렇게 쥐고 있지 않으면 불안해서….
> 영주 : 그 정도로 준비를 철저히 하셨으면 걱정할 이유 없을 것 같아요.
> 민아 : 그래도 압박면접이거나 예상치 못한 질문이 들어오면 어떻게 하죠?
> 영주 : _____

① 시선을 적절히 처리하면서 부드러운 어투로 말하는 연습을 해보는 건 어때요?
② 공식적인 자리인 만큼 옷차림을 신경 쓰는 게 좋을 것 같아요.
③ 당황하지 말고 질문자의 의도를 잘 파악해서 침착하게 대답하면 되지 않을까요?
④ 예상 질문에 대한 답변을 좀 더 정확하게 외워보는 건 어떨까요?

출제의도
상대방이 하는 말을 듣고 질문 의도에 따라 올바르게 답하는 능력을 측정하는 문항이다.

해설
민아는 압박질문이나 예상치 못한 질문에 대해 걱정을 하고 있으므로 침착하게 대응하라고 조언을 해주는 것이 좋다.

※ ③

1 다음 글에서 언급된 밑줄 친 '합리적 기대이론'에 대한 설명으로 적절하지 않은 것?

> 과거에 중앙은행들은 자신이 가진 정보와 향후의 정책방향을 외부에 알리지 않는 이른바 비밀주의를 오랜 기간 지켜왔다. 통화정책 커뮤니케이션이 활발하지 않았던 이유는 여러 가지가 있었지만 무엇보다도 통화정책 결정의 영향이 파급되는 경로가 비교적 단순하고 분명하여 커뮤니케이션의 필요성이 크지 않았기 때문이었다. 게다가 중앙은행에게는 권한의 행사와 그로 인해 나타난 결과에 대해 국민에게 설명할 어떠한 의무도 부과되지 않았다.
>
> 중앙은행의 소극적인 의사소통을 옹호하는 주장 가운데는 비밀주의가 오히려 금융시장의 발전을 가져올 수 있다는 견해가 있었다. 중앙은행이 모호한 표현을 이용하여 자신의 정책의도를 이해하기 어렵게 설명하면 금리의 변화 방향에 대한 불확실성이 커지고 그 결과 미래 금리에 대한 시장의 기대가 다양하게 형성된다. 이처럼 미래의 적정금리에 대한 기대의 폭이 넓어지면 금융거래가 더욱 역동적으로 이루어짐으로써 시장의 규모가 커지는 등 금융시장이 발전하게 된다는 것이다. 또한 통화정책의 효과를 극대화하기 위해 커뮤니케이션을 자제해야 한다는 생각이 통화정책 비밀주의를 오래도록 유지하게 한 요인이었다. <u>합리적 기대이론</u>에 따르면 사전에 예견된 통화정책은 경제주체의 기대 변화를 통해 가격조정이 정책의 변화 이전에 이루어지기 때문에 실질생산량, 고용 등의 변수에 변화를 가져올 수 없다. 따라서 단기간 동안이라도 실질변수에 변화를 가져오기 위해서는 통화정책이 예상치 못한 상황에서 수행되어야 한다는 것이다.
>
> 이 외에 통화정책결정에 있어 중앙은행의 독립성이 확립되지 않은 경우 비밀주의를 유지하는 것이 외부의 압력으로부터 중앙은행을 지키는 데 유리하다는 견해가 있다. 중앙은행의 통화정책이 공개되면 이해관계가 서로 다른 집단이나 정부 등이 정책결정에 간섭할 가능성이 커지고 이들의 간섭이 중앙은행의 독립적인 정책수행을 어렵게 할 수 있다는 것이다.

① 사람들은 현상을 충분히 합리적으로 판단할 수 있으므로 어떠한 정책 변화도 미리 합리적으로 예상하여 행동한다.

② 경제주체들이 자신의 기대형성 방식이 잘못되었다는 것을 알면서도 그런 방식으로 계속 기대를 형성한다고 가정하는 것이다.

③ 예상하지 못한 정책 충격만이 단기적으로 실질변수에 영향을 미친다.

④ 1년 후의 물가가 10% 오를 것으로 예상될 때 10% 이하의 금리로 돈을 빌려 주면 손실을 보게 되기 때문에, 대출금리를 10% 이상으로 인상시켜 놓게 된다.

> 🎯**ADVICE** 제시글을 통해 알 수 있는 합리적 기대이론의 의미는, 가계나 기업 등 경제주체들은 활용가능한 모든 정보를 활용해 경제상황의 변화를 합리적으로 예측한다는 것으로, 이에 따르면 공개된 금융, 재정 정책은 합리적 기대이론에 의한 경제주체들의 선제적 반응으로 무력화되고 만다. 보기 ②에서 언급된 내용은 이와 정반대로 움직이는 경제주체의 모습을 설명한 것으로, 경제주체들이 드러난 정보를 무시하고 과거의 실적치만으로 기대를 형성하는 기대오류를 범한다고 보는 견해이다.

2 K기업의 입사설명회에서 면접 강의를 한 L씨는 다음과 같이 강의를 하였다. 이 강의를 준비하기 위한 사전 계획 중 L씨의 강의 내용에 포함되지 않은 것은?

> 오늘은 K기업의 입사시험을 준비하는 여러분에게 면접에 대한 대비 방법에 대해 알려드리려고 합니다.
>
> 면접 준비는 어떻게 해야 할까요? 먼저 입사하고자 하는 기업의 특성과 원하는 인재상에 맞는 면접 예상 질문을 만들고 그에 대한 답변을 준비하는 것이 좋습니다. 예를 들어 사회적기업에 입사를 하려고 한다면 신문이나 잡지 등에서 사회적 이슈가 되고 있는 것을 찾아 예상 질문을 만들고 거울을 보면서 실제 면접관 앞이라고 생각하며 답변을 해 보면 면접에 대한 자신감을 키울 수 있습니다.
>
> 면접은 일반적으로 일대일 면접, 일대다 면접, 다대다 면접 이렇게 세 가지 유형으로 분류할 수 있습니다. 면접 유형이 다르면 전략도 달라져야 합니다. 다대다 면접을 치르는 기업의 경우 질문하는 면접관이 여러 면이므로 면접관 한 사람 한 사람의 질문에 집중해야 하고, 질문한 면접관의 눈을 응시하며 답변을 해야 합니다. 또한 다른 지원자들이 하는 답변도 잘 경청하는 것이 중요합니다.
>
> 면접 상황에서 가장 중요한 것은 질문의 의도가 사실의 정보를 요구하는 것인지, 본인의 의견을 묻는 것인지를 분명하게 파악해야 합니다. 사실적 정보를 묻는 질문이라면 객관적 내용을 토대로 명확하게 답변을 해야 하고, 본인의 의견을 묻는 질문이라면 구체적 근거를 제시하여 자신의 견해를 논리적으로 대답해야 합니다.
>
> 만약 면접관이 여러분에게 '음식물 쓰레기 종량제'에 대한 찬반 의견을 묻는다면 여러분은 어떻게 답변을 하시겠습니까? 먼저 찬반 입장을 생각한 후 자신의 입장을 분명히 밝히고 그에 따른 구체적 근거를 제시하면 됩니다. 이때 근거는 보통 세 가지 이상 드는 것이 좋습니다. 가능하면 실제 사례나 경험을 바탕으로 설명하는 것이 설득력을 높일 수 있습니다. 면접관이 추가 질문을 할 경우에는 앞서 했던 답변 중 부족한 부분이 무엇이었는지를 점검하고 보완해서 대답을 하면 됩니다.

① 구체적인 사례를 들어 청중의 이해를 도울 것이다.
② 청중의 특성을 고려하여 강의 내용을 선정할 것이다.
③ 청중과의 상호 작용을 위해 질문의 형식을 활용할 것이다.
④ 강의 중 청중의 배경지식을 확인하여 내용의 수준을 조절할 것이다.

> **ADVICE** L씨는 청중이 취업준비생이라는 특성을 고려하여 면접 전형 대비 방법에 대한 강의 내용을 선정하였고, 질문의 형식을 활용하고 있다. 또한 예상 질문을 통해 사례를 구체적으로 들어 청중의 이해를 돕고 있다. 그러나 청중의 배경지식을 확인하여 내용의 수준을 조절한다고 보기는 어렵다.

📖 Answer. 1.② 2.④

3 다음은 입찰 관련 안내문의 일부이다. 다음 입찰 안내문을 보고 알 수 있는 내용으로 적절하지 않은 것은?

- 용역명 :「한국로(路) 제13지구 도시환경정비사업 건축설계 및 인허가」용역
- 용역목적
(1) 건축물 노후화에 따른 업무 환경개선과 시설기능 개선 및 향상을 도모하고 미래 환경에 대한 최적의 지원 환경 구축과 효율적인 보유 자산 활용을 위해 한국로(路) 제13지구 기존 건축물을 재건축하고자 함
(2) 한국로(路) 제13지구 도시환경정비사업 건축설계 및 인허가 용역은 건축, 정비계획, 지하철출입구, 관리처분 계획 등을 위한 설계에 대한 축적된 지식과 노하우를 보유한 최적의 설계회사를 선정하는데 목적이 있음
- 용역내용

구분		설계개요
발주자		K은행
토지 등 소유자		K은행, ㈜K홀딩스
위치		서울특별시 한국구 한국로 ×××
설계 규모	기간	건축물사용승인 완료 후 1개월까지(계약일로부터 약 67개월)
	추정공사비	약 430억 원(VAT포함) ☞ 건축공사비 408억, 지하철 연결 22억 원(변동가능)
	사업시행 면적	2,169.7㎡(656평) 당행(1,494.2㎡) + K홀딩스(191.1㎡) + 기부채납(공원)부지(207.4㎡) + 서쪽 보행자도로 조성(271.9㎡) + 도로 ×××번지 일부(5.1㎡ 편입)
	대지면적	1,685.3㎡(509.8평) • 당행(1,494.2㎡ : 452평) • ㈜K홀딩스(191.1㎡ : 57.8평)
	연 면 적	21,165㎡(6,402평) 내외
	건물규모	지하 5층, 지상 18층 내외
	주요시설	업무시설 및 부대시설
	설계내용 설계	건축 계획 · 기본 · 실시설계, 지하철출입구 · 공공보행통로 설계 등 정비사업 시행에 필요한 설계
	인허가	건축허가, 정비계획 변경, 도시계획시설(철도) 변경, 실시계획 인가, 사업시행인가, 관리처분계획인가 등 정비사업 시행에 필요한 인허가
	기타	사후설계 관리업무, 설계 및 인허가를 위한 발주자 또는 인허가청 요청업무 등

① 건축 및 사업 시행에 필요한 인가와 허가 사항은 모두 낙찰업체의 이행 과제이다.

② 지상 · 지하 총 23층 내외의 건축물 설계에 관한 입찰이며, 업무시설 이외의 시설도 포함된다.

③ 건축물 사용승인을 얻은 후에도 일정 기간 용역 계약은 유지된다.

④ 응찰업체는 추정가격 430억 원을 기준으로 가장 근접한 합리적인 가격을 제시하여야 한다.

> 🅰️ADVICE ④ 주어진 입찰 건은 건축물 시공에 대한 입찰이 아니며, 설계 및 인허가에 관한 용역 계약이므로 추정
> 공사비는 설계를 위한 참고 사항으로 제시한 것으로 보아야 하며, 따라서 설계 용역 응찰업체가 430
> 억 원에 근접한 가격을 제시할 필요는 없다.
> ① 입찰의 설계 내용에 제반 인허가 사항이 포함되어 있으므로 낙찰될 업체의 의무 이행 과제라고 볼 수
> 있다.
> ② 건물규모가 지하 5층, 지상 18층 내외이며 주요시설로 업무시설 및 부대시설이 있음을 명시하고 있다.
> ③ 건축물사용승인 완료 후 1개월까지가 계약 기간이 된다.

▌4~5▐ 다음은 K은행의 **직장인월복리적금** 상품설명서이다. 물음에 답하시오.

직장인월복리적금

- 상품특징 : 급여이체 및 교차거래 실적에 따라 우대금리를 제공하는 직장인 재테크 월복리적금상품
- 가입대상 : 만 18세 이상 개인(단, 개인사업자 제외)
- 가입기간 : 1년 이상 3년 이내(월 단위)
- 가입금액 : 초입금 및 매회 입금 1만 원 이상 원 단위, 1인당 분기별 3백만 원 이내
  - 계약기간 3/4 경과 후 적립할 수 있는 금액은 이전 적립누계액의 1/2 이내
- 적립방법 : 자유적립식
- 금리안내 : 기본금리 + 최대0.8%p
  - 기본금리 : 신규가입일 당시의 적금 고시금리
- 우대금리 : 우대금리 0.8%p(가입 월부터 만기일 전월 말까지 조건 충족 시)
  - 가입기간 동안 1회 이상 당행에 건별 50만 원 이상 급여를 이체한 고객 中
    - 가입기간 중 3개월 이상 급여이체 0.3%p
    - 당행의 주택청약종합저축(청약저축 포함) 또는 적립식펀드 중 1개 이상 가입 0.2%p
    - 당행 신용 · 체크카드의 결제실적이 100만 원 이상 0.2%p
  - 인터넷 또는 스마트뱅킹으로 본 적금에 가입 시 0.1%p
- 이자지급방법 : 월복리식(단, 중도해지이율 및 만기후이율은 단리계산)
- 가입/해지안내 : 비과세종합저축으로 가입가능

📄 Answer. 3.④

- ■ 유의사항
- • 우대금리는 만기해지 계좌에 대해 계약기간 동안 적용합니다.
- • 본 상품은 인터넷을 통한 담보대출이 불가하오니 가까운 K은행 영업점을 방문해 주시기 바랍니다.
- • 급여이체 실적 인정기준은 아래와 같습니다.
  - – 당행에서 입금된 급여이체(인정금액 : 월 누계금액 50만 원 이상)
  - – 창구 입금 : 급여코드를 부여받은 급여 입금분
  - – 인터넷뱅킹 입금 : 개인사업자/법인이 기업인터넷뱅킹을 통해 대량입금이체(또는 다계좌이체)에서 급여코드로 입금한 급여
  - – 타행에서 입금된 급여이체(인정금액 : 입금 건당 50만 원 이상)
  - – '급여, 월급, 봉급, 상여금, 보너스, 성과급, 급료, 임금, 수당, 연금' 문구를 포함한 급여이체 입금분
  - – 전자금융공동망을 통한 입금분 중 급여코드를 부여받아 입금된 경우
  - – 급여이체일을 전산등록한 후 해당일에 급여이체 실적이 있는 경우 '급여이체일 ± 1영업일'에 이체된 급여를 실적으로 인정(단, 공휴일 및 토요일 이체 시 실적 불인정)
  - – 급여이체일 등록 시 재직증명서, 근로소득원천징수영수증, 급여명세표 중 하나를 지참하시어 K은행 영업점을 방문해주시기 바랍니다.
- • 자동이체일이 말일이면서 휴일인 경우 다음 달 첫 영업일에 자동이체 처리되오니, 자동이체 등록 시 참고하시기 바랍니다.

4 다음 중 직장인월복리적금의 특징을 바르게 설명한 것은?

① 직장인만 가입할 수 있다.

② 만기까지 한도 제한 없이 직립할 수 있다.

③ 만기일 전월말 기준으로 K은행의 적립식펀드 가입실적이 있다면 0.2%p 우대금리가 적용된다.

④ 전산등록한 급여이체일이 18일(금)일 때 19일(토)에 이체된 급여는 실적으로 인정되지 않는다.

> ⊙ADVICE ① 만 18세 이상 개인(개인 사업제 제외)이면 가입할 수 있다.
> ② 가입금액은 초입금 및 매회 입금 1만 원 이상 원 단위, 1인당 분기별 3백만 원 이내이며, 계약기간 3/4 경과 후 적립할 수 있는 금액은 이전 적립누계액의 1/2 이내이다.
> ③ 가입기간 동안 1회 이상 당행에 건별 50만 원 이상 급여를 이체한 고객에 해당해야 한다.

5 S기업에서 일하고 있는 김 대리는 근처 K은행에 방문했다가 직장인월복리적금에 가입하였다. 다음 사항을 참고하여 김 대리에게 발급된 적금 통장에 표기된 내용으로 적절하지 않은 것은?

- 김 대리의 급여일은 매달 10일로, 기존 K은행 계좌로 300만 원의 급여가 이체되고 있다.
- 상품 가입일은 2022년 2월 1일로 가입기간은 3년으로 한다.
- 초입금은 30만 원으로 하고 매달 15일에 30만 원씩 자동이체를 신청하였다.
- 2022년 2월 1일 기준 적금 고시금리, 연 %, 세전)

가입기간	1년~2년 미만	2년~3년 미만	3년
금리	1.0	1.2	1.5

예금주	상품명	계좌번호	이율
김○○	직장인월복리적금	123-456-7890-0	① 1.6%

신규일 : 2022년 02월 01일
② 가입기간 : 36개월
③ 만기일 : 2025년 02월 01일

행	년 월 일	출금	입금	잔액	거래지점
1	20220201		④ 300,000	300,000	
2	202203015		300,000	600,000	

ADVICE ① 우대금리는 가입 월부터 만기일 전월 말까지 조건 충족 시 적용되는 것으로 발급된 적금 통장에는 기본금리가 기록된다. 가입기간 36개월에 해당하는 기본금리는 1.5%이다.

6 다음은 K20 청춘카드에 대한 설명이다. 옳지 않은 것은?

20대의 다양한 꿈과 도전, 'K20 청춘'과 함께!

- 가입대상 : 개인
- 후불교통카드 : 신청 가능
- 카드브랜드 : W(JCB), MasterCard
- 연회비 : W(JCB) 8,000원 / MasterCard 10,000원

〈청춘 선택서비스〉

1. 청춘여행 / 청춘놀이 Type 중 한가지 선택
2. 카드발급 신청 시 한가지를 선택하여 발급한 이후에는 변경 불가
3. 카드 Type별 선택서비스
□ 청춘여행
• 인천공항 라운지 무료이용 서비스
– 통합 월 1회, 연 2회 제공
– 서비스 조건 : 전월 이용실적 50만 원 이상 시 제공
※ 본 서비스는 카드 사용등록하신 달에는 제공되지 않으며 그다음 달부터 서비스 조건 충족 시 제공
□ 청춘놀이
• 전국 놀이공원 할인
– 통합 월 1회, 연 6회 제공
– 서비스 조건 : 전월 이용실적 30만 원 이상 시 제공

유형	제공서비스
유형1(은행에서 정한 놀이공원 8곳)	본인 자유이용권 50% 현장할인
유형2(은행에서 정한 놀이공원 2곳)	본인 입장료 30% 현장할인
유형2(은행에서 정한 놀이공원 1곳)	본인 무료입장

※ 본 서비스는 카드 사용등록하신 달에는 제공되지 않으며 그다음 달부터 서비스 조건 충족 시 제공

〈주요 서비스〉

• 온라인 쇼핑몰 K몰에서 건당 이용금액 2만 원 이상 시 10% 청구할인
• 온라인 서점 10% 청구할인(건당 이용금액 2만 이상 시)
• 어학시험 10% 청구할인(건당 이용금액 2만 이상 시) 월 1회, 연 6회 제공
• 영화 온라인 예매(홈페이지, 모바일앱) 2,000원 청구할인(1만 원 이상 결제 시, 월 1회)
• 배달앱 10% 청구할인(건당 이용금액 1만 원 이상 시)

① K20 청춘카드는 브랜드에 따라 연회비가 다르다.

② 청춘 선택서비스는 카드발급 신청 시 선택한다.

③ 청춘카드 선택서비스 조건은 모두 동일하다.

④ K20 청춘카드로 온라인 쇼핑몰 K몰에서 3만 원짜리 쌀을 구매할 경우 3,000원을 할인받을 수 있다.

> 🄰 ADVICE ③ 청춘여행 Type의 서비스 조건은 '전월 이용실적 50만 원 이상 시 제공'이고, 청춘놀이 Type의 서비스 조건은 '전월 이용실적 30만 원 이상 시 제공'으로 서로 다르다.
> ① W(JCB) 브랜드의 연회비는 8,000원이고, MasterCard 브랜드의 연회비는 10,000원이다.
> ② 청춘 선택서비스는 카드발급 신청 시 선택하며 발급 후에는 변경이 불가하다.
> ④ 온라인 쇼핑몰 K몰에서 건당 이용금액 2만 원 이상 사용 시 10%의 청구할인이 가능하므로 3만 원짜리 쌀을 구매할 경우 3,000원 할인받을 수 있다.

┃7~8┃ 다음은 K은행의 '신나는 직장인 대출' 상품의 안내문이다. 이를 보고 이어지는 물음에 답하시오.

〈신나는 직장인 대출〉

1. 상품특징 : 공무원, 사립학교 교직원, 당행 선정 우량기업 임직원 대상 신용대출상품
2. 대출대상
- 공무원, 사립학교 교직원, 당행 선정 우량기업에 3개월 이상 정규직으로 재직 중인 급여소득자
- 단, 인터넷 또는 모바일을 통한 비대면 대출은 재직기간 1년 이상이고, 소득금액증명원에서 최근 귀속년도 소득금액으로 소득확인이 가능한 고객(대출신청일 현재 동일사업장 국민건강보험 가입이력이 1년 이상이어야 하며, 자격유지 기준 변동사항인 휴직, 이직, 합병 등이 있는 경우에는 신청이 불가합니다.)
3. 대출기간 : 일시상환대출 1년 이내(1년 단위로 연장 가능), 할부상환대출 5년 이내
4. 대출한도 : 최대 2억 5천만 원 이내(단, 인터넷 또는 모바일을 통한 비대면 대출은 최대 1억 원 이내
5. 대출금리

기준금리	우대금리	최종금리
연리 2.00%	연리 0.40%(최대)	연리 1.60~2.00%

※ 당행 기준금리 1년 고정
6. 우대금리 : K몰 고객(골드레벨 이상) 0.20%p, 급여이체 0.10%p, 신용카드 이용(3개월)100만 원 이상 0.10%p 등
7. 연체이자율 : 연체기간에 관계없이 연체일수 × (채무자 대출금리 + 3%) ÷ 365
8. 고객부담수수료

5천만 원 이하	5천만 원 초과 ~ 1억 원 이하	1억 원 초과 ~ 2억 원 이하	2억 원 초과
없음	7만 원	15만 원	20만 원

9. 필요서류
실명확인증표, 재직증명서 또는 전자공무원증, 고용보험 가입확인서(필요 시), 소득확인서류, 기타 필요 시 요청서류

📑 Answer. 6.③

7 다음 중 신나는 직장인 대출 상품의 대출 금리에 대하여 올바르게 판단한 설명이 아닌 것은 어느 것인가?

① 1억 원 대출 시 최소 적용 가능한 연 이자액은 160만 원이다.
② 1개월 연체한 경우와 6개월 연체한 경우의 연체이자율은 동일하다.
③ 3개월 신용카드 월 평균 사용금액이 30만 원인 경우, 적어도 1.90%까지의 금리 적용이 가능하다.
④ K몰의 골드레벨 고객이 급여이체도 K은행을 통하여 하고 있을 경우, 적어도 1.70%까지의 금리 적용이 가능하다.

> **ADVICE** ③ 3개월 신용카드 월 평균 사용금액이 30만 원인 경우 총 사용금액이 100만 원 이하이므로 우대금리가 적용되지 않아 다른 혜택 사항이 없을 경우 적어도 1.90%의 금리가 적용되지 않게 된다.
> ① 모든 우대금리 혜택 사항에 적용될 경우, 1.60%의 금리가 적용되므로 이자액은 160만 원이 된다.
> ② 연체이자율은 연체기간에 관계없이 적용된다.
> ④ 골드레벨 K몰 고객이 급여이체도 K은행을 통하여 하고 있을 경우, 0.20%p와 0.10%p가 우대되므로 1.70%까지 금리 적용이 가능하다.

8 다음은 K은행의 '신나는 직장인 대출' 상품을 알아보기 위한 고객과 은행 직원과의 질의응답 내용이다. 응답 내용이 상품 안내문의 내용과 부합되지 않는 것은 어느 것인가?

Q. 석달 전에 우리 아들이 공무원이 되었는데요, 인터넷으로 신청을 하면 비대면 대출이 될 테니 8천만 원 정도 대출은 가능하겠네요?
A. ① 네 고객님, 비대면 대출의 경우는 최대 1억 원 한도입니다. 8천만 원 대출은 가능하시겠어요.
Q. 저는 사립학교 행정실에 5년 째 근무하는 직원입니다. 2억 원 정도 대출을 받고 싶은데 급여이체 계좌를 K은행으로 옮기면 금리가 2% 이하로 적용될 수 있지요?
A. ② 네 가능합니다. 그런 경우 1.90%의 금리를 적용받으시겠네요.
Q. 안내문을 보니 저는 우대금리 혜택 사항에 모두 해당이 되는데요, 연체이자율은 3.60%가 되는 게 맞겠네요?
A. ③ 아닙니다. 우대금리가 최대 적용되신다면 최종 1.60%의 금리이신데요, 여기에 3%가 추가되어 연체이자율은 4.60%가 적용됩니다.
Q. 서류를 준비해서 은행을 방문하려 하는데요, 재직증명서만 있으면 4대보험 가입 확인과 소득 확인이 될 테니 재직증명서만 가져가면 되겠지요?
A. ④ 고용보험 가입확인서는 필요한 경우에만 요청드리고 있는데요, 소득확인서류는 별도로 준비해 오셔야 합니다.

> **ADVICE** ① 인터넷, 모바일 등 비대면 대출의 경우 대출금액은 최대 1억 원 한도로 규정되어 있으나, '재직기간 1년 이상'이라는 대출대상 조건이 명시되어 있으므로 적절한 응답 내용이 아니다.
> ② 사립학교 교직원에 해당되며, 한도 금액 2억5천만 원 이내이며, 급여이체 시 0.1%p의 우대금리 적용으로 최종 1.90%의 금리를 적용받게 된다.
> ③ 연체이자율은 '채무자 대출금리 + 3%'이므로 1.60% + 3% = 4.60%가 된다.
> ④ 소득확인서류는 별도로 요청되는 서류이다.

9 다음의 내용을 정리하여 제목을 정하려고 할 때 가장 적절한 것은?

도로에서 발생하는 소음을 줄이는 가장 일반적인 방법은 방음벽을 설치하는 것이다. 그런데 일반적으로 소리는 장애물의 가장자리를 지날 때 회절되기 때문에 기존의 방음벽만으로는 소음을 완벽하게 차단할 수 없다. 따라서 방음벽 상단의 끝 부분에서 회절되는 소음까지 흡수 또는 감소시키기 위해서는 방음벽 상단에 별도의 소음저감장치를 설치해야 한다.

현재 대표적인 소음저감장치로 흡음형과 간섭형이 있다. 흡음형은 방음벽 상단에 흡음재를 설치하여 소음을 감소시키는 방법이다. 보통 흡음재에 사용되는 섬유질 재료에는 스펀지의 내부와 같이 섬유소 사이에 미세한 공간들이 존재하는데 이는 소음과 섬유소의 접촉면을 늘리기 위한 것이다. 흡음재 내부로 유입된 소음은 미세한 공간을 지나가면서 주변의 섬유소와 접촉하게 되는데, 이때 소음이 지닌 진동에너지로 인해 섬유소가 진동하게 된다. 즉 소음의 진동에너지가 섬유소의 진동에너지로 전환되면서 소음이 흡음재로 흡수되는 것이다.

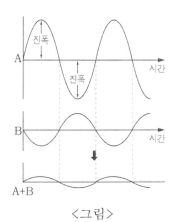

〈그림〉

한편 간섭형은 소리가 지닌 파동의 간섭 현상을 이용하여 회절음의 크기를 감소시키는 방법이다. 모든 소리는 각각 고유한 파동을 지니고 있는데 두 개의 소리가 중첩되는 것을 파동의 간섭 현상이라고 한다. 간섭 현상이 일어나 진폭이 커질 경우 소리의 세기도 커지고, 진폭이 작아질 경우 소리의 세기도 작아진다. 〈그림〉에서 A를 어떤 소리의 파동이라고 할 때 B는 A보다 진폭은 작고 위상이 반대인 소리의 파동이다. 만약 어느 지점에서 파동의 위상이 반대인 두 소리가 중첩되면 〈그림〉의 A+B와 같이 진폭이 작아지면서 소리의 세기가 작아지는데 이를 상쇄 간섭이라고 한다. 반면 파동의 위상이 서로 같은 두 소리가 중첩되어 소리의 세기가 커지는 것을 보강 간섭이라고 한다.

간섭형 소음저감장치를 설치하기 위해서는 방음벽 상단에서 발생하는 회절음의 파동을 미리 파악해야 한다. 이후 방음벽 상단에 간섭 통로를 설치하는데 이는 회절음의 일부분이 간섭 통로를 거친 후, 이를 거치지 않은 또 다른 회절음과 시간 차를 두고 다시 만나게 하기 위해서이다. 그리고 간섭 통로의 길이는, 미리 파악한 회절음의 파동과 간섭 통로를 거친 회절음의 파동이 간섭 통로가 끝나는 특정 지점에서 정반대되는 위상으로 중첩되게 조절한다. 따라서 이와 같은 소음저감장치는 회절음과 간섭 통로를 거친 소리의 상쇄 간섭 현상을 활용하여 소음의 크기를 감소시키는 방법이라고 할 수 있다. 실제로 방음벽에 설치하는 소음저감장치 중에는 회절음의 감소 효과를 높이기 위해 흡음형과 간섭형을 혼합한 소음저감장치도 있다.

① 소음저감의 원리
② 방음벽의 내부 구조
③ 소음저감장치의 발전 과정
④ 방음벽의 효과를 높이는 소음저감장치

🅰ADVICE ④ 방음벽의 효과를 높이기 위해서는 소음저감장치가 추가로 필요함을 밝히고 있으며, 대표적인 소음저감장치로서 흡음형과 간섭형을 각각 설명하고 있다.

Answer. 7.③ 8.① 9.④

10 신입사원 L씨가 다음 내용을 읽고 받은 상사의 질문에 답을 찾을 수 없는 것은?

광물은 지각을 이루는 암석의 단위 물질로서 특징적인 결정 구조를 갖는다. 광물의 결정 구조는 그 광물을 구성하는 원자들이 일정하게 배열된 양상이다. 같은 광물일 경우 그 결정 구조가 동일하며, 이러한 결정 구조에 의해 나타나는 규칙적인 겉모양인 결정형(crystal form)도 동일하다. 그런데 실제로 광물들의 결정은 서로 다른 모양을 가지는 경우가 많다.

덴마크의 물리학자 니콜라우스 스테노는 등산길에서 채집한 수정의 단면들이 서로 조금씩 다른 모양을 가지고 있는 것에 궁금증이 생겼다. 그 이유를 밝히기 위해 그는 수집한 수정의 단면도를 그려서 비교해 보았다. 그 결과 수정 결정의 모양은 모두 조금씩 다르지만 맞닿은 결정면들이 이루고 있는 각은 〈그림1〉의 a와 같이 항상 일정하다는 '면각 일정의 법칙'을 발견하게 되었다.

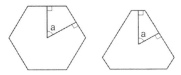

〈그림1〉 면각 일정의 법칙

스테노는 같은 광물의 결정일 경우 면각이 일정해지는 이유가 결정 내부의 규칙성 때문일 것이라 짐작했다. 당시만 해도 그 규칙성의 이유가 되는 결정 내부의 원자 배열 상태를 직접 관찰할 수 없었다. 그가 죽은 뒤 X선이 발견되고 나서야, 결정 모양이 그 결정을 이루고 있는 내부 원자들의 규칙적인 배열 상태를 반영한다는 것이 밝혀지게 되었다.

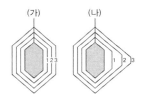

〈그림2〉 결정의 성장 과정(결정의 수직 단면)

그렇다면 같은 종류의 결정이 서로 다른 모양으로 형성되는 이유는 무엇일까? 그 이유는 결정에 주입되는 물질의 공급 정도에 따라 결정면의 성장 속도가 달라지기 때문이다. 가령 〈그림2〉에서 보는 바와 같이 같은 광물의 작은 결정 두 개를, 같은 성분을 가진 용액 속에 매달아 놓았다고 하자. 이때 ㈎ 결정이 담긴 용액은 물질이 사방에서 고르게 공급될 수 있도록 하고, ㈏ 결정이 담긴 용액은 물질이 오른쪽에서 더 많이 공급되도록 해 놓으면 ㈎ 결정은 1단계에서 2단계, 3단계를 거쳐서 이상적인 모양을 가진 결정(이상결정)으로 성장하는 반면, ㈏ 결정은 기형적인 모양을 가진 결정(기형결정)으로 성장하게 된다. ㈏ 결정의 오른쪽 결정면은 다른 결정면들보다 성장 속도가 더 빠르기 때문에 결정이 성장해 나갈수록 결정면이 점점 더 좁아지고 있음을 확인할 수 있다.

〈그림2〉를 통해 설명한 바와 같이 물질의 공급 환경이 다른 곳에서 성장한 결정들은 서로 다른 모양을 가지게 된다. 그러나 ㈎와 ㈏는 같은 광물의 결정이기 때문에 그 면각은 서로 같다. 이처럼 같은 광물의 결정은 그 면각이 같다는 사실을 통해 다양한 모양의 결정들의 종류를 판별할 수 있다. 면각 일정의 법칙은 광물의 결정을 판별하는 데 가장 기본적이고 중요한 기준으로, 현대 광물학의 초석이 되었다.

① 면각 일정의 법칙은 무엇인가?

② 면각 일정의 법칙이 나타나는 이유는 무엇인가?

③ 광물별 결정형의 종류에는 어떤 것들이 있는가?

④ 결정면의 성장 속도는 결정면의 크기와 어떤 관련이 있는가?

◆ADVICE ① 면각 일정의 법칙이 무엇인지 확인할 수 있다.

② 원자들의 규칙적인 배열 상태가 외부로 반영된 것이 결정면이므로, 이에 따라 결정의 면각이 일정하다는 것을 확인할 수 있다.

④ 결정면의 성장 속도에 따라 결정면의 크기가 달라진다는 것을 확인할 수 있다.

11 다음은 주간회의를 끝마친 영업팀이 작성한 회의록을 통해 유추해 볼 수 있는 내용으로 적절하지 않은 것은 어느 것인가?

영업팀 10월 회의록			
회의일시	2020년 10월 11일 10:00~11:30	회의장소	5층 대회의실
참석자	팀장 이하 전 팀원		
회의안건	• 3사분기 실적 분석 및 4사분기 실적 예상 • 본부장/팀장 해외 출장 관련 일정 수정 • 10월 바이어 내방 관련 계약 준비상황 점검 및 체류 일정 점검 • 월 말 부서 등반대회 관련 행사 담당자 지정 및 준비사항 확인		

안건별 F/up 사항	• 3사분기 매출 및 이익 부진 원인 분석 보고서 작성(오 과장)
	• 항공 일정 예약 변경 확인(최 대리)
	• 법무팀 계약서 검토 상황 재확인(박 대리)
	• 바이어 일행 체류 일정(최 대리, 윤 사원)
	  – 호텔 예약 및 차량 이동 스케줄 수립
	  – 업무 후 식사, 관광 등 일정 수립
	• 등반대회 진행 담당자 지정(민 과장, 서 사원)
	  – 참가 인원 파악
	  – 배정 예산 및 회사 지원 물품 수령 등 유관부서 협조 의뢰
	  – 이동 계획 수립 및 회식 장소 예약		

협조부서	총무팀, 법무팀, 회계팀		

① 오 과장은 회계팀에 의뢰하여 3사분기 팀 집행 비용에 대한 자료를 확인해 볼 것이다.
② 최 대리와 윤 사원은 바이어 일행의 체류기간 동안 업무 후 식사 등 모든 일정을 함께 보내게 될 것이다.
③ 윤 사원은 바이어 이동을 위하여 차량 배차 지원을 총무팀에 의뢰할 것이다.
④ 민 과장과 서 사원은 담당한 업무를 수행하기 위하여 회계팀과 총무팀의 협조를 의뢰하게 될 것이다.

> **ADVICE** ② 최 대리와 윤 사원은 바이어 일행 체류 일정을 수립하는 업무를 담당하게 되었으며, 이것은 적절한 계획 수립을 통하여 일정이나 상황에 맞는 인원을 배치하는 일이 될 것이므로, 모든 일정에 담당자가 동반하여야 한다고 판단할 수는 없다.
> ① 3사분기 매출 부진 원인 분석 보고서 작성은 오 과장이 담당한다. 따라서 오 과장은 매출과 비용 집행 관련 자료를 회계팀으로부터 입수하여 분석할 것으로 판단할 수 있다.
> ③ 최 대리와 윤 사원은 바이어 일행의 체류 일정에 대한 업무를 담당하여야 하므로 총무팀에 차량 배차를 의뢰하게 된다.
> ④ 민 과장과 서 사원은 등반대회 진행을 담당하게 되었으므로 배정된 예산을 수령하기 위하여 회계팀, 회사에서 지원하는 물품을 수령하기 위하여 총무팀의 업무 협조를 의뢰하게 될 것으로 판단할 수 있다.

12 다음은 임원면접에서 참고자료로 나눠준 글이다. 면접관이 질문할 예상 질문으로 적절하지 못한 것은?

> 무선으로 전력을 주고받으면, 전원을 직접 연결하는 유선보다 효율은 떨어지지만 전자 제품을 자유롭게 이동하며 사용할 수 있는 장점이 있다. 이처럼 무선으로 전력을 주고받을 수 있도록 전자기를 활용하여 전기를 공급하거나 이용하는 기술이 무선 전력 전송 방식인데 대표적으로 '자기 유도 방식'과 '자기 공명 방식' 두 가지를 들 수 있다.
> 자기 유도 방식은 변압기의 원리와 유사하다. 변압기는 네모 모양의 철심 좌우에 코일을 감아, 1차 코일에 '+, −' 극성이 바뀌는 교류 전류를 보내면 마치 자석을 운동시켜서 자기장을 형성하는 것처럼 1차 코일에서도 자기장을 형성한다. 이 자기장에 의해 2차 코일에 전류가 만들어지는데 이 전류를 유도전류라 한다. 변압기는 자기장의 에너지를 잘 전달할 수 있는 철심이 있으나, 자기 유도 방식은 철심이 없이 무선 전력 전송을 하는 것이다.
> 이러한 자기 유도 방식은 전력 전송 효율이 90% 이상으로 매우 높다는 장점이 있다. 하지만 1차 코일에 해당하는 송신부와 2차 코일에 해당하는 수신부가 수 센티미터 이상 떨어지거나 송신부와 수신부의 중심이 일치하지 않게 되면 전력 전송 효율이 급격히 저하된다는 문제점이 있다. 휴대전화 같은 경우, 충전 패드에 휴대전화를 올려놓는 방식으로 거리 문제를 해결하고 충전 패드 전체에 코일을 배치하여 송수신부 간 전송 효율을 높임으로써 무선 충전이 가능하도록 하였다. 다만 휴대전화는 직류 전류를 사용하기 때문에 1차 코일로부터 2차 코일에 유도된 교류 전류를 직류 전류로 변환해 주는 정류기가 충전 단계 전에 필요하다.

두 번째 전송 방식은 자기 공명 방식이다. 다양한 소리굽쇠 중에 하나를 두드리면 동일한 고유 진동수를 가지는 소리 굽쇠가 같이 진동하는 물리적 현상이 공명이다. 자기장에 공명이 일어나도록 1차 코일과 공진기를 설계하여 공진 주파수를 만든다. 이후 2차 코일과 공진기를 설계하여 공진 주파수가 전달되도록 하는 것이 자기 공명 방식의 원리이다.

이러한 특성으로 인해 자기 공명 방식은 자기 유도 방식과 달리 수 미터 가량 근거리 전력 전송이 가능하다는 장점이 있다. 이 방식이 상용화된다면, 송신부와 공명되는 여러 전자 제품을 전원을 연결하지 않아도 사용할 수 있거나 충전할 수 있다. 그러나 실험 단계의 코일 크기로는 일반 가전제품에 적용할 수 없으므로 코일을 소형화해야 할 필요가 있다. 따라서 이를 해결하기 위한 연구가 필요하다.

① 자기 공명 방식의 장점은 무엇인가?
② 자가 유도 방식의 문제점은 무엇인가?
③ 변압기에서 철심은 어떤 역할을 하는가?
④ 자기 공명 방식의 효율을 높이는 방법은 무엇인가?

⊙ADVICE ④ 자기 공명 방식의 효율을 높이는 방법은 위 글에 나타나 있지 않다.

13 **다음 글의 내용과 일치하지 않는 것은?**

온도와 압력의 변화에 의해 지각 내 암석의 광물 조합 및 조직이 변하게 되는 것을 '변성 작용'이라고 한다. 일반적으로 약 100 ~ 500 ℃ 온도와 비교적 낮은 압력에서 일어나는 변성 작용을 '저변성 작용'이라 하고, 약 500 ℃ 이상의 높은 온도와 비교적 높은 압력에서 일어나는 변성 작용을 '고변성 작용'이라 한다.

변성 작용에 영향을 주는 여러 요인들 중에서 중요한 요인 중 하나가 온도이다. 밀가루, 소금, 설탕, 이스트, 물 등을 섞어 오븐에 넣으면 높은 온도에 의해 일련의 화학 반응이 일어나 새로운 화합물인 빵이 만들어진다. 이와 마찬가지로 암석이 가열되면 그 속에 있는 광물들 중 일부는 재결정화되고 또 다른 광물들은 서로 반응하여 새로운 광물들을 생성하게 되어, 그 최종 산물로서 변성암이 생성된다. 암석에 가해지는 열은 대개 지구 내부에서 공급된다. 섭입이나 대륙 충돌과 같은 지각 운동에 의해 암석이 지구 내부로 이동할 때 이러한 열의 공급이 많이 일어난다. 지구 내부의 온도는 지각의 내부 환경에 따라 상승 비율이 다르지만 일반적으로 지구 내부로 깊이 들어갈수록 높아진다. 이렇게 온도가 높아지는 것은 변성 작용을 더 활발하게 일으키는 요인이 된다. 예를 들어 점토 광물을 함유한 퇴적암인 셰일이 지구 내부에 매몰되면 지구 내부의 높은 온도로 암석 내부의 광물들이 서로 합쳐지거나 새로운 광물들이 생성되어 변성암이 되는데, 저변성 작용을 받게 되면 점판암이 되고, 고변성 작용을 받게 되면 편암이나 편마암이 되는 것이다.

암석의 변성 작용을 일으키는 또 하나의 중요한 요인은 압력이다. 모든 방향에서 일정한 힘이 가해지는 압력을 '균일 응력'이라 하고, 어느 특정한 방향으로 더 큰 힘이 가해지는 압력을 '차등 응력'이라고 하는데, 변성암의 경우 주로 차등 응력 조건에서 생성되며 그 결과로 뚜렷한 방향성을 갖는 조직이 발달된다. 변성 작용이 진행됨에 따라 운모와 녹니석과 같은 광물들이 자라기 시작하며, 광물들은 층의 방향이 최대 응력 방향과 수직을 이루는 방향으로 배열된다. 이렇게 새롭게 생성된 판 형태의 운모류 광물들이 보여 주는 면 조직을 '엽리'라고 부른다. 엽리를 보여 주는 암석들은 얇은 판으로 떨어져 나가는 경향이 있다. 그리고 엽리가 관찰될 경우 이는 변성 작용을 받았다는 중요한 근거가 된다. 저변성암은 매우 미세한 입자들로 구성되어 있어 새로 형성된 광물 입자들은 현미경을 사용하여 관찰할 수 있는데, 이때의 엽리를 '점판벽개'라고 부른다. 반면에 고변성 작용을 받게 되면 입자들이 커지고 각 광물입자들을 육안으로 관찰할 수 있다. 이때의 엽리를 '편리'라고 부른다.

고체에 변화가 생겼을 때, 고체는 액체나 기체와 달리 고체를 변화시킨 영향을 보존하는 경향이 있다. 변성암은 고체 상태에서 변화가 일어나기 때문에 변성암에는 지각에서 일어났던 모든 일들이 보존되어 있다. 그들이 보존하고 있는 기록들을 해석하는 것이 지질학자들의 막중한 임무이다.

① 변성 작용이 일어나면 재결정화되는 광물들이 있다.
② 변성암은 고체 상태에서 광물 조합 및 조직이 변화한다.
③ 지표의 암석들은 섭입에 의해 지구 내부로 이동될 수 있다.
④ 차등 응력 조건하에서 광물들은 최대 응력 방향과 동일한 방향으로 배열된다.

ADVICE ④ 광물들은 차등 응력이 가해지는 방향과 수직인 방향으로 배열된다고 했으므로, 광물들이 차등 응력이 가해지는 방향과 동일한 방향으로 배열된다는 것은 적절하지 않다.

14 다음은 공적연금 연계제도에 관한 설명이다. 공적연금 연계제도에 대해 잘못 이해한 사람은 누구인가?

공적연금 연계제도는 국민연금과 직역연금의 연금을 수령하기 위한 최소가입기간을 채우지 못하고 이동하는 경우, 종전에는 각각 일시금으로만 받던 것을 연계를 통해 연금을 받을 수 있도록 하여 국민의 노후 생활을 보장하고자 하는 제도이다. 직역연금이란 사립학교교직원연금, 공무원연금, 군인연금, 별정우체국직원연금을 말하며, 연금 수급을 위한 최소 가입기간은 국민연금의 경우 10년, 직역연금의 경우 10년(단, 군인연금은 20년)이다.

연계제도 시행 전	국민연금 10년 미만 가입 ⇩ 국민연금 수급 불가(반환일시금)	사학연금 10년 미만 재직 ⇩ 사학연금 수급불가(퇴직일시금)

⇩

연계제도 시행 후	국민연금 10년 미만 가입 또는 사학연금 10년 미만 재직 ⇩ 합계 20년 이상일 경우 연금수급가능(가입기간만큼 연금기관에서 수급)

※ 이미 국민연금 또는 직역연금에서 모두 각각의 연금수급을 위한 최소 가입기간을 충족했을 경우 연계 신청 불가
　→ 해당 기관에서 각각 연금수급

[연계제도 적용 대상]
원칙적으로 2009. 8. 7. 이후 연금제도 간 이동한 자부터 연계제도가 적용된다. 다만, 적용 특례의 경우도 연계적용 대상에 포함된다.

[연계신청]
해당 연금법상 급여수급권 소멸시효 전까지 신청해야 한다.
• 국민연금 : 60세에 도달한 때부터 5년 이내
• 직역연금 : 퇴직일로부터 5년 이내

[연계신청 기관]
연계대상 기간이 있는 연금기관(사립학교교직원연금공단, 국민연금공단 등) 한 곳에만 신청하면 된다. 단, 연계신청 후에는 취소할 수 없으므로 신중하게 결정해야 한다.

① 가영 : 교원으로 취직하면서 사학연금에만 가입했고 올해로 8년째인데, 내년에 그만두게 되면 연금으로 받지는 못하겠구나.
② 나영 : 국민연금에서 사학연금으로 이동한 게 2008년이라 연계신청을 할 수 없을 줄 알았는데, 적용 특례가 있다고 하니 신청할 수 있는지 한 번 알아봐야겠네.
③ 다영 : 군인연금에 가입한 지 11년째에 국민연금으로 이동했으니, 따로 연계신청을 할 수는 없겠구나.
④ 라영 : 현재 사학연금에 가입이 되어 있다면, 65세 미만이라도 연계신청을 못하게 될 수 있네.

ADVICE ③ 군인연금의 경우 최소가입기간은 20년이며, 11년차인 '다영'은 최소가입기간을 충족하지 못했으므로 연계신청이 가능하다.
　① 합계 20년이 되지 않으므로 연금수급이 불가하다.
　② 연계제도 적용 대상에 특례가 있다고 하였다.
　④ 사학연금 가입자는 퇴직일로부터 5년 이내에 연계신청 하여야 한다.

15 다음 토론의 '입론'에 대한 이해로 적절하지 못한 것은?

> 찬성 1 : 저는 한식의 표준화가 필요하다고 생각합니다. 이를 위해 한국을 대표하는 음식들의 조리법부터 표준화해야 합니다. 한식의 조리법은 복잡한 데다 계량화되어 있지 않은 경우가 많아서 조리하는 사람에 따라 많은 차이가 나게 됩니다. 게다가 최근에는 한식 고유의 맛과 모양에서 많이 벗어난 음식들까지 등장하여 한식 고유의 맛과 정체성을 흔들고 있습니다. 따라서 한국을 대표하는 음식들부터 식자재 종류와 사용량, 조리하는 방법 등을 일정한 기준에 따라 통일해 놓으면 한식 고유의 맛과 정체성을 지키는 데 큰 도움이 될 것입니다.
>
> 반대 2 : 한식의 표준화가 획일화를 가져와 한식의 다양성을 훼손할 수 있다는 생각은 안 해 보셨나요?
>
> 찬성 1 : 물론 해 보았습니다. 한식의 표준화가 한식의 다양성을 훼손할 수도 있지만, 한식 고유의 맛과 정체성을 지키기 위해서는 꼭 필요한 일입니다.
>
> 사회자 : 찬성 측 토론자의 입론과 이에 대한 교차 조사를 잘 들었습니다. 이어서 반대 측 토론자가 입론을 해 주시기 바랍니다.
>
> 반대 1 : 한식 고유의 맛과 정체성은 다른 데 있는 게 아니라 조리하는 사람의 깊은 손맛에 있다고 봅니다. 그런데 한식을 섣불리 표준화하면 이러한 한식 고유의 손맛을 잃어 버려 한식 고유의 맛과 정체성이 오히려 더 크게 훼손될 것입니다.
>
> 찬성 1 : 한식 조리법을 표준화하면 손맛을 낼 수 없다는 말씀이신가요?
>
> 반대 1 : 손맛은 조리하는 사람마다의 경험과 정성에서 우러나오는 것인데, 조리법을 표준화하면 음식에 이러한 것들을 담기 어려울 것입니다.
>
> 사회자 : 이어서 찬성과 반대 측 토론자의 두 번째 입론을 시작하겠습니다. 교차 조사도 함께 진행해 주시기 바랍니다.
>
> 찬성 2 : 저는 한식의 표준화가 한식의 세계화를 위해서도 꼭 필요하다고 생각합니다. 최근 케이팝(K-pop)과 드라마 등 한국 대중문화가 세계 속에 널리 알려지면서 우리 음식에 대한 세계인들의 관심이 점점 높아지고 있는데, 한식의 조리법이 표준화되어 있지 않아서 이것이 한식의 세계화에 걸림돌이 되고 있습니다. 얼마 전 외국의 한식당에 가 보니 소금에 절이지도 않은 배추를 고춧가루 양념에만 버무려 놓고, 이것을 김치로 판매하고 있더군요. 이런 문제들이 해결되어야 한식의 세계화가 원활하게 이루어질 것입니다.
>
> 반대 1 : 그것은 한식의 표준화보다 정책 당국의 관심과 적극적인 홍보를 통해 해결할 수 있는 문제가 아닐까요?
>
> 찬성 2 : 물론 그렇습니다. 그런데 한식의 표준화가 이루어져 있다면 정부의 홍보도 훨씬 쉬워질 것입니다.
>
> 반대 2 : 표준화가 되어 있지 않아도 외국에서 큰 호응을 얻고 있는 한식당들이 최근 점점 늘어가고 있습니다. 이런 추세를 감안할 때, 한식의 표준화가 한식의 세계화를 위해 꼭 필요한 것은 아니라고 생각합니다. 인도는 카레로 유명한 나라지만 표준화된 인도식 카레 같은 것은 없지 않습니까? 그리고 음식의 표준을 정한다는 것도 현실적으로 가능한 것인지 모르겠습니다. 세계인들의 입맛은 우리와 다르고 또 다양할 텐데 한식을 표준화하는 것은 오히려 한식의 세계화를 어렵게 할 수 있습니다.

① '찬성 1'은 한식 조리법의 특성과 최근의 부정적 상황을 논거로 제시하고 있다.
② '반대 1'은 한식의 표준화가 초래할 수 있는 부작용을 논거로 제시하고 있다.
③ '찬성 2'는 한식의 표준화가 여러 대안들 중 최선의 선택이라는 점을 부각하고 있다.
④ '반대 2'는 현황과 사례를 들어 한식의 표준화가 필요하지 않다는 논지를 강화하고 있다.

ADVICE ③ '찬성 2'는 두 번째 입론에서 자신이 경험한 사례를 근거로 한식의 세계화를 위해 한식의 표준화가 필요하다는 주장을 하고 있다. 이 주장에 앞서 여러 대안들을 검토한 바 없으므로, 여러 대안들 중 한식의 표준화가 최선의 선택이라는 점을 부각하고 있다는 것은 적절하지 않다.

16 다음에 제시된 사례 ㈎~㈑ 중, 고객을 응대하는 상담직원이 고객에게 적절한 의사표현을 하고 있는 경우는 어느 것인가?

> ㈎ 고객의 잘못을 지적할 때
> → "고객님, 그 쪽에 서 계시면 업무에 방해가 됩니다. 대기하시는 곳은 반대편이라고 쓰인 안내문 못 보셨나요?"
> ㈏ 고객에게 부탁해야 할 때
> → "고객님, 지점장님이 저를 부르시는데요, 잠시만 기다려주세요. 금방 와서 마무리해 드리도록 하겠습니다."
> ㈐ 고객의 요구를 거절해야 할 때
> → "그건 좀 곤란합니다, 고객님. 아무리 특이한 경우라도 저희 회사 규정상 그렇게 처리해 드릴 수는 없거든요."
> ㈑ 설득해야 할 때
> → "인터넷 통신에 문제가 있었던 모양이네요. 불편을 드려서 너무 죄송합니다. 대신 고객님은 저쪽에서 잠시 쉬고 계세요. 이건 제가 직접 진행해서 확인시켜 드릴게요."

① ㈎   ② ㈏
③ ㈐   ④ ㈑

ADVICE ④ ㈑는 불편을 당한 고객을 위해 본인이 직접 처리해 주겠다고 제안함으로써 일종의 혜택을 주겠다고 약속했으므로 바람직한 설득의 방법이라고 볼 수 있다.
① 마지막에 덧붙인 말은 고객을 무시하는 것으로 들릴 수 있는 불필요한 말이다.
② 고객보다 팀장의 호출이 더 급하다는 것을 의미하므로 무례한 행동이다.
③ 다양한 사정을 가진 고객의 입장을 생각하지 않고 일방적으로 획일적인 회사의 규정만 내세우는 것은 거절할 때의 적절한 테크닉이라고 할 수 없다.

01. 의사소통능력 **29**

17 다음 글을 읽고 ㉠㉡에 대해 바르게 이해한 내용으로 적절하지 않은 것은?

소비자는 구매할 제품을 선택하기 위해 자신의 평가 기준에 따라 그 제품의 여러 브랜드 대안들을 비교·평가하게 된다. 이를 대안 평가라 하는데, 그 방식에는 크게 보완적 방식과 비보완적 방식이 있다. 〈표〉는 소비자가 호텔을 선택하기 위해 몇 개의 브랜드 대안을 비교·평가하는 상황을 가정해 본 것으로, 호텔을 선택하는 평가 기준의 항목과 그것의 순위, 중요도, 평가 점수를 보여주고 있다.

평가 기준			평가 점수			
항목	순위	중요도	A	B	C	D
위치	1	50%	4	6	6	5
가격	2	30%	5	4	6	7
서비스	3	20%	5	3	1	3

(점수가 클수록 만족도가 높음.)

〈표〉 브랜드에 대한 기준별 평가 점수

㉠ 보완적 방식은 브랜드의 어떤 약점이 다른 강점에 의해 보완될 수 있다는 전제 하에 여러 브랜드의 다양한 측면들을 고려하는 방식으로, 브랜드 대안이 적을 때나 고가의 제품을 구매할 때 많이 쓰인다. 각 브랜드의 기준별 평가 점수에 각 기준의 중요도를 곱하여 합산한 뒤 가장 점수가 큰 대안을 선택한다. 예를 들어 〈표〉에서 A는 $(4 \times 0.5) + (5 \times 0.3) + (5 \times 0.2)$=4.5이고 같은 방식으로 B는 4.8, C는 5, D는 5.2이므로 D가 최종 선택될 것이다. 반면, ㉡ 비보완적 방식은 어떤 브랜드의 약점이 다른 장점에 의해 상쇄될 수 없다는 전제 하에 대안을 결정하는 방식으로, 브랜드 대안이 많을 때나 저가의 제품을 구매할 때 많이 쓰인다. 비보완적 방식은 다시 사전편집, 순차적 제거, 결합, 분리 방식으로 구분된다.

첫째, 사전편집 방식은 1순위 기준에서 가장 우수한 대안을 선택하는 것이다. 만일 1순위 기준에서 두 개 이상의 브랜드가 동점이라면 2순위 기준에서 다시 우수한 브랜드를 선택하면 된다. 〈표〉에서 본다면, 1순위 기준인 '위치'에서 B와 C가 동점이므로 2순위 기준인 '가격'에서 C를 선택하는 식이다. 둘째, 순차적 제거 방식은 1순위 기준에서부터 순차적으로, 어느 수준 이상이면 구매하겠다는 허용 수준을 설정하고 이와 비교하여 마지막까지 남은 브랜드 대안을 선택하는 방식이다. 예를 들어 〈표〉에서 1순위 기준인 '위치'의 허용 수준이 5라면 이 수준에 미달되는 A가 일단 제외되고, 2순위인 '가격'의 허용 수준이 6이라면 B가 다시 제외되고, 3순위인 '서비스'의 허용 수준이 2라면 다시 C가 제외됨으로써 결국 D가 선택될 것이다. 셋째, 결합 방식은 각 기준별로 허용 수준을 결정한 다음 기준별 브랜드 평가 점수가 어느 한 기준에서라도 허용 수준에 미달하면 이를 제외하는 방식이다. 〈표〉에서 평가 기준별 허용 수준을 각 4라고 가정한다면 허용 수준에 미달되는 속성이 하나도 없는 A가 선택될 것이다. 넷째, 분리 방식은 평가 기준별 허용 수준을 잡은 뒤 어느 한 기준에서라도 이를 만족시키는 브랜드를 선택하는 방식이다. 〈표〉에서 평가 기준별 허용 수준을 7로 잡는다면 가격 면에서 7 이상인 D만 선택될 것이다.

이와 같이 소비자는 상황에 따라 적절한 대안 평가 방식을 사용함으로써 구매할 제품을 합리적으로 선택할 수 있다. 또한 마케터는 소비자들의 대안 평가 방식을 파악함으로써 자사 제품의 효과적인 마케팅 전략을 세울 수 있다.

① ㉠은 브랜드 대안이 적을 때에 주로 사용된다.

② ㉠은 고가의 제품을 구매하는 상황에 주로 사용된다.

③ ㉡은 평가 기준 항목을 모두 사용하지 않고도 브랜드를 선택할 수 있는 경우가 있다.

④ ㉡은 하나의 평가 기준으로 브랜드 간의 평가 점수를 비교하는 방식이다.

> **ADVICE** ④ 3문단을 보면, 비보완적 방식 가운데 결합 방식과 분리 방식은 서로 다른 평가 기준에서도 브랜드 평가 점수를 비교하고 있음을 알 수 있다.

18 다음 글의 빈칸 ㉠에 이어질 내용으로 가장 적절한 것은 어느 것인가?

> 능동문이란 문장에서 주어로 나타난 대상이 어떤 행동을 일으키는 의미론적 관계를 표현하는 문장이다. 피동문은 문장에서 주어로 나타난 대상이 어떤 행동을 일으키는 것이 아니라 문장의 다른 성분(주로 부사어)으로 나타난 대상에 의하여 어떤 행동이나 작용을 받는 의미론적 관계를 표현하는 문장이다. 국어의 여러 예문들에서 남용되거나 오용된 피동문의 사례들이 많이 발견되는 것은 사실이다. (㉠   )

① 그러므로 피동문과 능동문을 구분하여 사용하는 것은 옳지 않은 방법이다.

② 그러므로 능동문보다는 피동문을 사용하는 것이 이러한 오용을 줄일 수 있는 방법이다.

③ 그러나 국어에는 피동문이 무조건 자연스럽지 않다거나 잘못된 것이라는 생각은 편견이다.

④ 그러나 능동문의 경우 문장에서 주어로 나타난 대상이 어떤 행동을 일으키는 의미론적 관계를 표현하기 때문에 쉽게 사용될 수 있다.

> **ADVICE** 주어진 글에서는 능동문과 피동문의 차이점을 설명하고 있으나, 피동문이 적절하지 않은 문장이라거나 피동문을 사용하지 말아야 한다는 근거를 제시하고 있지는 않다. 단지, 피동문이 오남용되는 사례들이 많이 발견되기도 한다고 언급한 것이며, 오히려 '~은 사실이다.'에 이어지는 말로는 오남용의 구체적인 사례를 제시하는 내용 또는 그와는 상반되는 내용이 이어져 피동문도 올바르게 사용하면 좋은 국어의 활용이 될 수 있다는 의미를 전달하는 것이 더욱 적절하다고 볼 수 있다.

📄 Answer. 17.④ 18.③

19 다음 글의 단락 (가)~(라)를 문맥에 맞는 순서로 적절하게 재배열한 것은 어느 것인가?

(가) 가벼울수록 에너지 소모가 줄어들기 때문에 철도차량은 끊임없이 경량화를 추구하고 있다. 물론 차량속도를 높이기 위해서는 추진 장치의 성능을 높일 수도 있지만, 이는 가격상승과 더 많은 전력 손실을 가져온다. 또한 차량이 무거울수록 축중이 증가해 궤도와 차륜의 유지보수 비용도 증가하고, 고속화 했을 때 그만큼 안전성이 떨어지는 등 문제가 있어 경량화는 열차의 설계에 있어서 필수적인 사항이 되었다.

(나) 이를 위해 한 종류의 소재로 전체 차체구조에 적용하는 것이 아니라, 소재의 기계적 특성과 해당 부재의 기능적 역할에 맞게 2종류 이상의 소재를 동시에 적용하는 하이브리드 형 차체가 개발되었다. 예를 들면 차체 지붕은 탄소섬유강화플라스틱(CFRP)과 알루미늄 압출재, 하부구조는 스테인리스 스틸 또는 고장력강 조합 등으로 구성되는 등 다양한 소재를 병용해 사용하고 있다. 이렇게 복합재료를 사용하는 것은 두 가지 이상의 독립된 재료가 서로 합해져서 보다 우수한 기계적 특성을 나타낼 수 있기 때문이다.

(다) 초기의 철도 차량은 오늘날과 전혀 다른 소재와 모양을 하고 있었다. 열차가 원래 마차를 토대로 하여 만들어졌고, 증기기관의 성능도 뛰어나지 못해 대형 차량을 끌 수 없었기 때문이다. 하지만 크기가 커지면서 구조적으로 집과 유사한 형태를 가지게 되어, 철도 차량은 벽과 기둥이 만들어지고 창문이 설치되면서 집과 유사한 구조를 가지게 되었다. 열차의 차체는 가벼운 목재에서 제철산업이 발달하면서 강제로 변화되었다. 차체 소재가 목재에서 금속재로 변경된 이유는 충돌, 탈선 및 전복, 화재 등의 사고가 발생했을 때 목재 차체는 충분한 안전을 확보하는데 어렵기 때문이다. 물론 생산제조 기술의 발전으로 금속재료 차체들의 소재원가 및 제조비용이 낮아졌다는 것도 중요하다고 할 수 있다.

(라) 철강 기술이 발달하면서 다양한 부위에 녹이 슬지 않는 스테인리스를 사용하게 되었다. 그리고 구조적으로도 변화가 생겼다. 단순한 상자모양에서 차량은 프레임 위에 상자 모양의 차체를 얹어서 만드는 형태로 진화했고, 위치에 따라 작용하는 힘의 크기를 계산해 다양한 재료를 사용하기에 이르렀다. 강재나 SUS(스테인리스 스틸), 알루미늄 합금 등 다양한 금속재료를 활용하는 등 소재의 종류도 크게 증가했다. 그리고 금속소재뿐만 아니라 엔지니어링 플라스틱이나 섬유강화복합(FRP, Fiber Reinforced Polymer) 소재와 같은 비금속 재료도 많이 활용되고 있다. FRP는 우수한 내식성과 성형성을 가진 에폭시나 폴리에스터와 같은 수지를 유리나 탄소섬유와 같이 뛰어난 인장과 압축강도를 가진 강화재로 강도를 보강해 두 가지 재료의 강점만 가지도록 만든 것이다.

① (다) — (라) — (가) — (나)

② (라) — (다) — (가) — (나)

③ (다) — (라) — (나) — (가)

④ (나) — (라) — (가) — (다)

> **ADVICE** 철도 차량 소재의 변천 과정을 설명하고 있는 글로서, 최초의 목재에서 안전을 위한 철제 재료가 사용되었음을 언급하는 (다) 단락이 가장 처음에 위치한다. 이러한 철제 재료가 부식 방지와 강도 보강을 목적으로 비금속 재료로 대체 사용되기도 하였으며, 이후 강도 보강에 이은 경량화를 목적으로 소재가 바뀌게 되었고, 다시 하이브리드형 소재의 출현으로 부위별 다양한 소재의 병용 사용을 통한 우수한 기계적 특성 구현이 가능하게 되었다. 따라서 이러한 소재의 변천 과정을 순서대로 나열한 (다) — (라) — (가) — (나)가 가장 자연스러운 문맥의 흐름이다.

20 다음 글을 읽고 〈보기〉의 질문에 답을 할 때 가장 적절한 것은?

> 다세포 생물체는 신경계와 내분비계에 의해 구성세포들의 기능이 조절된다. 이 중 내분비계의 작용은 내분비선에서 분비되는 호르몬에 의해 일어난다. 호르몬을 분비하는 이자는 소화선인 동시에 내분비선이다. 이자 곳곳에는 백만 개 이상의 작은 세포 집단들이 있다. 이를 랑게르한스섬이라고 한다. 랑게르한스섬에는 인슐린을 분비하는 β 세포와 글루카곤을 분비하는 α 세포가 있다.
>
> 인슐린의 주된 작용은 포도당이 세포 내로 유입되도록 촉진하여 혈액에서의 포도당 농도를 낮추는 것이다. 또한 간에서 포도당을 글리코겐의 형태로 저장하게 하며 세포에서의 단백질 합성을 증가시키고 지방 생성을 촉진한다.
>
> 한편 글루카곤은 인슐린과 상반된 작용을 하는데, 그 주된 작용은 간에 저장된 글리코겐을 포도당으로 분해하여 혈액에서의 포도당 농도를 증가시키는 것이다. 또한 아미노산과 지방산을 저장 부위에서 혈액 속으로 분리시키는 역할을 한다.
>
> 인슐린과 글루카곤의 분비는 혈당량에 의해 조절되는데 식사 후에는 혈액 속에 포함되어 있는 포도당의 양, 즉 혈당량이 증가하기 때문에 β 세포가 자극을 받아서 인슐린 분비량이 늘어난다. 인슐린은 혈액 중의 포도당을 흡수하여 세포로 이동시키며 이에 따라 혈당량이 감소되고 따라서 인슐린 분비량이 감소된다. 반면 사람이 한참 동안 음식을 먹지 않거나 운동 등으로 혈당량이 70mg/dl 이하로 떨어지면 랑게르한스섬의 α 세포가 글루카곤 분비량을 늘린다. 글루카곤은 간에 저장된 글리코겐을 분해하여 포도당을 만들어 혈액으로 보내게 된다. 이에 따라 혈당량은 다시 높아지게 되는 것이다. 일반적으로 8시간 이상 공복 후 혈당량이 99mg/dl 이하인 경우 정상으로, 126mg/dl 이상인 경우는 당뇨로 판정한다.
>
> 포도당은 뇌의 에너지원으로 사용되는데, 인슐린과 글루카곤이 서로 반대되는 작용을 통해 이 포도당의 농도를 정상 범위로 유지시키는 데 크게 기여한다.

> 〈보기〉
>
> 인슐린에 대해서는 어느 정도 이해를 했습니까? 오늘은 '인슐린 저항성'에 대해 알아보도록 하겠습니다. 인슐린의 기능이 떨어져 세포가 인슐린에 효과적으로 반응하지 못하는 것을 인슐린 저항성이라고 합니다. 그럼 인슐린 저항성이 생기면 우리 몸속에서는 어떤 일이 일어나게 될지 설명해 보시겠습니까?

① 혈액 중의 포도당 농도가 높아지게 됩니다.
② 이자가 인슐린과 글루카곤을 과다 분비하게 됩니다.
③ 간에서 포도당을 글리코겐으로 빠르게 저장하게 됩니다.
④ 아미노산과 지방산을 저장 부위에서 분리시키게 됩니다.

> **ADVICE** 인슐린의 기능은 혈액으로부터 포도당을 흡수하여 세포로 이동시켜 혈액에서의 포도당의 농도를 낮추는 것인데, 인슐린의 기능이 저하될 경우 이러한 기능을 수행할 수 없기 때문에 혈액에서의 포도당 농도가 높아지게 된다.

21 다음은 아래 기사문을 읽고 나눈 직원들의 대화이다. 대화의 흐름상 빈칸에 들어갈 말로 가장 적절한 것은 어느 것인가?

> 영양과 칼로리 면에서 적절한 식량 공급보다 인간의 건강과 복지에 더 중요한 것은 없다. 지난 50년 동안 세계 인구의 상당 부분이 영양실조를 겪었지만 식량 확보에 실패한 것은 생산보다는 분배의 문제였다. 실제로 지난 50년 동안 우리는 주요 작물의 잉여를 경험했다. 이로 인해 많은 사람들이 식량 부족에 대해 걱정하지 않게 되었다. 2013년에 생산된 수백만 톤의 가장 중요한 주요 식량은 옥수수(1,018 Mt), 논 쌀(746 Mt), 밀(713 Mt), 대두(276 Mt)였다. 이 네 가지 작물은 전 세계적으로 소비되는 칼로리의 약 2/3를 차지한다. 더욱이, 이들 작물 각각에 대한 토지 단위 면적당 평균 수확량은 1960년 이후 두 배 이상 증가했다. 그렇다면 지금 왜 식량 안보에 대해 걱정해야 할까? 한 가지 이유는 주요 작물의 이러한 전 세계적인 잉여물로 인해 식물 과학 연구 및 작물 개선에 대한 관심이 점진적으로 줄어들었기 때문이다. 이는 세계적인 수준으로 나타났다. 그러나 이러한 무관심은 현재의 세계 인구 및 식량 소비 경향에 직면하여 근시안적이다. 전 세계 인구는 오늘날 70억 명에서 2050년 95억 명까지 증가할 것으로 예상된다. 인구가 증가하는 곳은 주로 도시가 될 것이고, 식단이 구황 작물에서 가공 식품으로 점차 바뀌게 될 것이다. 그러면 많은 육류 및 유제품이 필요하고 그보다 더 많은 사료가 필요하다. 예를 들어 1kg의 소를 생산하기 위해서는 10kg의 사료가 필요하다. 도시 인구의 증가는 동물성 식품에 대한 수요 증가를 가져오고 예상되는 인구 증가에만 기초하여 추정된 것보다 훨씬 빠른 작물 생산량의 증가를 요구할 것이다. 이 추세는 계속될 것으로 예상되며, 세계는 2013년 대비 2050년까지 85% 더 많은 기본 식료품이 필요할 것으로 예측된다.

> A: 식량 문제가 정말 큰일이군. 이러다가 대대적인 식량난에 직면하게 될 지도 모르겠다.
> B: 현재의 기술로 농작물 수확량을 증가시키면 큰 문제는 없지 않을까?
> A: 문제는 (   )
> B: 그래서 생산보다 분배가 더 문제라는 거구나.

① 과학기술이 수요량을 따라가지 못할 거라는 점이야.
② 인구의 증가가 너무 빠른 속도로 진행되고 있다는 사실이야.
③ 지구의 일부 지역에서는 농작물 수확량 향상 속도가 정체될 거라는 사실이지.
④ 지구의 모든 지역에서 식량 소비 속도가 동일하지는 않다는 점이지.

> **ADVICE** 지문의 도입부에서는 식량 확보 실패의 원인이 생산보다 분배임을 언급하고 있다. 생산보다 분배가 문제인 것은 지구의 모든 지역에서의 농작물 수확량 향상 속도가 동일하지 않기 때문이다. 따라서 분배의 불균형 문제에 대한 원인이 되는 것은 보기③의 내용 밖에 없다.

22 다음은 방송 프로그램 제작을 위해 방송 작가와 교수가 나눈 대화의 일부이다. ㉠ ~ ㉣에 대한 설명으로 적절하지 않은 것은?

작가 : 교수님, 이번 방송에서 우리가 다룰 주제는 무엇인가요?

교수 : 이번 주제는 '철학하는 과학자'입니다. 과학계의 난제를 해결하기 위해서는 과학자에게 철학자로서의 자세가 필요하다는 것을 전하고 싶습니다. 이에 해당하는 과학자를 중심으로 얘기하려고 합니다. 닐스 보어를 염두에 두고 있습니다.

작가 : ㉠아, 닐스 보어라면 1년 전에 처음 프로그램을 시작할 때 들려주셨던 기억이 납니다. 그러고 보니 교수님과 프로그램을 함께 한 지도 벌써 1년이 지났네요. 어쨌든, 보어에 대한 기본 정보를 알려 줄 겸 그의 삶을 전반적으로 다루면 어떨까요?

교수 : ㉡(고개를 끄덕이며) 좋은 생각입니다. 보어를 모르는 학생들도 많을 테니까요.

작가 : 그렇죠? 그런데 저는 보어의 삶에 대해 교수님께서 직접 말씀하시는 것보다, 성우의 내레이션을 곁들인 영상으로 전하는 것이 좋지 않을까 싶은데…… (미소를 띠며) ㉢물론 성우가 교수님만큼 완벽하게 설명할 수는 없겠지만.

교수 : (껄껄 웃으며) 좋습니다. 그럼 저도 촬영 부담이 줄어서 좋죠. 제가 아는 사람 중에 보어의 삶을 다룬 다큐멘터리를 제작한 분이 계신데, 필요하시면 그 자료를 구해드릴까요?

작가 : 역시 교수님은 아는 분이 참 많으시네요.

교수 : ㉣아닙니다. 어쩌다 보니 도움이 될 때도 있네요.

작가 : 어쨌든 정말 감사합니다. 음, 이제 본격적으로 주제에 대해 얘기해 보죠. 보어가 왜 철학하는 과학자인가요?

교수 : 보어는 과감한 사고의 전환을 통해 빛의 이중성이라는 당대 과학계의 수수께끼를 풀어낸 사람입니다. 이율배반적인 두 가지 성질을 놓고 선택하기에 바빴던 당대 과학자들과 달리 보어는 새로운 인식 방법을 제시하여 수수께끼를 해결했죠.

작가 : 말씀하신 내용 중에서 빛의 이중성이 뭔가요?

교수 : 빛의 이중성이란 빛이 입자의 성질과 파동의 성질을 동시에 갖고 있다는 뜻입니다.

---

① ㉠에서 작가는 공유하는 경험의 진위를 따지며 경쟁의식을 드러내고 있다.

② ㉡에서 교수는 비언어적 표현을 수반하며 상대방의 의견에 동조하고 있다.

③ ㉢에서 작가는 상대방의 기분을 고려하는 말로 상호협력적인 분위기를 조성하고 있다.

④ ㉣에서 교수는 겸양적인 발화를 통해 상대방의 칭찬에 대해 겸손하게 반응하고 있다.

> **ADVICE** ㉠에서 화자인 작가는 청자인 교수와 공유하는 경험, 즉 처음 프로그램을 시작할 때에 대해 언급한다. 작가가 그것이 사실인지, 아닌지를 따지고 있다는 것은 ㉠을 잘못 해석한 것이다. 그리고 경험 얘기는 교수와 경쟁하려는 의식을 드러내려는 것도 아니다.

---

23 다음 글의 빈칸에 들어갈 가장 알맞은 말은 어느 것인가?

> 은행은 불특정 다수로부터 예금을 받아 자금 수요자를 대상으로 정보생산과 모니터링을 하며 이를 바탕으로 대출을 해주는 고유의 자금중개기능을 수행한다. 이 고유 기능을 통하여 은행은 어느 나라에서나 경제적 활동과 성장을 위한 금융지원에 있어서 중심적인 역할을 담당하고 있다. 특히 글로벌 금융위기를 겪으면서 주요 선진국을 중심으로 직접금융이나 그림자 금융의 취약성이 드러남에 따라 은행이 정보생산 활동에 의하여 비대칭정보 문제를 완화하고 리스크를 흡수하거나 분산시키며 금융부문에 대한 충격을 완화하는 역할에 대한 관심이 크게 높아졌다. 또한 국내외 금융시장에서 비은행 금융회사의 업무 비중이 늘어나는 추세를 보이고 있음에도 불구하고 은행은 여전히 금융시스템에서 가장 중요한 기능을 담당하고 있는 것으로 인식되고 있으며, 은행의 자금중개기능을 통한 유동성 공급의 중요성이 부각되고 있다.
>
> 한편 은행이 외부 충격을 견뎌 내고 금융시스템의 안정 유지에 기여하면서 금융중개라는 핵심 기능을 원활히 수행하기 위해서는 (   )이 뒷받침되어야 한다. 그렇지 않으면 은행의 건전성에 대한 고객의 신뢰가 떨어져 수신기반이 취약해지고, 은행이 '고위험-고수익'을 추구하려는 유인을 갖게 되어 개별 은행 및 금융산업 전체의 리스크가 높아지며, 은행의 자금중개기능이 약화되는 등 여러 가지 부작용이 초래되기 때문이다. 결론적으로 은행이 수익성 악화로 부실해지면 금융시스템의 안정성이 저해되고 금융중개 활동이 위축되어 실물경제가 타격을 받을 수 있으므로 은행이 적정한 수익성을 유지하는 것은 개별 은행과 금융시스템은 물론 한 나라의 전체 경제 차원에서도 중요한 과제라고 할 수 있다. 이러한 관점에서 은행의 수익성은 학계는 물론 은행 경영층, 금융시장 참가자, 금융정책 및 감독 당국, 중앙은행 등의 주요 관심대상이 되는 것이다.

① 외부 충격으로부터 보호받을 수 있는 제도적 장치로의 안정성
② 비은행 금융회사에 대한 엄격한 규제와 은행의 건전성
③ 유동성 문제의 해결과 함께 건전성
④ 건전성과 아울러 적정 수준의 수익성

> **ADVICE** 글의 전반부에서 비은행 금융회사의 득세에도 불구하고 여전히 은행이 가진 유동성 공급의 중요성을 언급한다. 여기서는 은행이 글로벌 금융위기를 겪으며 제기된 비대칭정보 문제를 언급하며, 금융시스템 안정을 위해서 필요한 은행의 건전성을 간접적으로 강조하고 있다. 후반부에서는 수익성이 함께 뒷받침되지 않을 경우의 부작용을 직접적으로 언급하며, 은행의 수익성은 한 나라의 경제 전반을 뒤흔들 수 있는 중요한 과제임을 강조한다. 따라서, 후반부가 시작되는 첫 문장은 건전성과 아울러 수익성도 중요하다는 화제를 제시하는 보기④의 문구가 가장 적절하다고 볼 수 있다. 또한, 자칫 수익성만 강조하게 되면 국가 경제 전반에 영향을 줄 수 있는 불건전한 은행의 문제점이 드러날 수 있으므로 '적정 수준'이라는 문구를 포함시킨 것으로 볼 수 있다.

정부나 기업이 사업에 투자할 때에는 현재에 투입될 비용과 미래에 발생할 이익을 비교하여 사업의 타당성을 진단한다. 이 경우 물가 상승, 투자 기회, 불확실성을 포함하는 할인의 요인을 고려하여 미래의 가치를 현재의 가치로 환산한 후, 비용과 이익을 공정하게 비교해야 한다. 이러한 환산을 가능케 해 주는 개념이 할인율이다. 할인율은 이자율과 유사하지만 역으로 적용되는 개념이라고 생각하면 된다. 현재의 이자율이 연 10%라면 올해의 10억 원은 내년에는 (1+0.1)을 곱한 11억 원이 되듯이, 할인율이 연 10%라면 내년의 11억 원의 현재 가치는 (1+0.1)로 나눈 10억 원이 된다.

공공사업의 타당성을 진단할 때에는 대개 미래세대까지 고려하는 공적 차원의 할인율을 적용하는데, 이를 사회적 할인율이라고 한다. 사회적 할인율은 사회 구성원이 느끼는 할인의 요인을 정확하게 파악하여 결정하는 것이 바람직하나, 이것은 현실적으로 매우 어렵다. 그래서 시장이자율이나 민간 자본의 수익률을 사회적 할인율로 적용하자는 주장이 제기된다.

시장이자율은 저축과 대출을 통한 자본의 공급과 수요에 의해 결정되는 값이다. 저축을 하는 사람들은 원금을 시장이자율에 의해 미래에 더 큰 금액으로 불릴 수 있고, 대출을 받는 사람들은 시장이자율만큼 대출금에 대한 비용을 지불한다. 이때의 시장이자율은 미래의 금액을 현재 가치로 환산할 때의 할인율로도 적용할 수 있으므로, 이를 사회적 할인율로 간주하자는 주장이 제기되는 것이다. 한편 민간 자본의 수익률을 사회적 할인율로 적용하자는 주장은, 사회 전체적인 차원에서 공공사업에 투입될 자본이 민간 부문에서 이용될 수도 있으므로, 공공사업에 대해서도 민간 부문에서만큼 높은 수익률을 요구해야 한다는 것이다.

그러나 시장이자율이나 민간 자본의 수익률을 사회적 할인율로 적용하자는 주장은 수용하기 어려운 점이 있다. 우선 ㉠공공 부문의 수익률이 민간 부문만큼 높다면, 민간 투자가 가능한 부문에 굳이 정부가 투자할 필요가 있는가 하는 문제가 제기될 수 있다. 더욱 중요한 것은 시장이자율이나 민간 자본의 수익률이, 비교적 단기적으로 실현되는 사적 이익을 추구하는 자본 시장에서 결정된다는 점이다. 반면에 사회적 할인율이 적용되는 공공사업은 일반적으로 그 이익이 장기간에 걸쳐 서서히 나타난다. 이러한 점에서 공공사업은 미래 세대를 배려하는 지속 가능한 발전의 이념을 반영한다. 만일 사회적 할인율이 시장이자율이나 민간 자본의 수익률처럼 높게 적용된다면, 미래 세대의 이익이 저평가되는 셈이다. 그러므로 사회적 할인율은 미래세대를 배려하는 공익적 차원에서 결정되는 것이 바람직하다.

24 ㉠이 전제하고 있는 것은?

① 민간 투자도 공익성을 고려해서 이루어져야 한다.

② 정부는 공공 부문에서 민간 투자를 선도하는 역할을 해야 한다.

③ 공공 투자와 민간 투자는 동등한 투자 기회를 갖는 것이 바람직하다.

④ 정부는 민간 기업이 낮은 수익률로 인해 투자하기 어려운 공공 부문을 보완해야 한다.

> **ADVICE** ㉠은 '실제로 공공 부문의 수익률이 민간 부문보다 높지 않다'는 정보와 '정부는 공공 부문에 투자해야 한다'는 정보를 연상할 수 있다. 따라서 '정부는 낮은 수익률이 발생하는 공공 부문에 투자해야 한다'는 내용을 전제로 하므로 ④가 가장 적합하다.

25 윗글의 글쓴이가 상정하고 있는 핵심적인 질문으로 가장 적절한 것은?

① 시장이자율과 사회적 할인율은 어떻게 관련되는가?

② 자본 시장에서 미래 세대의 몫을 어떻게 고려해야 하는가?

③ 사회적 할인율이 민간 자본의 수익률에 어떤 영향을 미치는가?

④ 공공사업에 적용되는 사회적 할인율은 어떤 수준에서 결정되어야 하는가?

> **ADVICE** 글쓴이는 사회적 할인율이 공공사업의 타당성을 진단할 때 사용되는 개념이며 미래세대까지 고려하는 공적 차원의 성격을 갖고 있음을 밝히고 있으며 이런 면에서 사회적 할인율을 결정할 때 시장이자율이나 민간 자본의 수익률과 같은 사적 부문에 적용되는 요소들을 고려하자는 주장에 대한 반대 의견과 그 근거를 제시하고 있다. 또한 사회적 할인율은 공익적 차원에서 결정되어야 한다는 자신의 견해를 제시하고 있으므로 사회적 할인율을 결정할 때 고려해야 할 수준에 대해 언급한 것이 가장 핵심적인 질문이라 할 수 있다.

▎26~27▎ 다음은 사학연금공단과 관련한 심사청구에 대한 안내이다. 다음을 보고 이어지는 각 물음에 답하시오.

개요

사립학교교직원연금법에 의한 각종 급여(유족보상금, 직무상요양비, 장해급여, 사망조위금, 재해부조금, 퇴직급여, 유족 급여 등)에 관한 결정, 부담금의 징수, 기타 연금법에 의한 처분 또는 급여에 관하여 이의가 있는 경우에는 권리구제 기구인 「사립학교교직원연금 급여재심위원회」에 그 심사(재심)를 청구할 수 있다.

기간

공단의 처분이 있은 날로부터 180일, 그 사실(처분이 있음)을 안 날로부터 90일 이내에 청구하여야 한다.
다만, 그 기간 내에 정당한 사유로 인하여 심사의 청구를 할 수 없었던 것을 증명하는 경우에는 예외로 한다.
「처분이 있음을 안 날」은 통상적으로 '공단의 처분 문서를 수령한 날로 보며, 심사청구기간은 제척기간이므로 이 기간이 경과되어 청구서를 제출하는 경우는 본안 심사 전에 각하된다.

절차

심사청구	청구인 : 심사청구서와 심사청구이유서를 작성하여 관리공단에 제출 – 공단의 처분이 있은 날로부터 180일, 그 사실을 안 날(공단의 처분문서 송달일)로부터 90일 이내
⇩	
이송	공단 : 청구인이 제출한 심사청구서와 변명서 및 기타 필요한 서류를 급여재심위원회에 이송(10일 이내)
⇩	
심의	급여재심위원회 : 급여재심위원회에서 심의·의결하여 결정서 송달 – 청구인, 학교기관, 기타관계인, 공단

• 심사청구서는 〈제224호 서식〉을 사용하며, 심사청구이유서는 일정한 형식 없이 작성한다.
• 청구인은 심사청구서 및 심사청구이유서와 함께 이와 관련되는 증빙자료를 추가로 제출할 수 있으며, 소속기관 경유 없이 직접 공단에 제출한다.
• 공단을 상대로 소송을 제기할 때에는 행정소송이 아닌 민사소송으로 해야 하며, 급여재심위원회에 심사청구를 하지 않고도 소송을 제기할 수 있다.

26 위의 안내문을 보고 알 수 없는 내용은?

① 청구인이 제출한 서류를 급여재심위원회에 이송하는 주체
② 청구인이 제출하는 추가 증빙자료의 요건
③ 사립학교교직원연금법에서 규정한 급여의 종류
④ 급여재심위원회의 결정서 송달 대상

> ✪ADVICE ② 증빙자료를 추가로 제출할 수 있다고 규정하고 있을 뿐, 증빙자료의 요건에 대해서는 언급되어 있지 않다.
> ① 절차 규정에서 이송 주체는 '공단'임을 알 수 있다.
> ③ 안내문 '개요'에 유족보상금, 직무상요양비, 장해급여, 사망조위금, 재해부조금, 퇴직급여, 유족 급여 등 사학연금법에서 규정하고 있는 급여에 대해 언급되어 있다.
> ④ 급여재심위원회는 청구인, 학교기관, 기타관계인, 공단에 결정서를 송부하여야 한다.

27 위 안내문을 바탕으로 홈페이지에 올라온 고객의 질문에 대해 답변하려고 한다. 답변 내용으로 옳지 않은 것은?

① Q : 유족보상금 외에 유족 급여에 이의가 있을 경우에도 심사청구가 가능한가요?
　　A : 네, 유족 급여에 이의가 있으시면 사립학교교직원연금 급여재심위원회에 심사 청구 가능합니다.
② Q : 심사청구를 할 때 필수적으로 제출해야 하는 서류가 있을까요?
　　A : 네, 심사청구서와 심사청구이유서를 제출하여야 합니다.
③ Q : 오늘 공단으로부터 처분 문서를 받았습니다. 이에 이의가 있으면 언제까지 심사 청구가 가능할까요?
　　A : 오늘을 기준으로 180일 이내에 청구하셔야 합니다.
④ Q : 증빙자료는 제가 재직하고 있는 학교에 제출하면 될까요?
　　A : 아니요, 공단에 직접 제출하시면 됩니다.

> ✪ADVICE 처분이 있음을 알게 된 날로부터 90일 이내에 심사청구 하여야 한다. '처분이 있음을 안 날'은 통상적으로 '공단의 처분 문서를 수령한 날'을 의미한다.

28 다음은 K기업의 2022년 대차대조표이다. 재고자산의 구성비율을 그래프로 표현하라는 상사의 지시에 따라 표현할 때 가장 적합한 형태는 무엇인가?

대차대조표 제39기 2022년 12월 31일 현재		
과목	제39(당)기	
자산		
1. 유동자산		479,278
(1) 당좌자산		362,153
(2) 재고자산		117,124
1) 상품	10,763	
2) 제품	40,656	
3) 반제품	23,247	
4) 원재료	42,458	
2. 비유동자산		350,762
자산 총계		830,040
부채		
1. 유동부채		135,736
2. 비유동부채		13,188
부채 총계		148,924
자본		
1. 자본금		200,000
2. 자본잉여금		62,523
3. 이익잉여금		418,593
자본총계		681,116
부채 및 자본 총계		830,040

① 막대형 그래프   ② 혼합형 그래프

③ 방사형 그래프   ④ 원형 그래프

🅰ADVICE ④ 원그래프는 전체에 대한 각 부분의 비율을 원 모양으로 나타낸 그래프로서 부분과 전체, 부분과 부분의 비율을 한 눈에 알 수 있고, 낮은 비율도 비교적 쉽게 표현할 수 있기 때문에 구성비율을 파악하기가 용이하다.
① 경쟁사별/분기별 판매량, 실적 비교, 직원 현황 등의 파악 등 여러 종류의 데이터를 비교하는 데 용이하다.
② 여러 가지의 차트를 2개 정도를 혼합하여 만드는 것으로 두 개 이상의 데이터 계열을 갖는 차트에서 특정 데이터 계열을 강조하고자 할 경우에 사용한다.
③ 고객 인지도나 특성의 차이 등 여러 가지 특징을 나타내기에 용이하다.

29 다음은 가축재해보험에 관련한 상품설명서의 일부이다. 상품설명서에 대한 설명으로 옳은 것은?

〈가축재해보험(돼지)〉

구분	내용	구분	내용
보험기간	1년 원칙	상품형태	순수보장형(소멸성)
납입방법	일시납	상품구성	보통약관 + 특별약관 + 추가특별약관

1. 가입대상
   - 돼지 : 종돈(모돈, 웅돈), 자돈, 육성돈, 비육돈 등
   - 축사 : 가축사육 건물 및 관련 시설(태양광, 태양열 등 관련 시설은 제외)

2. 보장내용
   - 주계약

구분	보상하는 손해	자기부담금
가축	• 화재에 의한 손해 • 풍재 · 수재 · 설해 · 지진에 의한 손해	손해액의 5%, 10%, 20%
축사	• 화재(벼락 포함)에 의한 손해 • 풍재 · 수재 · 설해 · 지진에 의한 손해	손해액의 0%, 5%, 10%(풍 · 수재, 설해 · 지진 최저 50만원)

   - 특약

특약사항 구분	보상하는 손해	자기부담금
질병위험보장 특약	TGE, PED, Rota virus에 의한 손해 ※ 신규가입일 경우 가입일로부터 1개월 이내 질병 관련 사고는 보상하지 않습니다.	손해액의 20%, 30%, 40% 중 자기부담금과 200만원 중 큰 금액
축산휴지 위험보장 특약	돼지보험(보통약관 및 특약)에서 보상하는 사고로 인한 경영손실 손해	–
전기적 장치 위험보장 특약	전기적장치의 고장에 따른 손해	손해액의 10%, 20%, 30%, 40% 중 자기부담금과 200만원 중 큰 금액
폭염재해보장 추가특약	폭염에 의한 손해	손해액의 10%, 20%, 30%, 40% 중 자기부담금과 200만원 중 큰 금액
동물복지인증계약 특약	동물복지축산농장 인증(농림축산검역본부) 시 5% 할인	

① 보험기간은 1년을 초과하는 기간으로는 가입할 수 없다.

② 가입대상에 모돈, 웅돈, 가금 등이 포함된다.

③ 가축이 냉해로 인한 피해를 입은 경우 자기부담금은 손해액의 5%, 10%, 20%이다.

④ TGE가 가입일로부터 1개월 이내에 발생했다면 자기부담금은 200만원에 해당한다.

> **ADVICE** ① 1년 가입이 원칙이다.
> ② 가금(닭, 오리, 꿩 등)은 가입대상에 포함되지 않는다.
> ③ 냉해는 포함되지 않는다.
> ④ 신규 가입일에서부터 1개월 이내에 발생한 TGE, PED, Rota virus에 의한 손해는 보상하지 않는다.

30 다음은 주식시장의 상황표이다. 이 표에 대한 내용으로 적절하지 못한 것은?

코스피(6월 20일 종가)		거래량(만주)	35,794(−1,451)
1,946.31	▼0.23P	거래대금(억 원)	38,261(−8,709)
	▼0.01%	KRX100	4,219.35(−2.03)
		KOSPI200	258.03(−0.17)
거래소 등락			
상승	▲427	상한가	⬆5
하락	▼397	하한가	⬇2
보합	81	거래형성률	95.60%
고가	1,949.89(+3.35)	저가	1,938.25(−8.29)

① 오늘 코스피 지수는 종가기준으로 1,946.31로 어제보다 0.23포인트 감소하였다.

② 거래소 상장회사 중 427개사의 주가가 상승하였고, 그중 5개사는 상한가를 기록하였으며, 397개사의 주가는 하락하였고 그중 2개 사는 하한가를 기록하였다.

③ 하루 중 코스피 지수가 가장 높았을 때는 1,949.89로 어제 종가보다 3.35포인트 증가하였으며, 가장 낮았을 때는 1,938.25로 어제보다 8.29포인트 감소하였다.

④ 한국을 대표하는 주식 200개 종목의 시가총액을 지수화한 KOSPI200은 어제보다 0.17포인트 감소하였다.

> **ADVICE** ② 거래소 등락은 상장된 종목의 시장가치가 상승했다는 것으로 주가가 상승했다는 것을 의미하지 않는다. 또한 상한가는 거래일마다 설정되는 가격이 상승할 수 있는 최대범위 가격을 의미한다.

31 다음의 기사를 요약한 것으로 적절하지 못한 것은?

아웃도어 브랜드 '기능성 티셔츠' 허위 · 과대광고 남발

　국내에서 판매되고 있는 유명 아웃도어 브랜드의 반팔 티셔츠 제품들이 상당수 허위 · 과대광고를 하고 있는 것으로 나타났다. 소비자시민모임은 30일 서울 신문로 ○○타워에서 기자회견을 열고 '15개 아웃도어 브랜드의 등산용 반팔 티셔츠 품질 및 기능성 시험 통과 시험 결과'를 발표했다. 소비자시민모임은 신상품을 대상으로 아웃도어 의류 매출 상위 7개 브랜드 및 중소기업 8개 브랜드 총 15개 브랜드의 제품을 선정해 시험 · 평가했다. 시험결과 '자외선 차단' 기능이 있다고 표시 · 광고하고 있는 A사, B사 제품은 자외선 차단 가공 기능이 있다고 보기 어려운 수준인 것으로 드러났다. C사, D사 2개 제품은 제품상에 별도 부착된 태그에서 표시 · 광고하고 있는 기능성 원단과 실제 사용된 원단에 차이가 있는 것으로 확인됐다. D사, E사, F사 등 3개 제품은 의류에 부착된 라벨의 혼용율과 실제 혼용율에 차이가 있는 것으로 조사됐다. 또 일부 제품의 경우 '자외선(UV) 차단 기능 50+'라고 표시 · 광고했지만 실제 테스트 결과는 이에 못미치는 것으로 나타났다. 반면, 기능성 품질 비교를 위한 흡수성, 건조성, 자외선차단 시험 결과에서는 G사, H사 제품이 흡수성이 좋은 것으로 확인되었다. 소비자시민모임 관계자는 "일부 제품에서는 표시 · 광고하고 있는 기능성 사항이 실제와는 다르게 나타났다."며 "무조건 제품의 광고를 보고 고가 제품의 품질을 막연히 신뢰하기 보다는 관련 제품의 라벨 및 표시 정보를 꼼꼼히 확인해야 한다."고 밝혔다. 이어 "소비자의 합리적인 선택을 유도할 수 있도록 기능성 제품에 대한 품질 기준 마련이 필요하다."며 "표시 광고 위반 제품에 대해서는 철저한 관리 감독을 요구한다."고 촉구했다.

---

① A사와 B사 제품은 자외선 차단 효과가 낮고, C사와 D사는 태그에 표시된 원단과 실제 원단이 달랐다.
② 소비자시민모임은 '15개 아웃도어 브랜드의 등산용 반팔티셔츠 품질 및 기능성 시험 결과'를 발표했다.
③ G사와 H사 제품은 흡수성이 좋은 것으로 확인되었다.
④ 거의 모든 제품에서 표시 · 광고하고 있는 기능성 사항이 실제와는 다르게 나타났다.

> ✪ADVICE 일부 제품에서 표시 · 광고하고 있는 사항이 실제와 다른 것이며 G사와 H사의 경우 제품의 흡수성이 좋은 것으로 확인되었기 때문에 거의 모든 제품이라고 단정하면 안 된다.

32 다음 공문서에서 잘못된 부분을 수정한 것으로 옳지 않은 것은?

제목 : 2022년 창의인재 전문직업인 교육과정 안내
수신자 : 한국대학, 미래대학, (주)A기업
발신자 : (주)A기업 인재개발원 대리 최민수
참조 : 이순구

2022년 창의인재 전문직업인을 육성하기 위해 (주)A기업 인재개발원에서 교육과정을 진행합니다. 교육과정 이름과 세세한 교육과정의 커리큘럼, 장소 및 기간, 신청방법을 아래에서 확인하시길 바랍니다.

-아 래-

① 교육과정 : 2022년 창의인재 전문직업인 교육
② 교육장소 : (주)A기업 인재개발원
③ 교육기간 : 2022년 12월 2일 ~ 12월 20일
④ 신청방법 : 각 대학 취업지원센터에서 신청서 접수
   붙임 : 창의인재 전문직업인 교육 과정 신청서 1부

(주)A기업 인재개발원장 김장수

담 당 자 : 최민수
인사팀장 : 이순구
시   행 : (주)A기업 인사팀
접   수 : (주)A기업 인재개발원 홈페이지
전   화 : 02-1234-5678 팩스 : 02-1234-5678

---

① 붙임 항목의 맨 뒤에 "."을 찍고 1자 띄우고 '끝.'을 기입하여야 한다.
② 교육기간의 연월일을 온점(.)으로 변경하여야 한다.
③ -아래- 하단에 교육과정 커리큘럼 내용을 세세하게 정리한 것을 포함한다.
④ 시행 항목의 시행일자 뒤에 수신기관의 문서보존기간 3년을 삽입하여야 한다.

> **ADVICE** ④ 공문서는 시행일자 뒤에 수신처에서 문서를 보존할 기간을 기입하여야 하며, 행정기관이 아닌 경우 기재하지 않아도 된다. 보존기간의 표시는 영구, 준영구, 10년, 5년, 3년, 1년 등을 사용한다.

Answer. 31.④ 32.④

33 다음 글에 대한 내용으로 가장 적절하지 않은 것은?

> 지속되는 불황 속에서도 남 몰래 웃음 짓는 주식들이 있다. 판매단가는 저렴하지만 시장점유율을 늘려 돈을 버는 이른바 '박리다매', '저가실속형' 전략을 구사하는 종목들이다. 대표적인 종목은 중저가 스마트폰 제조업체에 부품을 납품하는 업체이다. A증권에 따르면 전 세계적으로 200달러 이하 중저가 스마트폰이 전체 스마트폰 시장에서 차지하는 비중은 35%에서 46%로 급증했다. 세계 스마트폰 시장 1등인 B전자도 최근 스마트폰 판매량 가운데 40% 가량이 중저가폰으로 분류된다. 중저가용에 집중한 중국 C사와 D사의 2분기 세계 스마트폰 시장점유율은 전 분기 대비 각각 43%, 23%나 증가해 B전자나 E전자 10%대 초반 증가율보다 월등히 앞섰다. 이에 따라 국내외 스마트폰 업체에 중저가용 부품을 많이 납품하는 F사, G사, H사, I사 등이 조명받고 있다.
>
> 주가가 바닥을 모르고 내려간 대형 항공주와는 대조적으로 저가항공주 주가는 최근 가파른 상승세를 보였다. J항공을 보유한 K사는 최근 두 달 새 56% 상승세를 보였다. 같은 기간 L항공을 소유한 M사 주가도 25% 가량 올랐다. 저가항공사 점유율 상승이 주가 상승으로 이어지는 것으로 보인다. 국내선에서 저가항공사 점유율은 23.5.%에서 31.4%까지 계속 상승해왔다. 홍길동 ○○증권 리서치센터장은 "글로벌 복합위기로 주요국에서 저성장·저투자 기조가 계속되는 데가 개인들은 부채 축소와 고령화에 대비해야 하기 때문에 소비를 늘릴 여력이 줄었다."며 "값싸면서도 멋지고 질도 좋은 제품이 계속 주목받을 것"이라고 말했다.

① '박리다매' 주식은 F사, G사, H사, I사의 주식이다.
② 저가항공사 점유율은 계속 상승세를 보이고 있는 반면 대형 항공주는 주가 하락세를 보였다.
③ 글로벌 복합위기와 개인들의 부채 축소, 고령화 대비에 따라 값싸고 질 좋은 제품이 주목받을 것이다.
④ B전자가 주력으로 판매하는 스마트폰이 중저가 폰에 해당한다.

> **ADVICE** B전자는 세계 스마트폰 시장 1등이며, 최근 중저가폰의 판매량이 40%로 나타났지만 B전자의 주력으로 판매하는 폰이 저가폰인지는 알 수 없다.

34 다음 글의 내용과 부합하지 않는 것은?

디지털 연산은 회로의 동작으로 표현되는 논리적 연산에 의해 진행되며 아날로그 연산은 소자의 물리적 특성에 의해 진행된다. 하지만 디지털 연산의 정밀도는 정보의 연산 과정에서 최종적으로 정보를 출력할 때 필요한 것보다 항상 같거나 높게 유지해야 하므로 동일한 양의 연산을 처리해야 하는 경우라면 디지털 방식이 아날로그 방식에 비해 훨씬 더 많은 소자를 필요로 한다. 아날로그 연산에서는 회로를 구성하는 소자 자체가 연산자이므로 온도 변화에 따르는 소자 특성의 변화, 소자 간의 특성 균질성, 전원 잡음 등의 외적 요인들에 의해 연산 결과가 크게 달라질 수 있다.

그러나 디지털 연산에서는 회로의 동작이 0과 1을 구별할 정도의 정밀도만 유지하면 되므로 회로를 구성하는 소자 자체의 특성 변화에 거의 영향을 받지 않는다. 또한 상대적으로 쉽게 변경 가능하고 프로그램하기 편리한 점도 있다.

사람의 눈이나 귀 같은 감각기관은 아날로그 연산에 바탕을 둔 정보 처리 조직을 가지고 있지만 이로부터 발생되는 정보는 디지털 정보이다. 감각기관에 분포하는 수용기는 특별한 목적을 가지는 아날로그-디지털 변환기로 볼 수 있는데, 이것은 전달되는 입력의 특정 패턴을 감지하여, 디지털 신호와 유사한 부호를 발생시킨다. 이 신호는 다음 단계의 신경세포에 입력되고, 이 과정이 거미줄처럼 연결된 무수히 많은 신경세포의 연결 구조 속에서 반복되면서 뇌의 다양한 인지 활동을 형성한다.

사람의 감각기관에서 일어나는 아날로그 연산은 감각되는 많은 양의 정보 중에서 필요한 정보만을 걸러 주는 역할을 한다. 그렇기 때문에 실제 신경세포를 통해 뇌에 전달되는 것은 지각에 꼭 필요한 내용만이 축약된 디지털 정보이다. 사람의 감각은 감각기관의 노화 등으로 인한 생체 조직 구조의 변화에 따라 둔화될 수 있다. 그럼에도 불구하고 노화된 사람의 감각기관은 여전히 아날로그 연산이 가지는 높은 에너지 효율을 얻을 수 있다.

① 사람의 신경세포는 디지털화된 정보를 뇌로 전달한다.
② 디지털 연산은 소자의 물리적 특성을 연산자로 활용한다.
③ 사람이 감각기관은 아날로그 연산을 기초로 정보를 처리한다.
④ 디지털 연산은 소자 자체의 특성 변화에 크게 영향을 받지 않는다.

ADVICE ② 디지털 연산이 아닌 아날로그 연산이 소자의 물리적 특성에 의해 진행된다.

35 다음 면접 상황을 보고 동수가 잘못한 원인을 바르게 찾은 것은?

　　카페창업에 실패한 29살의 영식과 동수는 생존을 위해 한 기업에 함께 면접시험을 보러 가게 되었다. 영식이 먼저 면접시험을 치르게 되었다.

면접관 : 자네는 좋아하는 스포츠가 있는가?

영　식 : 예, 있습니다. 저는 축구를 아주 좋아합니다.

면접관 : 그럼 좋아하는 축수선수가 누구입니까?

영　식 : 예전에는 홍명보 선수를 좋아했으나 최근에는 손흥민 선수를 좋아합니다.

면접관 : 그럼 좋아하는 위인은 누구인가?

영　식 : 제가 좋아하는 위인으로는 우리나라를 왜군의 세력으로부터 지켜주신 이순신 장군입니다.

면접관 : 자네는 코로나가 위험한 질병이라고 생각하는가?

영　식 : 저는 코로나는 전염력이 강하여 무서운 질병임은 맞습니다. 하지만 제 개인적인 생각으로는 백신을 접종하고 건강상에 문제가 없다면 중증으로 이어지지 않고 감기처럼 지나갑니다. 저는 코로나가 중증으로 이어지면서 유발할 수 있는 합병증이 위험하다고 생각합니다.

　　무사히 면접시험을 마친 영식은 매우 불안해하는 동수에게 자신이 답한 내용을 모두 알려주었다. 동수는 그 답변을 달달 외우기 시작하였다. 이제 동수의 면접시험 차례가 돌아왔다.

면접관 : 자네는 좋아하는 음식이 무엇인가?

동　수 : 네, 저는 축구를 좋아합니다.

면접관 : 그럼 자네는 이름이 무엇인가?

동　수 : 예전에는 홍명보였으나 지금은 손흥민입니다.

면접관 : 허, 자네 아버지 성함은 무엇인가?

동　수 : 예, 이순신입니다.

면접관 : 자네는 지금 자네의 상태가 어떻다고 생각하는가?

동　수 : 예, 저는 건강상 문제가 없다면 괜찮은 것이고, 중증으로 이어지면서 유발할 수 있는 합병증 때문에 위험할 것 같습니다.

---

① 묻는 질문에 대해 명확하게 답변을 하였다.

② 면접관의 의도를 빠르게 파악하였다.

③ 면접관의 질문을 제대로 경청하지 못했다.

④ 면접관의 신분을 파악하지 못했다.

　　🔵ADVICE 면접관의 질문을 제대로 경청하지 못하여 질문의 요지를 파악하지 못하고 엉뚱한 답변을 한 것이 잘못이다.

36 다음 글에서 주장하는 바를 가장 함축적으로 요약한 것은 어느 것인가?

> 새로운 지식의 발견은 한 학문 분과 안에서만 영향을 끼치지 않는다. 가령 뇌 과학의 발전은 버츄얼 리얼리티라는 새로운 현상을 가능하게 하고 이것은 다시 영상공학의 발전으로 이어진다. 이것은 새로운 인지론의 발전을 촉발시키는 한편 다른 쪽에서는 신경경제학, 새로운 마케팅 기법의 발견 등으로 이어진다. 이것은 다시 새로운 윤리적 관심사를 촉발하며 이에 따라 법학적 논의도 이루어지게 된다. 다른 쪽에서는 이러한 새로운 현상을 관찰하며 새로운 문학, 예술 형식이 발견되고 콘텐츠가 생성된다. 이와 같이 한 분야에서의 지식의 발견과 축적은 계속적으로 마치 도미노 현상처럼 인접 분야에 영향을 끼칠 뿐 아니라 예측하기 어려운 방식으로 환류한다. 이질적 학문에서 창출된 지식들이 융합을 통해 기존 학문은 변혁되고 새로운 학문이 출현하며 또다시 이것은 기존 학문의 발전을 이끌어내고 있는 것이다.

① 학문의 복잡성
② 이질적 학문의 상관관계
③ 지식의 상호의존성
④ 신지식 창출의 형태와 변화 과정

> **ADVICE** 주어진 글에서는 하나의 지식이 탄생하여 다른 분야에 연쇄적인 영향을 미치게 되는 것을 뇌과학 분야의 사례를 통해 조명하고 있다. 이러한 모습은 학문이 그만큼 복잡하다거나, 서로 다른 학문들이 어떻게 상호 연관을 맺는지를 규명하는 것이 아니며, 지식이나 학문의 발전은 독립적인 것이 아닌 상호의존성을 가지고 있다는 점을 강조하는 것이 글의 핵심 내용으로 가장 적절할 것이다.

37 다음 회의 참여자들의 말하기 방식에 대한 설명으로 옳지 않은 것은?

> 민선 : 요즘 날씨가 더워지면서 에너지 절약에 대한 문제가 심각한 거 다들 알고 계시죠? 작년에도 블랙아웃을 겪을 정도로 이 문제가 심각했습니다. 그래서 이번에는 사무실에서 할 수 있는 에너지 절약 방안에 대해 논의하고자 합니다. 에너지 절약에 대해 좋은 의견이 있으면 말씀해 주시기 바랍니다.
>
> 현아 : 가끔 점심식사를 하고 들어오면 아무도 없는 사무실에 에어컨이 켜져 있는 것을 볼 수 있습니다. 사소한 것이지만 이런 것도 문제가 될 수 있다고 생각합니다.
>
> 지욱 : 맞아요. 전 오늘 아주 일찍 출근을 했는데 아무도 없는데 사무실의 에어컨이 켜져 있는 것을 보았습니다.
>
> 주현 : 진짜입니까? 그렇다면 정말 위험할 뻔 했습니다. 자칫 과열되어 불이라도 났으면 어쩔 뻔 했습니까?
>
> 진아 : 지금 에너지 절약 방안에 대한 회의를 하자고 한 것 아닙니까? 그에 맞는 논의를 했으면 좋겠습니다. 저는 담당자를 지정하여 사무실에 대한 에너지 관리를 하였으면 좋겠습니다. 예를 들어 에어컨이나 컴퓨터, 소등 등을 점검하고 확인하는 것입니다.
>
> 갑순 : 저는 에어컨 온도를 적정 수준 이상으로 올리지 않도록 규정온도를 정했으면 합니다.
>
> 을동 : 그건 안됩니다. 집도 덥고. 아침에 출근하고 나면 엄청 더운데 사무실에서까지 덥게 지내라는 것은 말이 안됩니다. 사무실 전기세를 내가 내는 것도 아닌데 사무실에서만이라도 시원하게 지내야 된다고 생각합니다.
>
> 김실 : 왜 그렇게 이기적이십니까? 에너지 문제는 우리 전체의 문제입니다.
>
> 을동 : 뭐 제가 이기적이라고 말씀하신 겁니까?
>
> 현미 : 감정적으로 대응하지 마시고 우리가 할 수 있는 방안을 생각해 보도록 하는 것이 좋을 것 같습니다.
>
> 두리 : 전 지금까지 나온 의견을 종합하는 것이 좋다고 생각합니다. 에너지 절약 담당자를 지정하여 에어컨 온도를 유지하고, 퇴근할 때 사무실 소등 및 점검을 하는 것이 좋다고 생각합니다.

① 민선은 참여자의 적극적인 참여를 위해 화제의 필요성을 강조하며 회의를 시작하고 있다.

② 주현은 상대의 말에 동의하며 의사소통 상황에 맞게 의견을 개진하고 있다.

③ 진아는 잘못된 방향으로 흘러가는 화제를 조정하며 회의에 적극적으로 참여하고 있다.

④ 현미는 다수가 참여하는 의사소통에서 참여자의 갈등을 중재하여 담화의 흐름을 돕고 있다.

> **ADVICE** 회의의 화제는 에너지 절약에 관한 것이므로 의사소통 상황에 맞게 의견을 개진한다면 에너지 절약의 측면에서 말을 해야 한다. 여기서 주현은 화제에 대한 걱정만을 하고 있고 의사소통 상황에 맞게 의견을 개진한다고 보기는 어렵다.

38 다음 내용은 방송 대담의 한 장면이다. 이를 통해 알 수 있는 것은?

> 사회자 : '키워드로 알아보는 사회' 시간입니다. 의료서비스 시장 개방이 눈앞의 현실로 다가오고 있습니다. 이와 관련하여 오늘은 먼저 의료서비스 시장의 특성에 대해서 알아보겠습니다. 김 박사님 말씀해 주시죠.
>
> 김박사 : 일반적인 시장에서는 소비자가 선택할 수 있는 상품의 폭이 넓습니다. 목이 말라 사이다를 마시고 싶은데, 사이다가 없다면 대신 콜라를 마시는 식이지요. 하지만 의료서비스 시장은 다릅니다. 의료 서비스 시장에서는 음료수를 고르듯 아무 병원이나, 아무 의사에게 갈 수는 없습니다.
>
> 사회자 : 의료서비스는 일반 시장의 상품과 달리 쉽게 대체할 수 있는 상품이 아니라는 말씀이군요.
>
> 김박사 : 예, 그렇습니다. 의료서비스라는 상품은 한정되어 있다는 특성이 있습니다. 우선 일정한 자격을 가진 사람만 의료 행위를 할 수 있기 때문에 의사의 수는 적을 수밖에 없습니다. 의사의 수가 충분하더라도 소비자, 즉 환자가 만족할 만한 수준의 병원을 설립하는 데는 더 큰 비용이 들죠. 그래서 의사와 병원의 수는 의료서비스를 받고자 하는 사람보다 항상 적을 수밖에 없습니다.
>
> 사회자 : 그래서 종합 병원에 항상 그렇게 많은 환자가 몰리는군요. 저도 종합 병원에 가서 진료를 받기 위해 오랜 시간을 기다린 적이 많습니다. 그런데 박사님…… 병원에 따라서는 환자에게 불필요한 검사까지 권하는 경우도 있다고 하던데요…….
>
> 김박사 : 그것은 '정보의 비대칭성'이라는 의료서비스 시장의 특성과 관련이 있습니다. 의료 지식은 매우 전문적이어서 환자들이 자신의 증상에 관한 정보를 얻기가 어렵습니다. 그래서 환자는 의료서비스를 수동적으로 받아들일 수밖에 없습니다. 중고차 시장을 생각해보시면 될 텐데요. 중고차를 사려는 사람이 중고차 판매자를 통해서만 차에 관한 정보를 얻을 수 있는 것과 마찬가지입니다.
>
> 사회자 : 중고차 판매자는 중고차의 좋지 않은 점을 숨길 수 있으니 정보가 판매자에게 집중되는 비대칭성을 나타낸다고 보면 될까요?
>
> 김박사 : 맞습니다. 의료서비스 시장도 중고차 시장과 마찬가지로 소비자의 선택에 불리한 구조로 이루어져 있습니다. 따라서 의료서비스 시장을 개방하기 전에는 시장의 특수한 특성을 고려해 소비자가 피해보는 일이 없도록 많은 논의가 이루어져야 할 것입니다.

① 의료서비스 수요자의 증가와 의료서비스의 질은 비례한다.
② 의료서비스 시장에서는 공급자 간의 경쟁이 과도하게 나타난다.
③ 의료서비스 시장에서는 소비자의 의료서비스 선택의 폭이 좁다.
④ 의료서비스 공급자와 수요자 사이에는 정보의 대칭성이 존재한다.

> **ADVICE** 의료서비스 시장에서는 의료 행위를 하기 위한 자격이 필요하고, 환자가 만족할 만한 수준의 병원을 설립하는 데 비용이 많이 들어 의사와 병원의 수가 적어 소비자의 선택의 폭이 좁다고 하였다.

39 다음 글의 내용에 부합되지 않는 설명은 어느 것인가?

1776년 애덤 스미스가 '국부론(The Wealth of Nations)'을 펴낼 때는 산업혁명이 진행되는 때여서, 그는 공장과 새로운 과학 기술에 매료되었다. 공장에서 각 부품을 잘 연결해 만든 기계에 연료를 투입하면 동륜(動輪)이 저절로 돌아가는 것이 신기했다. 애덤 스미스는 시장경제도 커다란 동륜(driving wheel)처럼 생각해서 그것을 구동하는 원리를 찾은 끝에 '자기 이득(self-interest)'이라는 에너지로 작동하는 시장경제의 작동원리를 발견했다. 개인이 자기 자신의 이득을 추구하기만 하면 '보이지 않는 손'에 의해 공동체 이익을 달성할 수 있다는 원리다. 이것은 모두가 잘살기 위해서는 자신의 이득을 추구하기에 앞서 공동체 이익을 먼저 생각해야 한다는 당시 교회의 가르침에 견주어볼 때 가히 혁명적 발상이었다. 경제를 기계로 파악한 애덤 스미스 후학들인 고전학파 경제학자들은 우주의 운행원리를 '중력의 법칙과 같은 뉴턴의 물리학 법칙으로 설명하듯, 시장경제의 작동원리를 설명해주는 '수요 공급의 법칙'을 비롯한 수많은 경제법칙을 찾아냈다.

경제를 기계로 보았던 18세기 고전학파 경제학자들의 전통은 200년이나 지난 지금까지도 내려오고 있다. 경제예측을 전문으로 하는 이코노미스트들은 한 나라 거시경제를 여러 개 부문으로 구성된 것으로 상정하고, 각 부문 사이의 인과관계를 수식으로 설정하고, 에너지인 독립변수를 입력하면 국내총생산량이 얼마일지 계산할 수 있을 것으로 본다. 그래서 매년 연말이 되면 다음 해 국내총생산이 몇 % 증가할 것인지 소수점 첫째 자리까지 계산해서 발표하고, 매스컴에서는 이를 충실하게 게재하고 있다.

경제를 기계처럼 보는 인식은 기업의 생산량을 자본과 노동의 함수로 상정하고 있는 경제원론 교과서에 나오는 생산함수에서도 볼 수 있다. 기업은 얼마의 자본(기계)과 얼마의 노동을 투입하면 얼마의 제품을 생산할 수 있는 것으로 설명하고 있다. 기업의 생산 과정에서 인간인 기업가의 위험부담 의지나 위기를 기회로 만드는 창의적 역할이 작용할 여지는 없다. 기계는 인간의 의지와 관계없이 만들어진 원리에 따라서 자동으로 작동하는 것이기 때문이다.

우리나라가 60년대 말에 세계은행(IBRD)에 제철소 건립에 필요한 차관을 요청했을 때 당시 후진국 개발 차관 담당자였던 영국인 이코노미스트가 후진국에서 일관제철소 건설은 불가능하다면서 차관 제공을 거절한 것은 이해가 간다. 기계론적 기업관으로 보면, 우리나라 기술 수준으로 보아 아무리 포항제철에 자본(기계)과 노동을 투입해도 철강이 생산되지 않을 것은 분명해 보였을 것이기 때문이다. 박태준 포철 회장이 생존해 있을 때 영국을 방문해서 그 영국인을 만나서 "아직도 후진국에서 일관제철소 건설은 불가능하다고 생각하느냐?"는 질문에 그는 여전히 "그렇다"고 대답했다고 한다. 박 회장이 세계적 종합제철소로 부상한 포항제철을 예로 들면서 한국은 가능했지 않았느냐고 반론을 제기하자, 그 사람은 "박태준이라는 인적 요인을 참작하지 못했다"고 실토했다는 이야기는 기업가와 기업가 정신의 중요성을 웅변적으로 보여주고 있다.

① 애덤 스미스는 시장 경제를 움직이는 작동 원리를 발견하였다.
② 고전학파 경제학자들은 경제를 기계처럼 보았다.
③ 일정량의 제품 생산을 투입되는 자본과 노동의 함수로 설명하는 것이 기업가 정신의 핵심이다.
④ 기업가와 기업가 정신 측면에서의 생산량 예측은 자본 및 노동 투입량만으로 계산하기 어렵다.

> **ADVICE** ③ 일정량의 제품 생산을 투입되는 자본과 노동의 함수로 설명하는 것은 고전학파 경제학자들의 주장이다. 포철의 종합제철소 건설의 예에서처럼 기업가의 위험부담 의지나 위기를 기회로 만드는 창의적 역할 등 기업 활동 결과의 변수로 작용하는 이른바 기업가 정신을 고려하지 않은 것이었다.
> ① 애덤 스미스는 '자기 이득'을 그 원리로 찾아내었다고 설명하고 있다.
> ② 고전학파 경제학자들은 애덤 스미스의 이론을 신봉하였으며, '경제를 기계로 파악한 애덤 스미스 후학'이라는 언급을 통해 알 수 있는 내용이다.
> ④ 자본 및 노동 투입량 외에 '인적 요인'이 있어야 한다.

40 다음은 N사의 단독주택용지 수의계약 공고문 중 일부이다. 공고문의 내용을 바르게 이해한 것은?

[○○ 블록형 단독주택용지(1필지) 수의계약 공고]

1. 공급대상토지

면적(㎡)	세대수(호)	평균규모(㎡)	용적률(%)	공급가격(천원)	계약보증금(원)	사용가능시기
25,479	63	400	100% 이하	36,944,550	3,694,455,000	즉시

2. 공급일정 및 장소

일정	2023년 1월 11일 오전 10시부터 선착순 수의계약(토·일요일 및 공휴일, 업무시간 외는 제외)
장소	N사 ○○지역본부 1층

3. 신청자격

아래 두 조건을 모두 충족한 자
- 실수요자 : 공고일 현재 주택법에 의한 주택건설사업자로 등록한 자
- 3년 분할납부(무이자) 조건의 토지매입 신청자
  ※ 납부 조건 : 계약체결 시 계약금 10%, 중도금 및 잔금 90%(6개월 단위 6회 납부)

4. 계약체결 시 구비서류
- 법인등기부등본 및 사업자등록증 사본 각 1부
- 법인인감증명서 1부 및 법인인감도장(사용인감계 및 사용인감)
- 대표자 신분증 사본 1부(위임 시 위임장 1부 및 대리인 신분증 제출)
- 주택건설사업자등록증 1부
- 계약금 납입영수증

① 계약이 체결되면 즉시 해당 토지에 단독주택을 건설할 수 있다.
② 계약체결 후 첫 번째 내야 할 중도금은 5,250,095,000원이다.
③ 규모 400㎡의 단독주택용지를 일반 수요자에게 분양하는 공고이다.
④ 계약에 대한 보증금이 공급가격보다 더 높아 실수요자에게 부담을 줄 우려가 있다.

ADVICE ① 부지 용도가 단독주택용지이고 토지사용 가능시기가 '즉시'라는 공고를 통해 계약만 이루어지면 즉시 이용이 가능한 토지임을 알 수 있다.
② 계약체결 후 남은 금액은 공급가격에서 계약금을 제외한 33,250,095,000원이다. 이를 무이자로 3년 간 6회에 걸쳐 납부해야 하므로 첫 번째 내야 할 중도금은 5,541,682,500원이다.
③ 규모 400㎡의 단독주택용지를 주택건설업자에게 분양하는 공고이다.
④ 계약금은 공급가격의 10%로 보증금이 더 적다.

41 다음은 K공사의 신입사원 채용에 관한 안내문의 일부 내용이다. 다음 내용을 근거로 할 때, K공사가 안내문의 내용에 부합되게 취할 수 있는 행동이라고 볼 수 없는 것은?

□ 기타 유의사항
- 모든 응시자는 1인 1개 분야만 지원할 수 있습니다.
- 응시 희망자는 지역제한 등 응시자격을 미리 확인하고 응시원서를 접수하여야 하며, 응시원서의 기재사항 누락, 공인어학능력시험 점수 및 자격증·장애인·취업지원대상자 가산점수·가산비율 기재 착오, 연락불능 등으로 발생되는 불이익은 일체 응시자의 책임으로 합니다.
- 입사지원서 작성내용은 추후 증빙서류 제출 및 관계기관에 조회할 예정이며 내용을 허위로 입력한 경우에는 합격이 취소됩니다.
- 응시자는 시험장소 공고문, 답안지 등에서 안내하는 응시자 주의사항에 유의하여야 하며, 이를 준수하지 않을 경우에 본인에게 불이익이 될 수 있습니다.
- 원서접수결과 지원자가 채용예정인원 수와 같거나 미달하더라도 적격자가 없는 경우 선발하지 않을 수 있습니다.
- 시험일정은 사정에 의하여 변경될 수 있으며 변경내용은 7일 전까지 공사 채용홈페이지를 통해 공고할 계획입니다.
- 제출된 서류는 본 채용목적 이외에는 사용하지 않으며, 채용절차의 공정화에 관한 법령에 따라 최종합격자 발표일 이후 180일 이내에 반환청구를 할 수 있습니다.
- 최종합격자 중에서 신규임용후보자 등록을 하지 않거나 관계법령에 의한 신체검사에 불합격한 자 또는 공사 인사규정 제21조에 의한 응시자격 미달자는 신규임용후보자 자격을 상실하고 차순위자를 추가합격자로 선발할 수 있습니다.
- 임용은 교육성적을 포함한 채용시험 성적순으로 순차적으로 임용하되, 장애인 또는 경력자의 경우 성적순위에도 불구하고 우선 임용될 수 있습니다.
  ※ 공사 인사규정 제22조 제2항에 의거 신규임용후보자의 자격은 임용후보자 등록일로부터 1년으로 하며, 필요에 따라 1년의 범위 안에서 연장될 수 있습니다.

---

① 동일한 응시자가 사무직과 운영직에 중복 응시한 사실이 발견되어 임의로 운영직 응시 관련 사항 일체를 무효처리하였다.
② 대학 졸업예정자로 채용된 A씨는 마지막 학기 학점이 부족하여 졸업이 미뤄지는 바람에 채용이 취소되었다.
③ 50명 선발이 계획되어 있었고, 45명이 지원을 하였으나 42명만 선발하였다.
④ 최종합격자 중 신규임용후보자 자격을 상실한 자가 있어 불합격자 중 임의의 인원을 추가 선발하였다.

> **ADVICE** ④ 결원이 생겼을 때에는 그대로 추가 선발 없이 채용을 마감할 수 있으며, 추가합격자를 선발할 경우 반드시 차순위자를 선발하여야 한다.
> ① 모든 응시자는 1인 1개 분야만 지원할 수 있다. 따라서 중복 응시에 대해 어느 한쪽을 임의로 무효처리할 수 있다.
> ② 입사지원서 작성 내용과 다르게 된 결과이므로 취소 처분이 가능하다.
> ③ 지원자가 채용예정인원 수와 같거나 미달하더라도 적격자가 없는 경우 선발하지 않을 수 있다.

42 다음 회의록의 내용을 보고 올바른 판단을 내리지 못한 것을 고르면?

인사팀 4월 회의록			
회의일시	2022년 4월 30일 14:00~15:30	회의장소	대회의실(예약)
참석자	팀장, 남 과장, 허 대리, 김 대리, 이 사원, 명 사원		
회의안건	• 직원 교육훈련 시스템 점검 및 성과 평가 • 차기 교육프로그램 운영 방향 논의		
진행결과 및 협조 요청	〈총평〉 • 1사분기에는 지난해보다 학습목표시간을 상향조정(직급별 10~20시간)하였음에도 평균 학습시간을 초과하여 달성하는 등 상시학습문화가 정착됨 　- 1인당 평균 학습시간 : 지난해 4사분기 22시간 → 올해 1사분기 35시간 • 다만, 고직급자와 계약직은 학습 실적이 목표에 미달하였는바, 앞으로 학습 진도에 대하여 사전 통보하는 등 학습목표 달성을 적극 지원할 필요가 있음 　- 고직급자 : 목표 30시간, 실적 25시간, 계약직 : 목표 40시간, 실적 34시간 〈운영방향〉 • 전 직원 일체감 형성을 위한 비전공유와 '매출 증대, 비용 절감' 구현을 위한 핵심과제 등 주요사업 시책교육 추진 • 직원이 가치창출의 원천이라는 인식하에 생애주기에 맞는 직급별 직무역량교육 의무화를 통해 인적자본 육성 강화 • 자기주도적 상시학습문화 정착에 기여한 학습관리시스템을 현실에 맞게 개선하고, 조직 간 인사교류를 확대		

① 올 1사분기에는 지난해보다 1인당 평균 학습시간이 50% 이상 증가하였다.

② 전체적으로 1사분기의 교육시간 이수 등의 성과는 우수하였다.

③ 2사분기에는 일부 직원들에 대한 교육시간이 1사분기보다 더 증가할 전망이다.

④ 2사분기에는 각 직급에 보다 적합한 교육이 시행될 것이다.

> **ADVICE** ③ 고위직급자와 계약직 직원들에 대한 학습목표 달성을 지원해야 한다는 논의가 되고 있으므로 그에 따른 실천 방안이 있을 것으로 판단할 수 있으나, 교육시간 자체가 더 증가할 것으로 전망하는 것은 근거가 제시되어 있지 않은 의견이다.
> ① 22시간 → 35시간으로 약 59% 증가하였다.
> ② 평균 학습시간을 초과하여 달성하는 등 상시학습문화가 정착되었다고 평가하고 있다.
> ④ 생애주기에 맞는 직급별 직무역량교육 의무화라는 것은 각 직급과 나이에 보다 적합한 교육이 실시될 것임을 의미한다.

43 레일바이크 이용에 관한 다음 약관의 내용을 제대로 이해하지 못한 의견은 어느 것인가?

제15조 (이용 및 예약 사항의 변경)
① 이용자는 레일바이크 이용 예약 사항(레일바이크 이용 일자 및 인승등)을 변경하고자 하는 경우에는 관리자와 상담 후 변경할 수 있습니다.
② 이용자는 대금 지급 방법을 변경하고자 하는 경우에는 레일바이크 이용 예약을 취소하고 새로운 예약을 하여야 합니다.
③ 이용자는 레일바이크 예약 사항을 변경(이용 대수등)하고자 하는 경우에는 당해 예약 부분 취소를 할 수 있으나, 부분 취소는 1회로 제한합니다. 단, 부분 취소는 단체 적용에서 일반 적용으로 전환되는 부분에 대해서는 전체 취소 후 일반으로 예매를 하여야 합니다.
④ 예매 변동 내역 확인은 인터넷 예매 사이트에서 가능하며 별도의 통지는 하지 않으며, 예매 변동 내역 미확인으로 발생되는 사항은 예매자 본인의 책임으로 레일바이크 예매 관리자는 책임을 지지 않습니다.
제16조 (이용의 취소)
① 이용자가 레일바이크 예약을 취소하고자 하는 때에는 본인이 직접 홈페이지를 통하거나, 전화를 통하여 회사에 레일바이크 이용 예약 취소를 신청하여야 합니다.
② 회사는 제1항의 규정에 의하여 레일바이크 예약 취소 신청이 접수되면 빠른 시간 내에 처리하여 레일바이크 이용 예약을 취소합니다.
③ 이용자가 레일바이크 예약 취소 시 제26조 4항의 내용에 적용되지 않는 한, 제28조의 환불 규정에 의해 환불을 하여야 합니다.
제17조 (레일바이크 시설의 이용)
① 회사의 레일바이크 시설의 이용 요금은 회사가 정한 레일바이크의 경우 1회 이용 요금을 의미합니다.
② 레일바이크 시설의 이용 계약은 홈페이지를 통해 정해진 예약 절차에 의해 레일바이크 이용 일자와 시간, 인승을 선택하여 예약을 진행할 수 있습니다.
③ 레일바이크 시설 이용 및 결제에 관한 사항은 회사가 별도로 정한 대금 지급방법에 따릅니다.
④ 레일바이크 시설 이용에 따른 결제 대금 지급방법은 다음 각 호의 하나로 할 수 있습니다.
   1. 신용카드의 결제
   2. 온라인 계좌이체

---

① '예매 내역을 변경한 경우에는 별도의 통지가 없을 경우 정상적으로 변경 조치된 것으로 간주해도 되겠군.'
② '이용 예약을 취소하고자 할 경우, 모든 예약이 취소 가능한 것은 아니라는 점을 잊지 말아야겠네.'
③ '2회를 이용하려면, 이용 요금은 인터넷상에서 확인한 요금의 2배로 보면 되겠네.'
④ '제26조 4항은 예약 취소 불가 또는 조건부 취소 등에 관한 내용이겠군.'

    ◎ADVICE ① 예매 내역을 변경한 경우에는 별도의 통지를 하지 않으므로 반드시 인터넷 예매 사이트 변경 내역을 확인하여야 한다. 따라서 별도의 통지가 없어도 정상 처리된 것으로 간주할 수는 없다.
    ②④ 이용 예약을 취소하고자 할 경우, 반드시 제26조 4항과 제28조를 참고하여 취소 및 환불이 불가한 경우를 확인해야 한다.
    ③ 인터넷상에 고지된 금액은 1회 요금이라고 언급되어 있다.

44 다음은 '공공데이터를 활용한 앱 개발'에 대한 보고서 작성 개요와 이에 따라 작성한 보고서 초안이다. 개요에 따라 작성한 보고서 초안의 결론 부분에 들어갈 내용으로 가장 적절한 것은?

■ 보고서 작성 개요
• 서론
– 앱을 개발하려는 사람들의 특성 서술
– 앱 개발 시 부딪히는 난점 언급
• 본론
– 공공데이터의 개념 정의
– 공공데이터의 제공 현황 제시
– 앱 개발 분야에서 공공데이터가 갖는 장점 진술
– 공공데이터를 활용한 앱 개발 사례 제시
• 결론
– 공공데이터 활용의 장점을 요약적으로 진술
– 공공데이터가 앱 개발에 미칠 영향 언급

■ 보고서 초고
  앱을 개발하려는 사람들은 아이디어가 넘친다. 사람들이 여행 준비를 위해 많은 시간을 허비하는 것을 보면 한 번에 여행 코스를 짜 주는 앱을 만들어 보고 싶어 한다. 도심에서 주차장을 못 찾아 헤매는 사람들을 보면 주차장을 쉽게 찾아 주는 앱을 만들어 보고 싶어 한다. 그러나 막상 앱을 개발하려 할 때 부딪히는 여러 난관이 있다. 여행지나 주차장에 대한 정보를 모으는 것도 문제이고, 정보를 지속적으로 갱신하는 것도 문제이다. 이런 문제 때문에 결국 아이디어를 포기하는 경우가 많다.
  그러나 이제는 아이디어를 포기하지 않아도 된다. 바로 공공데이터가 있기 때문이다. 공공데이터는 공공기관에서 생성, 취득하여 관리하고 있는 정보 중, 전자적 방식으로 처리되어 누구나 이용할 수 있도록 국민들에게 제공된 것을 말한다. 현재 정부에서는 공공데이터 포털 사이트를 개설하여 국민들이 쉽게 이용할 수 있도록 하고 있다. 공공데이터 포털 사이트에서는 800여 개 공공 기관에서 생성한 15,000여 건의 공공데이터를 제공하고 있으며, 제공하는 공공데이터의 양을 꾸준히 늘리고 있다.
  공공데이터가 가진 앱 개발 분야에서의 장점은 크게 두 가지를 들 수 있다. 먼저 공공데이터는 공공 기관이 국민들에게 편의를 제공하기 위해 시행한 정책의 산출물이기 때문에 실생활과 밀접하게 관련된 정보가 많다는 점이다. 앱 개발자들의 아이디어는 대개 앞에서 언급한 것처럼 사람들의 실생활에 편의를 제공하기 위한 것들이다. 그래서 만약 여행 앱을 만들고자 한다면 한국관광공사의 여행 정보에서, 주차장 앱을 만들고자 한다면 지방자치단체의 주차장 정보에서 필요한 정보를 얻을 수 있다. 두 번째로 공공데이터를 이용하는 데에는 비용이 거의 들지 않기 때문에, 정보를 수집하고 갱신할 때 소요되는 비용을 줄일 수 있다는 점이다. 그래서 개인들도 비용에 대한 부담 없이 쉽게 앱을 만들 수 있다.

〈결론〉

① 공공데이터는 앱 개발을 할 때 부딪히는 자료 수집의 문제와 시간 부족 문제를 해결하여 쉽게 앱을 만들 수 있게 해 준다. 이런 장점에도 불구하고 국민들의 공공데이터 이용에 대한 인식이 낮은 것은 문제라고 할 수 있다.

② 공공데이터는 앱 개발에 필요한 실생활 관련 정보를 담고 있으며 앱 개발 비용의 부담을 줄여 준다. 그러므로 앱 개발 시 공공데이터 이용이 활성화되면 실생활에 편의를 제공하는 다양한 앱이 개발될 것이다.

③ 공공데이터를 이용하여 앱 개발을 하는 사람들은 시간과 비용의 문제를 극복하고 경제적 가치를 창출하는 사람들이다. 앞으로 공공데이터의 양이 증가하면 그들이 만들어 내는 앱도 더 다양해질 것이다.

④ 공공데이터는 자본과 아이디어가 부족해 앱을 개발하지 못 하는 사람들이 유용하게 이용할 수 있다. 앱 개발을 통한 창업이 활성화되면 우리 경제에도 큰 도움이 될 것이다.

> **ADVICE** 보고서 작성 개요에 따르면 결론 부분에서 '공공데이터 활용의 장점을 요약적으로 진술'하고 '공공데이터가 앱 개발에 미칠 영향 언급'하고자 한다. 따라서 ②의 '공공데이터는 앱 개발에 필요한 실생활 관련 정보를 담고 있으며 앱 개발 비용의 부담을 줄여 준다(→ 공공데이터 활용의 장점을 요약적으로 진술). 그러므로 앱 개발 시 공공데이터 이용이 활성화되면 실생활에 편의를 제공하는 다양한 앱이 개발될 것이다(→ 공공데이터가 앱 개발에 미칠 영향 언급).'가 결론으로 가장 적절하다.

45 다음 보고서에 대한 설명으로 옳은 것은?

> 글로벌 금융부문 총자산에서 NBFI가 차지하는 비중이 거의 절반에 이르고 ('08년 42% → '20년 48.3%) 사업 역시 다각화되면서, 잠재리스크의 평가 및 대응의 필요성이 증대되었다. 특히 2020년 3월 글로벌 시장불안에서 대부분의 국가가 NBFI 부문의 자금이탈 등 극심한 스트레스를 경험한 바, FSB는 NBFI 복원력 강화를 위한 포괄적인 작업을 진행하고 있다. 포괄적인 작업에는 위기시 충격 확산 경로 식별, 관련 시스템 리스크 분석, 복원력 강화 정책수단 평가 등이 있다.
>
> NBFI 생태계의 원활한 작동과 복원력은 시장 스트레스 상황에서도 충분한 유동성을 확보하는 것에 기반한다. NBFI 취약성 평가는 유동성 불균형(liquidity imbalances)의 축적요인 및 확산경로 식별에 중점을 두고 있다. 유동성불균형의 축적요인 및 확산경로는 3가지로 식별할 수 있다.
>
> 첫 번째로는 유동성 수요이다. 유동성 불일치 유발행위, 파생상품거래의 예상외 대규모 마진콜, 대외자금 조달시 통화불일치, 레버리지 등이 있다. 두 번째로는 유동성 공급으로 급증한 유동성 수요 대비 유동성 공급 기능 약화, 주요 도매자금시장의 구조적 한계 등이 있다. 마지막으로 스트레스 발생 시 상호연계구조 도식화 등이 있다.
>
> FSB는 기존 미시건전성 정책·투자자보호 수단에 더해 NBFI의 복원력제고를 위한 정책으로 3가지 방안을 제시하였다. 유동성 수요 급증 억제 방안을 위해 NBFI 복원력 제고를 위한 핵심과제로서 NBFI 자산·부채의 유동성 불일치 및 레버리지 감축, 펀드 조기환매 유인 축소, 마진콜 등에 대비한 유동성 자산 확충 등이 있다. 또한, 유동성 공급여력 확충 방안으로 정부채와 RP 거래의 중앙청산소 활용을 확대하고, 채권시장과 RP시장의 투명성 제고, 채권 중개거래 의존도축소 및 직접거래 확대 등이 있다. 마지막으로 시스템 리스크 모니터링 강화로 NBFI의 히든 레버리지(hidden leverage) 등과 관련된 취약성 모니터링을 강화하고 필요시 정책수단을 마련할 계획이다.

① FSB는 NBFI 복원력 강화를 위한 포괄적인 작업을 자금이탈 등의 극심한 스트레스로 진행하지 못하고 있다.

② 유동성불균형의 축적요인 및 확산경로를 정확하게 식별이 불가능하다.

③ 대외자금 조달시 통화불일치, 레버리지 등의 유동성 수요가 유동성 불균형의 요인 중에 하나이다.

④ 유동성 공급여력을 늘리기 위해서 간접거래를 확대한다.

> **ADVICE** ① FSB는 NBFI 복원력 강화를 위한 포괄적인 작업을 진행하고 있다.
> ② 유동성불균형의 축적요인 및 확산경로는 3가지로 식별할 수 있다.
> ④ 직접거래를 확대한다.

46 다음은 행복 아파트의 반려동물 사육규정의 일부이다. 다음과 같은 규정을 참고할 때, 거주자들에게 안내되어야 할 사항으로 적절하지 않은 것은?

제4조(반려동물 사육 시 준수사항)
① 반려동물은 훈련을 철저히 하며 항상 청결상태를 유지하고, 소음발생 등으로 입주자 등에게 피해를 주지 않아야 한다.
② 반려동물의 사육은 규정된 종류의 동물에 한하며, 년 ○회 이상 정기검진을 실시하고 진드기 및 해충기생 등의 예방을 철저히 하여야 한다.
③ 반려동물을 동반하여 승강기에 탑승할 경우 반드시 안고 탑승, 타인에게 공포감을 주지 말아야 한다.
④ 반려동물과 함께 산책할 경우 반드시 목줄을 사용하여야 하며, 배설물을 수거할 수 있는 장비를 지참하여 즉시 수거하여야 한다.
⑤ 반려동물을 동반한 야간 외출 시 손전등을 휴대하여 타인에게 공포감을 주지 않도록 하여야 한다.
⑥ 앞, 뒤 베란다 배수관 및 베란다 밖으로 배변처리를 금지한다.
⑦ 반려동물과 함께 체육시설, 화단 등 공공시설의 출입은 금지한다.
제5조(반려동물 사육에 대한 동의)
① 반려동물을 사육하고자 하는 세대에서는 단지 내 반려동물 동호회를 만들거나 가입하여 공공의 이익을 위하여 활동할 수 있다.
② 반려동물을 사육하는 세대는 사육 동물의 종류와 마리 수를 관리실에 고지해야 하며 반려동물을 제외한 기타 가축을 사육하고자 하는 세대에서는 반드시 관리실의 동의를 구하여야 한다.
③ 반려동물 사육 시 해당동의 라인에서 입주민 다수의 민원(반상회 건의 등)이 있는 세대에는 재발방지를 위하여 서약서를 징구할 수 있으며, 이후 재민원이 발생할 경우 관리규약에 의거하여 반려동물을 사육할 수 없도록 한다.
④ 세대 당 반려동물의 사육두수는 ○마리로 제한한다.
제6조(환경보호)
① 반려동물을 사육하는 세대는 동호회에서 정기적으로 실시하는 단지 내 공용부분의 청소에 참여하여야 한다.
② 청소는 동호회에서 관리하며, 청소에 참석하지 않는 세대는 동호회 회칙으로 정한 청소비를 납부하여야 한다.

---

① "반려동물 동호회에 가입하지 않으신 반려동물 사육 세대에서도 공용부분 청소에 참여하셔야 합니다."
② "반려동물을 사육하는 세대는 사육 동물의 종류와 마리 수를 관리실에 반드시 고지하셔야 합니다."
③ "단지 내 주민 체육관에는 반려동물을 데리고 입장하실 수 없으니 착오 없으시기 바랍니다."
④ "반려동물을 동반하고 이동하실 경우, 승강기 이용이 제한되오니 반드시 계단을 이용해 주시기 바랍니다."

> **ⓞADVICE** 반려동물을 데리고 승강기에 탑승할 경우 반드시 안고 탑승해야 하며, 타인에게 공포감을 주지 말아야 한다는 규정은 있으나, 승강기 이용이 제한되거나 반드시 계단을 이용해야만 하는 것은 아니므로 잘못된 안내 사항이다.

47 다음 글의 내용과 일치하지 않는 것은 어느 것인가?

인문학이 기업 경영에 도움을 주는 사례는 대단히 많다. 휴렛패커드의 칼리 피오리나는 중세에서 르네상스로 전환하는 시기에 대한 관심이 디지털시대로 전환하는 시대를 이해하는 데 큰 도움을 주고 있다는 말을 하곤 한다. 또 마이클 아이스너 디즈니 CEO는 자신의 인문학적 소양이 국제 관계를 다루는데 큰 도움이 되었다고 한다.

역사나 문학은 인간과 사회에 대한 다양한 사례를 제공함으로써 인간과 사회를 깊이 이해하게 한다. 철학이 인간과 사회에 대한 본질적인 문제를 다루고 우리가 무엇을 지향해야 할 것인가 하는 가치의 문제를 다루게 하는 것과 함께 고려하면 문학, 역사, 철학은 인간과 사회에 대한 다양한 경험과 깊은 통찰을 알려주고 연마하는 중요한 학문임을 알게 된다. 그 핵심은 소통하고 공감하는 능력이다.

사회 환경 변화에 민감할 수밖에 없는 기업이 이를 가장 예민하게 받아들이고 있다. 현재는 경영 환경이 이전과 달리 복합적이고 복잡하다. 소비 자체가 하나의 문화적 현상이 되면서 기업도 물건을 파는 것이 아니라 문화를 함께 제공하여야 한다. 당연한 말이지만 이를 해결하기 위해서는 단편적인 지식이 아니라 인간을 이해하고 사회 문화를 파악할 수 있는 통찰력과 복합적 사고력이 요구된다.

게다가 요즈음은 새로운 기술이 개발되었다고 해도 복제나 다른 방법을 통해 곧 평준화된다. 신기술의 생명이 점점 짧아지는 것이 바로 이러한 추세를 반영한다. 그렇다면 후발 기업이나 선진 기업의 기술 격차가 난다고 해도 그것이 못 따라갈 정도는 아니라는 말이다. 지금의 차이도 시간의 문제일 뿐 곧 평준화된다고 보아야 한다. 이제 기술을 통해서 차별을 할 수 있는 시기는 지난 것이다.

이런 때 요구되는 것은 인간에 대한 깊은 이해로부터 만들어진 차별이다. 문화를 통한 기술이라는 것이 바로 이런 점이다. 어느 기업이든 인간을 어떻게 보느냐에 따라서 생산물에 그 철학이 담기게 되고 이것은 독특한 색채가 된다.

① 인문학적 소양은 인간과 사회를 깊이 이해하게 한다.
② 문학, 역사, 철학이 인간 사회에 주는 영향의 핵심은 소통과 공감 능력이다.
③ 소비자의 소비 행위는 단순히 물건을 구매하는 것을 넘어 하나의 문화적 현상이 되었다.
④ 기술 개발력의 향상으로 기업 간 격차와 차별화는 날로 심해진다.

> **ADVICE** 글에서 복제나 다른 방법으로 신기술의 생명이 점점 짧아지고 있으며, 기업 간 기술 격차의 해소는 시간의 문제일 뿐 곧 평준화될 것이라는 점을 강조하며, 그러한 현상에 대한 대안적인 차별화 전략으로 인문학의 중요성을 이야기하고 있는 것이다.

48 다음 글에 나타난 아리스토텔레스의 견해에 대한 이해로 가장 적절한 것은?

자연에서 발생하는 모든 일은 목적 지향적인가? 자기 몸통보다 더 큰 나뭇가지나 잎사귀를 허둥대며 운반하는 개미들은 분명히 목적을 가진 듯이 보인다. 그런데 가을에 지는 낙엽이나 한밤중에 쏟아지는 우박도 목적을 가질까? 아리스토텔레스는 모든 자연물이 목적을 추구하는 본성을 타고나며, 외적 원인이 아니라 내재적 본성에 따른 운동을 한다는 목적론을 제시한다. 그는 자연물이 단순히 목적을 갖는 데 그치는 것이 아니라 목적을 실현할 능력도 타고나며, 그 목적은 방해받지 않는 한 반드시 실현될 것이고, 그 본성적 목적의 실현은 운동 주체에 항상 바람직한 결과를 가져온다고 믿는다. 아리스토텔레스는 이러한 자신의 견해를 "자연은 헛된 일을 하지 않는다!"라는 말로 요약한다.

근대에 접어들어 모든 사물이 생명력을 갖지 않는 일종의 기계라는 견해가 강조되면서, 아리스토텔레스의 목적론은 비과학적이라는 이유로 많은 비판에 직면한다. 갈릴레이는 목적론적 설명이 과학적 설명으로 사용될 수 없다고 주장하며, 베이컨은 목적에 대한 탐구가 과학에 무익하다고 평가하고, 스피노자는 목적론이 자연에 대한 이해를 왜곡한다고 비판한다. 이들의 비판은 목적론이 인간 이외의 자연물도 이성을 갖는 것으로 의인화한다는 것이다. 그러나 이런 비판과는 달리 아리스토텔레스는 자연물을 생물과 무생물로, 생물을 식물·동물·인간으로 나누고, 인간만이 이성을 지닌다고 생각했다.

일부 현대 학자들은, 근대 사상가들이 당시 과학에 기초한 기계론적 모형이 더 설득력을 갖는다는 일종의 교조적 믿음에 의존했을 뿐, 아리스토텔레스의 목적론을 거부할 충분한 근거를 제시하지 못했다고 비판한다. 이런 맥락에서 볼로틴은 근대 과학이 자연에 목적이 없음을 보이지도 못했고 그렇게 하려는 시도조차 하지 않았다고 지적한다. 또한 우드필드는 목적론적 설명이 과학적 설명은 아니지만, 목적론의 옳고 그름을 확인할 수 없기 때문에 목적론이 거짓이라 할 수도 없다고 지적한다.

17세기의 과학은 실험을 통해 과학적 설명의 참·거짓을 확인할 것을 요구했고, 그런 경향은 생명체를 비롯한 세상의 모든 것이 물질로만 구성된다는 물질론으로 이어졌으며, 물질론 가운데 일부는 모든 생물학적 과정이 물리·화학 법칙으로 설명된다는 환원론으로 이어졌다. 이런 환원론은 살아 있는 생명체가 죽은 물질과 다르지 않음을 함축한다. 하지만 아리스토텔레스는 자연물의 물질적 구성 요소를 알면 그것의 본성을 모두 설명할 수 있다는 엠페도클레스의 견해를 반박했다. 이 반박은 자연물이 단순히 물질로만 이루어진 것이 아니며, 또한 그것의 본성이 단순히 물리·화학적으로 환원되지도 않는다는 주장을 내포한다.

첨단 과학의 발전에도 불구하고 생명체의 존재 원리와 이유를 정확히 규명하는 과제는 아직 진행 중이다. 자연물의 구성 요소에 대한 아리스토텔레스의 탐구는 자연물이 존재하고 운동하는 원리와 이유를 밝히려는 것이었고, 그의 목적론은 지금까지 이어지는 그러한 탐구의 출발점이라 할 수 있다.

① 자연물의 본성적 운동은 외적 원인에 의해 야기되기도 한다.
② 낙엽의 운동은 본성적 목적 개념으로는 설명되지 않는다.
③ 본성적 운동의 주체는 본성을 실현할 능력을 갖고 있다.
④ 자연물의 목적 실현은 때로는 그 자연물에 해가 된다.

> ⓐADVICE 아리스토텔레스는 모든 자연물이 목적을 추구하는 본성을 타고나며, 외적 원인이 아니라 내재적 본성에 따른 운동을 한다는 목적론을 제시하였다. 아리스토텔레스에 따르면 이러한 본성적 운동의 주체는 단순히 목적을 갖는 데 그치는 것이 아니라 목적을 실현할 능력도 타고난다.

49 다음 중 글의 내용과 일치하지 않는 것은?

시간 예술이라고 지칭되는 음악에서 템포의 완급은 대단히 중요하다. 동일곡이지만 템포의 기준을 어떻게 잡아서 재현해 내느냐에 따라서 그 음악의 악상은 달라진다. 그런데 이처럼 중요한 템포의 인지 감각도 문화권에 따라, 혹은 민족에 따라서 상이할 수 있으니, 동일한 속도의 음악을 듣고도 누구는 빠르게 느끼는 데 비해서 누구는 느린 것으로 인지하는 것이다. 결국 문화권에 따라서 템포의 인지 감각이 다를 수도 있다는 사실은 바꿔 말해서 서로 문화적 배경이 다르면 사람에 따라 적절하다고 생각하는 모데라토의 템포도 큰 차이가 있을 수 있다는 말과 같다.

한국의 전통 음악은 서양 고전 음악에 비해서 비교적 속도가 느린 것이 분명하다. 대표적 정악곡(正樂曲)인 '수제천(壽齊天)'이나 '상령산(上靈山)' 등의 음악을 들어보면 수긍할 것이다. 또한 이 같은 구체적인 음악의 예가 아니더라도 국악의 첫인상을 일단 '느리다'고 간주해 버리는 일반의 통념을 보더라도 전래의 한국 음악이 보편적인 서구 음악에 비해서 느린 것은 틀림없다고 하겠다. 그런데 한국의 전통 음악이 서구 음악에 비해서 상대적으로 속도가 느린 이유는 무엇일까? 이에 대한 해답도 여러 가지 문화적 혹은 민족적인 특질과 연결해서 생각할 때 결코 간단한 문제가 아니겠지만, 여기서는 일단 템포의 계량적 단위인 박(beat)의 준거를 어디에 두느냐에 따라서 템포 관념의 차등이 생겼다는 가설 하에 설명을 하기로 한다.

한국의 전통 문화를 보면 그 저변의 잠재의식 속에는 호흡을 중시하는 징후가 역력함을 알 수 있는데, 이 점은 심장의 고동을 중시하는 서양과는 상당히 다른 특성이다. 우리의 문화 속에는 호흡에 얽힌 생활 용어가 한두 가지가 아니다. 숨을 한 번 내쉬고 들이마시는 동안을 하나의 시간 단위로 설정하여 일식간(一息間) 혹은 이식간(二息間)이니 하는 양식척(量息尺)을 써 왔다. 그리고 감정이 격앙되었을 때는 긴 호흡을 해서 감정을 누그러뜨리거나 건강을 위해 단전 호흡법을 수련한다. 이것은 모두 호흡을 중시하고 호흡에 뿌리를 둔 문화 양식의 예들이다. 더욱이 심장의 정지를 사망으로 단정하는 서양과는 달리 우리의 경우에는 '숨이 끊어졌다'는 말로 유명을 달리했음을 표현한다. 이와 같이 확실히 호흡의 문제는 모든 생리 현상에서부터 문화 현상에 이르기까지 우리의 의식 저변에 두루 퍼져있는 민족의 공통적 문화소가 아닐 수 없다.

이와 같은 동서양 간의 상호 이질적인 의식 성향을 염두에 두고 각자의 음악을 관찰해 보면, 서양의 템포 개념은 맥박, 곧 심장의 고동에 기준을 두고 있으며, 우리의 그것은 호흡의 주기, 즉 폐부의 운동에 뿌리를 두고 있음을 알 수 있다. 서양의 경우 박자의 단위인 박을 비트(beat), 혹은 펄스(pulse)라고 한다. 펄스라는 말이 곧 인체의 맥박을 의미하듯이 서양음악은 원초적으로 심장을 기준으로 출발한 것이다. 이에 비해 한국의 전통 음악은 모음 변화를 일으켜 가면서까지 길게 끌며 호흡의 리듬을 타고 있음을 볼 때, 근원적으로 호흡에 뿌리를 둔 음악임을 알 수 있다. 결국 한국 음악에서 안온한 마음을 느낄 수 있는 모데라토의 기준 속도는, 1분간의 심장의 박동수와 호흡의 주기와의 차이처럼, 서양 음악의 그것에 비하면 무려 3배쯤 느린 것임을 알 수 있다.

① 우리 음악의 박자는 호흡 주기에 뿌리를 두고 있다.
② 서양 음악은 심장 박동수를 박자의 준거로 삼았다.
③ 템포의 완급을 바꾸어도 악상은 변하지 않는다.
④ 우리 음악은 서양 음악에 비해 상대적으로 느리다.

①②④ 마지막 문단을 통해 알 수 있다.

50 다음 문서의 내용을 참고하여 문서의 제목으로 가장 적절한 것은 어느 것인가?

□ 워크숍 개요
- (일시/장소) 2022.12.5.(월), 17:00~19:00 / CS룸(1217호)
- (참석자) 인사기획실, 대변인실, 의정관실, 관리부서 과장 및 직원 약 25명
- (주요내용) 혁신 방안 및 자긍심 제고 방안 발표 및 토론

□ 주요 내용
⟨발표 내용⟩
- 인사혁신 방안(역량과 성과중심, 예측 가능한 열린 인사)
- 조직혁신 방안(일하는 방식 개선 및 조직구조 재설계)
- 내부 소통 활성화 방안(학습동아리, 설문조사, 사장님께 바란다 등)
- 활력 및 자긍심 제고 방안(상징물품 개선, 휴게실 확충 등)
⟨토론 내용⟩
- (의미) 신설된 부처라는 관점에서 새로운 업무방식에 대한 고민 필요
- (일하는 방식) 가족 사랑의 날 준수, 휴가비 공제제도 재검토, 불필요한 회의체 감축 등
- (내부소통) 임원들의 더 많은 관심 필요, 학습동아리 지원
- (조직문화) 혁신을 성공케 하는 밑거름으로서 조직문화 개선, 출근하고 싶은 조직 만들기, 직원 사기 진작 방안 모색
- (기타) 정책연구 용역 활성화, 태블릿 pc제공 등

① 조직 혁신 워크숍 개최 계획서
② 임직원 간담회 일정 보고서
③ 정책 구상회의 개최 계획서
④ 조직 혁신 워크숍 개최 결과보고서

ADVICE ④ 문서의 내용에는 워크숍 개최 및 발표, 토론 내용이 요약되어 포함되어 있다. 따라서 담긴 내용이 이미 진행된 후에 작성된 문서이므로 '~계획(보고)서'가 아닌 '결과보고서'가 되어야 할 것이다.
② 특정 행사의 일정만을 보고하는 문서가 아니며, 행사 전체의 내용을 모두 포함하고 있다.

수리능력

[수리능력] NCS 출제유형

① 기초연산능력 : 사칙연산, 검산과 관련한 문제가 출제된다. 데이터나 통계를 확인하여 기초연산을 하는 문제가 주로 출제된다.
② 기초통계능력 : 업무 수행에 필요한 수량계산, 표본을 통한 특성 유추, 논리적으로 결론을 추출하기 위한 문제가 출제된다.
③ 도표분석능력 : 도표가 제시되고 그에 따른 연산문제가 출제된다.
④ 도표작성능력 : 제시된 통계를 확인하고 도표를 작성하는 문제이다.

[수리능력] 출제경향

업무를 수행함에 있어 필요한 기본적인 수리능력은 물론이고 지원자의 논리성까지 파악할 수 있는 문항들로 구성된다. 사칙연산, 방정식과 부등식, 응용계산, 수열추리, 자료해석 등이 혼합형으로 출제된다. 난이도가 높은 편은 아니지만 짧은 시간 내에 정확하게 암산해 내는 능력을 요구하며 문제해결능력과 결합된 복합형 문제들로 다수 출제되고 있다.

[수리능력] 빈출유형

응용계산											
도표 분석											
그래프 분석											

01 수리능력 모듈형 연습문제

예제 01 도표 분석능력

다음 자료를 보고 주어진 상황에 대한 물음에 답하시오.

근로소득에 대한 간이 세액표						
월 급여액(천 원) (비과세 및 학자금 제외)		공제대상 가족 수				
이상	미만	1	2	3	4	5
2,500	2,520	38,960	29,280	16,940	13,570	10,190
2,520	2,540	40,670	29,960	17,360	13,990	10,610
2,540	2,560	42,380	30,640	17,790	14,410	11,040
2,560	2,580	44,090	31,330	18,210	14,840	11,460
2,580	2,600	45,800	32,680	18,640	15,260	11,890
2,600	2,620	47,520	34,390	19,240	15,680	12,310
2,620	2,640	49,230	36,100	19,900	16,110	12,730
2,640	2,660	50,940	37,810	20,560	16,530	13,160
2,660	2,680	52,650	39,530	21,220	16,960	13,580
2,680	2,700	54,360	41,240	21,880	17,380	14,010
2,700	2,720	56,070	42,950	22,540	17,800	14,430
2,720	2,740	57,780	44,660	23,200	18,230	14,850
2,740	2,760	59,500	46,370	23,860	18,650	15,280

※ 1) 갑근세는 제시되어 있는 간이 세액표에 따름
　 2) 주민세 = 갑근세의 10%
　 3) 국민연금 = 급여액의 4.50%
　 4) 고용보험 = 국민연금의 10%
　 5) 건강보험 = 급여액의 2.90%
　 6) 교육지원금 = 분기별 100,000원(매 분기별 첫 달에 지급)

5월 급여내역이 다음과 같고 전월과 동일하게 근무하였으나, 특별수당은 없고 차량지원금으로 100,000원을 받게 된다면, 6월에 받게 되는 급여는 얼마인가?(단, 원 단위 절삭)

(주) 서원플랜테크 5월 급여내역			
성명	박○○	지급일	5월 12일
기본급여	2,240,000	갑근세	39,530
직무수당	400,000	주민세	3,950
명절 상여금		고용보험	11,970
특별수당	20,000	국민연금	119,700
차량지원금		건강보험	77,140
교육지원		기타	
급여계	2,660,000	공제합계	252,290
지급총액			2,407,710

① 2,443,910　　　　② 2,453,910
③ 2,463,910　　　　④ 2,473,910

출제의도

업무상 계산을 수행하거나 결과를 정리하고 업무비용을 측정하는 능력을 평가하기 위한 문제로서, 주어진 자료에서 문제를 해결하는 데에 필요한 부분을 빠르고 정확하게 찾아내는 것이 중요하다.

해설

기본급여	2,240,000	갑근세	46,370
직무수당	400,000	주민세	4,630
명절상여금		고용보험	12,330
특별수당		국민연금	123,300
차량지원금	100,000	건강보험	79,460
교육지원		기타	
급여계	2,740,000	공제합계	266,090
지급총액			2,473,910

※ ④

예제 02 기초 연산능력

둘레의 길이가 4.4km인 정사각형 모양의 공원이 있다. 이 공원의 넓이는 몇 a인가?

① 12,100a ② 1,210a
③ 121a ④ 12.1a

출제의도

길이, 넓이, 부피, 들이, 무게, 시간, 속도 등 단위에 대한 기본적인 환산 능력을 평가하는 문제로서, 소수점 계산이 필요하며, 자릿수를 읽고 구분할 줄 알아야 한다.

해설

공원의 한 변의 길이는
$4.4 \div 4 = 1.1(\text{km})$이고
$1\text{km}^2 = 10000\text{a}$이므로
공원의 넓이는
$1.1\text{km} \times 1.1\text{km} = 1.21\text{km}^2$
$= 12100a$

※ ①

예제 03 기초 통계능력

인터넷 쇼핑몰에서 회원가입을 하고 디지털 캠코더를 구매하려고 한다. 다음은 구입하고자 하는 모델에 대하여 인터넷 쇼핑몰 세 곳의 가격과 조건을 제시한 표이다. 표에 있는 모든 혜택을 적용하였을 때 디지털 캠코더의 배송비를 포함한 실제 구매가격을 바르게 비교한 것은?

구분	A 쇼핑몰	B 쇼핑몰	C 쇼핑몰
정상가격	129,000원	131,000원	130,000원
회원혜택	7,000원 할인	3,500원 할인	7% 할인
할인쿠폰	5% 쿠폰	3% 쿠폰	5,000원
중복할인여부	불가	가능	불가
배송비	2,000원	무료	2,500원

① A < B < C ② B < C < A
③ C < A < B ④ C < B < A

출제의도

직장생활에서 자주 사용되는 기초적인 통계기법을 활용하여 자료의 특성과 경향성을 파악하는 능력이 요구되는 문제이다.

해설

㉠ A 쇼핑몰
• 회원혜택을 선택한 경우 :
  $129,000 - 7,000 + 2,000 = 124,000$
• 5% 할인쿠폰을 선택한 경우 :
  $129,000 \times 0.95 + 2,000 = 124,550$

㉡ B 쇼핑몰 :
  $131,000 \times 0.97 - 3,500$
  $= 123,570$

㉢ C 쇼핑몰
• 회원혜택을 선택한 경우 :
  $130,000 \times 0.93 + 2,500$
  $= 123,400$
• 5,000원 할인쿠폰을 선택한 경우 :
  $130,000 - 5,000 + 2,500 = 127,500$
∴ C < B < A

※ ④

예제 04 도표 분석능력

다음 표는 2020 ~ 2021년 지역별 직장인들의 자기개발에 관해 조사한 내용을 정리한 것이다. 이에 대한 분석으로 옳은 것은?

(단위 : %)

연도	2020년				2021년			
구분	자기개발 하고 있음	자기개발 비용 부담 주체			자기개발 하고 있음	자기개발 비용 부담 주체		
지역		직장 100%	본인 100%	직장50% + 본인50%		직장 100%	본인 100%	직장50% + 본인50%
충청도	36.8	8.5	88.5	3.1	45.9	9.0	65.5	24.5
제주도	57.4	8.3	89.1	2.9	68.5	7.9	68.3	23.8
경기도	58.2	12	86.3	2.6	71.0	7.5	74.0	18.5
서울시	60.6	13.4	84.2	2.4	72.7	11.0	73.7	15.3
경상도	40.5	10.7	86.1	3.2	51.0	13.6	74.9	11.6

① 2020년과 2021년 모두 자기개발 비용을 본인이 100% 부담하는 사람의 수는 응답자의 절반 이상이다.

② 자기개발을 하고 있다고 응답한 사람의 수는 2020년과 2021년 모두 서울시가 가장 많다.

③ 자기개발 비용을 직장과 본인이 각각 절반씩 부담하는 사람의 비율은 2020년과 2021년 모두 서울시가 가장 높다.

④ 2020년과 2021년 모두 자기개발을 하고 있다고 응답한 비율이 가장 높은 지역에서 자기개발비용을 직장이 100% 부담한다고 응답한 사람의 비율이 가장 높다.

출제의도

그래프, 그림, 도표 등 주어진 자료를 이해하고 의미를 파악하여 필요한 정보를 해석하는 능력을 평가하는 문제이다.

해설

② 지역별 인원수가 제시되어 있지 않으므로, 각 지역별 응답자 수는 알 수 없다.

③ 2020년에는 경상도에서, 2021년에는 충청도에서 가장 높은 비율을 보인다.

④ 2020년과 2021년 모두 '자기개발 하고 있다'고 응답한 비율이 가장 높은 지역은 서울시이며, 2021년의 경우 자기개발 비용을 직장이 100% 부담한다고 응답한 사람의 비율이 가장 높은 지역은 경상도이다.

※ ①

1 K은행 고객인 S씨는 작년에 300만 원을 투자하여 3년 만기, 연리 2.3% 적금 상품(비과세, 단리 이율)에 가입하였다. 올 해 추가로 여유 자금이 생긴 S씨는 200만 원을 투자하여 신규 적금 상품에 가입하려 한다. 신규 적금 상품은 복리가 적용되는 이율 방식이며, 2년 만기라 기존 적금 상품과 동시에 만기가 도래하게 된다. 만기 시 두 적금 상품의 원리금의 총 합계가 530만 원 이상이 되기 위해서는 올 해 추가로 가입하는 적금 상품의 연리가 적어도 몇 %여야 하는가? (모든 금액은 절삭하여 원 단위로 표시하며, 이자율은 소수 첫째 자리까지만 계산함)

① 2.2%   ② 2.3%

③ 2.4%   ④ 2.5%

> **ADVICE** 단리 이율 계산 방식은 원금에만 이자가 붙는 방식으로 원금은 변동이 없으므로 매년 이자액이 동일하다. 반면, 복리 이율 방식은 '원금 + 이자'에 이자가 붙는 방식으로 매년 이자가 붙어야 할 금액이 불어나 갈수록 원리금이 커지게 된다.
> 작년에 가입한 상품의 만기 시 원리금은 3,000,000 + (3,000,000 × 0.023 × 3) = 3,000,000 + 207,000 = 3,207,000원이 된다.
> 따라서 올 해 추가로 가입하는 적금 상품의 만기 시 원리금이 2,093,000원 이상이어야 한다.
> 이것은 곧 다음과 같은 공식이 성립하게 됨을 알 수 있다.
> 추가 적금 상품의 이자율을 A%, 이를 100으로 나눈 값을 x라 하면,
> $2,000,000 \times (1+x)^2 \geqq 2,093,000$이 된다.
> 주어진 보기의 값을 대입해 보면, 이자율이 2.3%일 때 x가 0.023이 되어 2,000,000 × 1.023 × 1.023 = 2,093,058이 된다.
> 따라서 올 해 추가로 가입하는 적금 상품의 이자율(연리)은 적어도 2.3%가 되어야 만기 시 두 상품의 원리금 합계가 530만 원 이상이 될 수 있다.

2 다음은 S씨가 가입한 적금 상품의 내역을 인터넷으로 확인한 결과이다. 빈칸 '세후 수령액'에 들어갈 알맞은 금액은 얼마인가? (소수점은 반올림하여 원 단위로 표시함)

월적립액	100,000원		
적금기간	년 개월	1년	연이자율 단리 월복리 2.8%
이자과세	일반과세 비과세 세금우대		

원금합계 ( )원
세전이자 ( )원
이자과세(15.4%) **( )원**
세후 수령액 ( )원

① 1,214,594원 ② 1,215,397원
③ 1,220,505원 ④ 1,222,779원

ADVICE 월 적립액이 100,000원이며 적금기간이 1년인 월 적립식 적금 상품이므로 원금합계는 1,200,000원이 된다. 이자율이 연리 2.8%(단리)이므로 매월 적립되는 100,000원에 대한 이자액은 전체 적금기간에 대하여 다음과 같이 계산된다.

월적립액	이자
첫 번째 달 10만 원	10만 × 0.028 ÷ 12 × 12 = 2,800원
두 번째 달 10만 원	10만 × 0.028 ÷ 12 × 11 = 2,567원
세 번째 달 10만 원	10만 × 0.028 ÷ 10 × 10 = 2,333원
네 번째 달 10만 원	10만 × 0.028 ÷ 12 × 9 = 2,100원
다섯 번째 달 10만 원	10만 × 0.028 ÷ 12 × 8 = 1,867원
여섯 번째 달 10만 원	10만 × 0.028 ÷ 12 × 7 = 1,633원
일곱 번째 달 10만 원	10만 × 0.028 ÷ 12 × 6 = 1,400원
여덟 번째 달 10만 원	10만 × 0.028 ÷ 12 × 5 = 1,167원
아홉 번째 달 10만 원	10만 × 0.028 ÷ 12 × 4 = 933원
열 번째 달 10만 원	10만 × 0.028 ÷ 12 × 3 = 700원
열한 번째 달 10만 원	10만 × 0.028 ÷ 12 × 2 = 467원
열두 번째 달 10만 원	10만 × 0.028 ÷ 12 × 1 = 233원

따라서 이를 더하면 이자액은 총 18,200원이 된다.

(이를 빠르게 계산하는 식은 $\dfrac{100,000 \times 2.8\% \times (12+11+\cdots 2+1)}{12} = 18,200$) 여기에 이자과세 15.4%는 이자에만 과세되는 것이므로 18,200 × 0.154 = 2,803원이 세금액이 된다. 따라서 세후 수령액은 1,200,000 + 18,200 − 2,803 = 1,215,397원이 된다.

|3~4| 다음은 농촌의 유소년, 생산연령, 고령인구 연도별 추이 조사 자료이다. 이를 보고 이어지는 물음에 답하시오.

(단위 : 천 명, %)

구분		2017년	2018년	2019년	2020년
농촌	합계	9,343	8,705	8,627	9,015
	유소년	1,742	1,496	1,286	1,130
	생산연령	6,231	5,590	5,534	5,954
	고령	1,370	1,619	1,807	1,931
- 읍	소계	3,742	3,923	4,149	4,468
	유소년	836	832	765	703
	생산연령	2,549	2,628	2,824	3,105
	고령	357	463	560	660
- 면	소계	5,601	4,782	4,478	4,547
	유소년	906	664	521	427
	생산연령	3,682	2,962	2,710	2,849
	고령	1,013	1,156	1,247	1,271

3 다음 중 농촌 전체 유소년, 생산연령, 고령 인구의 2017년 대비 2020년의 증감률을 각각 순서대로 올바르게 나열한 것은 어느 것인가?

① 약 35.1%, 약 4.4%, 약 40.9%

② 약 33.1%, 약 4.9%, 약 38.5%

③ 약 −37.2%, 약 −3.8%, 약 42.5%

④ 약 −35.1%, 약 −4.4%, 약 40.9%

> **ADVICE** A에서 B로 변동한 수치의 증감률은 (B − A) ÷ A × 100임을 활용하여 다음과 같이 계산할 수 있다.
> • 유소년 : (1,130 − 1,742) ÷ 1,742 × 100 = 약 −35.1%
> • 생산연령 : (5,954 − 6,231) ÷ 6,231 × 100 = 약 −4.4%
> • 고령 : (1,931 − 1,370) ÷ 1,370 × 100 = 약 40.9%

4 다음 중 위의 자료를 올바르게 해석하지 못한 것은 어느 것인가?

① 유소년 인구는 읍과 면 지역에서 모두 지속적으로 감소하였다.

② 생산연령 인구는 읍과 면 지역에서 모두 증가세를 보였다.

③ 고령인구의 지속적인 증가로 노령화 지수는 지속 상승하였다.

④ 농촌의 전체 인구는 면 지역의 생산연령 인구와 증감 추이가 동일하다.

> **ADVICE** ② 생산연령 인구는 읍 지역에서는 지속적인 증가세를 보였으나, 면 지역에서는 계속 감소하다가 2020년에 증가세로 돌아선 것을 알 수 있다.
> ① 유소년 인구는 빠르게 감소 추세를 보이고 있다.
> ③ 유소년 인구와 달리 고령 인구는 빠른 증가로 인해 도시의 노령화 지수가 상승하였다고 볼 수 있다.
> ④ 농촌의 전체 인구와 면 지역의 생산연령 인구는 모두 감소 후 2020년에 증가하는 추이를 보이고 있다.

5 친구인 길동과 길남은 함께 건강검진을 받으러 갔다. A~D 네 가지 진료를 받아야 하는데 각 진료별 길동과 길남의 소요 시간이 다음과 같다. 길동이가 먼저 진료를 시작하고 이어서 같은 진료를 길남이가 받는 순서로 진행될 때, 다음 보기 중 길남이가 대기하여야 하는 시간이 가장 짧은 진료 순서는 어느 것인가? (진료는 두 사람만 한다고 가정한다)

	A진료	B진료	C진료	D진료
길동	5분	2분	4분	1분
길남	3분	3분	2분	4분

① A − B − C − D

② B − A − C − D

③ C − D − A − B

④ D − C − B − A

> **ADVICE** 각 보기에 주어진 순서대로 진료를 받았을 경우 길남의 대기 시간을 계산해 보면 다음과 같다.
> • A − B − C − D : 길남은 최초 5분을 대기해야 한다. 이후 길동이 B진료를 끝내고 C진료를 시작한 지 1분 만에 길남의 A진료가 끝나게 되며 따라서 B진료를 대기 없이 진행하며 길동의 C진료와 길남의 B진료가 동시에 끝나게 된다. 이후 길동의 D진료는 1분, 길남의 C진료는 2분이므로 역시 추가로 길남이 대기해야 할 시간은 없게 된다.
> • B − A − C − D : 위와 같은 방법으로 계산하면 길남은 2분 + 2분 + 1분 = 5분을 대기해야 한다.
> • C − D − A − B : 4분
> • D − C − B − A : 1분 + 2분 = 3분
> 따라서 최초 대기 시간이 가장 적은 D진료부터 받고, 다음으로 길동의 다음 진료 시간과 길남의 이전 진료 시간이 가장 유사한 방법인 C − B − A의 순서가 가장 길남의 대기 시간이 짧게 됨을 알 수 있다.

📄 Answer. 3.④ 4.② 5.④

▐ 6~7 ▐ 다음 자료를 보고 이어지는 물음에 답하시오.

〈혼인연차별 초혼 · 재혼 비중〉

(단위 : 쌍, %)

혼인연차	Y-1년			Y년		
	신혼 부부 수	초혼 비중	재혼 비중	신혼 부부 수	초혼 비중	재혼 비중
계	1,471,647	(80.1)	(19.9)	1,436,948	(80.1)	(19.8)
5년차	289,258	(80.8)	(19.1)	291,621	(80.9)	(19.0)
4년차	297,118	(80.5)	(19.5)	293,723	(81.2)	(18.8)
3년차	299,543	(80.8)	(19.2)	288,689	(80.1)	(19.9)
2년차	294,962	(79.6)	(20.4)	284,323	(79.4)	(20.6)
1년차	290,766	(78.9)	(21.1)	278,592	(78.8)	(21.1)

6 Y-1년 대비 Y년의 신혼부부 커플 수가 가장 많이 변동된 혼인연차와 가장 적게 변동된 혼인연차의 변동 수 차이는 얼마인가?

① 8,779

② 9,811

③ 11,050

④ 14,537

> **ADVICE** 신혼커플 수의 '변동'을 말하고 있으므로 감소한 수와 증가한 수가 같은 의미가 된다. 1년차부터 5년차까지의 증감이 각각 -12,174, -10,639, -10,854, -3,395, 2,363커플이다.
> 가장 많이 변동된 혼인연차의 변동 수인 12,174와 가장 적게 변동된 혼인연차의 변동 수인 2,363과의 차이는 12,174 - 2,363 = 9,811이 된다.

7 다음 중 위의 자료를 올바르게 해석하지 못한 것은 어느 것인가?

① Y년의 전체 신혼부부 커플 수의 전년대비 증감률은 약 -2.36%이다.

② Y년의 부부 중 1명 이상 재혼인 경우가 80.1%로 전년과 동일한 비중을 나타낸다.

③ 신혼부부가 재혼인 비중은 혼인연차가 많을수록 대체적으로 더 적다.

④ Y년의 초혼 비중이 가장 크게 증가한 혼인연차는 4년차이다.

② 80.1%는 초혼의 비중을 나타내며, 부부 중 1명 이상 재혼인 경우는 19.8%로 전년과 유사하다.
　① $(1,436,948 - 1,471,647) \div 1,471,647 \times 100 =$ 약 -2.36%이다.
　③ 두 해 모두 1년차에는 21%대의 재혼 비중이던 것이 5년차로 갈수록 19% 수준까지 낮아진 것을 확인
　　할 수 있다.
　④ 4년차의 초혼 비중은 80.5 → 81.2로 0.7%p 증가하여 가장 큰 증가폭을 보인다.

8 다음은 A, B, C 3개 지역의 커피 전문점 개수 현황을 나타낸 표이다. Y-3년의 커피 전문점 개수를 지역 순
　서대로 올바르게 나열한 것은 어느 것인가?

(단위 : %, 개)

	Y-3년 대비 Y-2년의 증감률	Y-2년의 Y-1년 대비 증감 수	Y-1년의 Y년 대비 증감 수	Y년의 개수
A지역	10	-3	1	35
B지역	15	2	-2	46
C지역	12	-5	3	30

① 30, 40, 25개　　　　　　　　　　② 32, 42, 25개
③ 30, 45, 20개　　　　　　　　　　④ 35, 40, 26개

Y-3년의 개수를 x라 하고, Y년의 개수로부터 역산하여 각 해의 커피 전문점 개수를 구해 보면 다음과
　　같이 계산된다.

	Y-3년	Y-2년	Y-1년	Y년의 개수
A지역	$(33 - x) \div x \times 100 = 10 \rightarrow x = 30$	36 - 3 = 33	35 + 1 = 36	35
B지역	$(46 - x) \div x \times 100 = 15 \rightarrow x = 40$	44 + 2 = 46	46 - 2 = 44	46
C지역	$(28 - x) \div x \times 100 = 12 \rightarrow x = 25$	33 - 5 = 28	30 + 3 = 33	30

따라서 30, 40, 25개가 정답이 된다.

📄 Answer.　6.②　7.②　8..①

　　상용 5인 이상 사업체 근로자의 시간당 실질급여액은 ㉠2006년 11,172원에서부터 꾸준히 인상되어 2016년 16,709원에 이르렀다. 남성과 여성의 시간당 임금액에는 상당한 차이가 있는데, 2006년의 경우 ㉡여성의 임금액은 남성의 60.6%에서 2016년에는 64.6%로 격차가 다소 줄어들었다. 사업체 규모별·근로형태별로 나눠보면, 정규직의 임금은 사업체 규모를 따라서 뚜렷하게 높아지는 것으로 나타났고, 비정규직의 경우는 300인 미만인 경우 사업장 규모에 따른 큰 차이를 보이지 않는다. ㉢모든 규모의 사업장에서 비정규직은 정규직보다 평균적으로 낮은 임금을 받는 것으로 나타났으며, ㉣정규직과 비정규직 간의 임금격차는 사업장 규모가 커짐에 따라 점차 감소하는 것으로 나타났다. 이를 세분화된 근로형태별로 살펴보면, 2016년 현재 비정규직의 시간당 임금은 12,076원으로 정규직 18,212원의 66.3%를 받는다. 특히 파견/용역근로자, 한시적 근로자의 임금이 더욱 낮은 것으로 나타났다.

〈성별 상용 5인 이상 사업체 시간당 임금액〉

(단위 : 원)

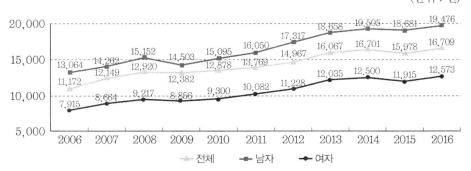

〈사업체규모별·고용형태별 시간당 임금액〉

(단위 : 원)

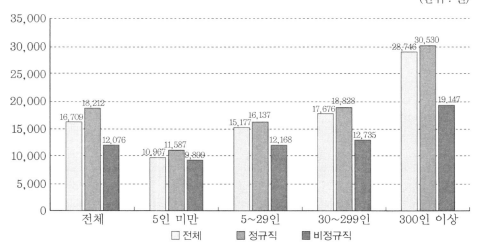

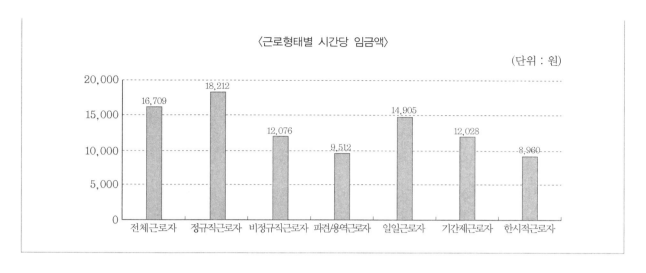

〈근로형태별 시간당 임금액〉

(단위 : 원)

9 위의 자료를 분석한 밑줄 친 ㉠~㉣ 중, 자료의 내용에 부합하지 않는 것은 어느 것인가?

① ㉠

② ㉡

③ ㉢

④ ㉣

> ⊙ADVICE 정규직과 비정규직 간의 임금격차는 사업장 규모가 커짐에 따라 더욱 커진다. 5인 미만의 사업체의 경우 1,688원인 임금격차가 5~29인 사업체에서는 3,969원으로, 30~299인 사업체에서는 6,093원으로, 300인 이상 사업체에서는 11,383원으로 점차 커지고 있음을 확인할 수 있다.

10 다음 중 전체근로자에 대한 정규직근로자와 비정규직근로자의 시간당 임금액 배율을 올바르게 짝지은 것은 어느 것인가? (반올림하여 소수 둘째 자리로 표시함)

① 1.02배, 0.84배

② 1.09배, 0.72배

③ 1.15배, 0.65배

④ 1.33배, 0.52배

> ⊙ADVICE 전체근로자의 시간당 임금은 16,709원이며, 정규직근로자와 비정규직근로자의 시간당 임금액은 각각 18,212원과 12,076원이므로 다음과 같이 계산할 수 있다.
> • 정규직근로자 : 18,212 ÷ 16,709 = 1.09배
> • 비정규직근로자 : 12,076 ÷ 16,709 = 0.72배

Answer. 9.④ 10.②

11 다음 자료를 참고할 때, 해당 수치가 가장 큰 것은 어느 것인가?

<Y년 유치원 현황>

유치원 수	학급 수	원아 수	교원 수
9,021개	37,749개	678,296명	54,892명

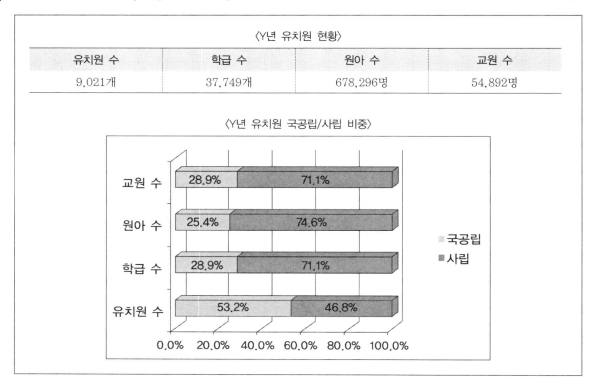

<Y년 유치원 국공립/사립 비중>

① 국공립 유치원 1개당 평균 원아 수
② 사립 유치원 1개당 평균 학급 수
③ 사립 유치원 1개당 평균 교원 수
④ 국공립 유치원 교원 1인당 평균 원아 수

ADVICE 주어진 자료를 통해 다음과 같은 구체적인 수치를 확인하여 도표로 정리할 수 있다.

	유치원 수	학급 수	원아 수	교원 수
국공립	4,799개	10,909개	172,287명	15,864명
사립	4,222개	26,840개	506,009명	39,028명

① 국공립 유치원 1개당 평균 원아 수는 172,287÷4,799=약 35.9명으로 가장 큰 수치가 된다.
② 26,840÷4,222=약 6.4개
③ 39,028÷4,222=약 9.2명
④ 172,287÷15,864=약 10.9명

12 다음은 K전자의 연도별 매출 자료이다. 2017년 1분기의 판관비가 2억 원이며, 매 시기 1천만 원씩 증가하였다고 가정할 때, K전자의 매출 실적에 대한 올바른 설명은 어느 것인가?

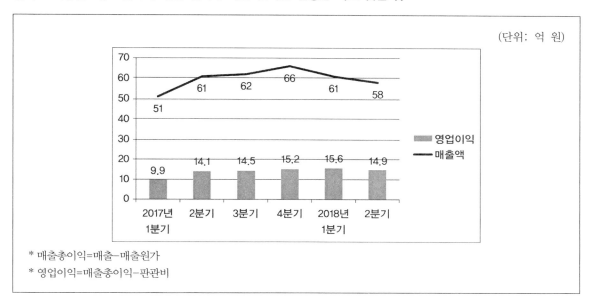

(단위: 억 원)

* 매출총이익=매출-매출원가
* 영업이익=매출총이익-판관비

① 매출원가가 가장 큰 시기의 매출총이익도 가장 크다.
② 매출액 대비 영업이익을 나타내는 영업이익률은 2018년 1분기가 가장 크다.
③ 매출총이익에서 판관비가 차지하는 비중은 2017년 1분기가 가장 크다.
④ 매출원가와 매출총이익의 증감 추이는 영업이익의 증감 추이와 매 시기 동일하다.

ADVICE 판관비를 대입하여 시기별 매출 자료를 다음과 같이 정리해 볼 수 있다.

(단위: 억 원)

	'17. 1분기	2분기	3분기	4분기	'18. 1분기	2분기
매출액	51	61	62	66	61	58
매출원가	39.1	44.8	45.3	48.5	43.0	40.6
매출총이익	11.9	16.2	16.7	17.5	18.0	17.4
판관비	2.0	2.1	2.2	2.3	2.4	2.5
영업이익	9.9	14.1	14.5	15.2	15.6	14.9

③ 매출총이익에서 판관비가 차지하는 비중은 2.0÷11.9×100=약 16.8%인 2017년 1분기가 가장 큰 것을 확인할 수 있다.
① 매출원가는 2017년 4분기가 가장 크나, 매출총이익은 2018년 1분기가 가장 크다.
② 영업이익률은 2018년 1분기가 15.6÷61×100=약 25.6%이며, 2018년 2분기가 14.9÷58×100=약 25.7%이다.
④ 2018년 1분기에는 매출총이익과 영업이익이 증가하였으나, 매출원가는 감소하였다.

📝 Answer. 11.① 12.③

13 다음 자료에 대한 분석으로 옳은 것은?

- t-1년에 갑국의 실업률은 10%이다.
- A, B, C는 각각 취업자, 실업자, 비경제활동인구 중 하나이고, A는 매년 5% 증가했다.

[갑국의 15세 이상 인구 구성비 변화]

(단위 : %)

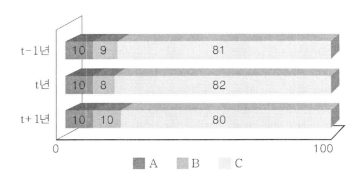

* 경제 활동 참가율(%) = $\dfrac{경제\ 활동\ 인구}{15세\ 이상\ 인구} \times 100$

** 고용률(%) = $\dfrac{취업자\ 수}{15세\ 이상\ 인구} \times 100$

① 실업률은 변함이 없다.
② 취업자 수는 t년에 가장 많다.
③ 경제활동 참가율은 변함이 없다.
④ 비경제활동인구는 변함이 없다.

ADVICE t-1년에 갑국의 실업률이 10%이므로, A는 비경제 활동 인구, B는 실업자, C는 취업자이다.
③ 모든 연도에서 경제활동 참가율은 90%로 변함이 없다.

14 다음 〈표〉는 2014~2018년 A기업의 직군별 사원수 현황에 대한 자료이다. 이에 대한 설명으로 옳은 것은?

〈2014~2018년 A기업의 직군별 사원수 현황〉

(단위 : 명)

연도 \ 직군	영업직	생산직	사무직
2018년	169	105	66
2017년	174	121	68
2016년	137	107	77
2015년	136	93	84
2014년	134	107	85

※ 사원은 영업직, 생산직, 사무직으로만 구분됨.

① 전체 사원수는 매년 증가한다.
② 영업직 사원수는 생산직과 사무직 사원수의 합보다 적은 연도는 3개 연도뿐이다.
③ 생산직 사원의 비중이 30% 미만인 해는 전체 사원수가 가장 적은 해와 같다.
④ 영업직 사원의 비중은 매년 증가한다.

ADVICE

연도 \ 직군	영업직	생산직	사무직	전체 사원수
2018년	169	105	66	340
2017년	174	121	68	363
2016년	137	107	77	321
2015년	136	93	84	313
2014년	134	107	85	326

③ 전체 사원수가 가장 적은 2015년도에 생산직 사원 비중이 30% 미만($\frac{93}{313} \times 100$)이다.

(2014년 : 약 32.8%, 2016년 : 약 33.3% , 2017년 : 약 33.3%, 2018년 : 약 30.9%)

① 2015년도와 2018년도에는 전년대비 전체 사원수가 감소하였다.
② 전체 사원수에 비해 영업직 사원수 비율이 50% 미만이 되는지 확인해보면 모든 연도에서 영업직 사원수가 생산직과 사무직 사원수의 합보다 적은 것을 알 수 있다.
④ 2016년도에 전년대비 전체 사원수(분모 값)는 8명 증가한 반면, 영업직 사원수(분자 값)는 1명 증가하여 2015년도에 비해 영업직 사원수의 비중이 감소했으므로 매년 증가했다고 볼 수 없다. (2014년 : 약 41.1%, 2015년 : 약 43.5%, 2016년 : 약 42.7%, 2017년 : 약 47.9%, 2018년 : 약 49.7%)

15 다음은 우리나라 국민의 준법 수준과 법을 지키지 않는 이유를 조사한 표이다. 이에 대한 설명으로 옳은 것은?

〈준법 수준〉

구분	연도	지킨다	보통이다	지키지 않는다	계
타인에 대한 평가	2015년	28.0	48.5	23.5	100
	2022년	29.8	52.0	18.2	100
자신에 대한 평가	2015년	64.2	33.2	2.6	100
	2022년	56.9	40.7	2.4	100

〈법을 지키지 않는 이유*〉

항목 / 년도	법을 지키면 손해	처벌규정 미약	타인도 지키지 않아서	귀찮아서	단속이 안되기때문	준법 교육부족	기타	계
2022년	16.3	6.7	18.2	42.9	9.5	5.1	1.3	100

* 자신에 대한 평가에서 법을 '지키지 않는다'고 응답한 사람을 대상으로 조사함

① 우리 국민의 준법 수준을 보면 타인보다 자신에게 엄격한 편이다.
② 법을 지키지 않는 이유를 살펴볼 때, 준법 수준을 높이기 위해서는 의식 개혁보다 제도 개혁이 더 요구된다.
③ 타인에 대한 평가를 기준으로 준법 수준을 보았을 때, 우리 국민의 준법 수준은 다소 낮아졌다고 볼 수 있다.
④ 2022년의 경우 자신에 대한 평가에서 준법 수준이 보통이라고 한 응답자 수는 귀찮아서 법을 지키지 않는다고 응답한 사람보다 많다.

ADVICE ④ 표를 보면 법을 준법 수준에서 '지키지 않는다'고 응답한 사람(2.4%)을 대상으로 '법을 지키지 않는 이유'를 조사한 것이므로 준법 수준이 '보통'이라고 응답한 국민(40.7%)이 많음을 알 수 있다.

16 다음은 여성의 취업에 대한 설문 조사 결과를 정리한 표이다. 이에 대한 옳은 설명을 모두 고른 것은?

(단위 : %)

구분	2009년	2014년		
		전체	여성	남성
찬성	85.5	83.8	86.6	80.8
혼인 전까지만	8.7	4.8	4.0	5.8
자녀 성장 후	43.2	41.7	40.2	43.3
가사 일에 관계없이	48.1	53.5	55.8	50.9
소계	100.0	100.0	100.0	100.0
반대	8.7	9.3	8.0	10.7
모름/무응답	5.8	6.9	5.4	8.5
합계	100.0	100.0	100.0	100.0

> ㉠ 2009년의 경우 혼인 전까지만 여성의 취업을 찬성하는 응답자와 여성 취업을 반대하는 응답자 수는 같다.
> ㉡ 2014년의 경우 자녀 성장 후 맞벌이를 희망하는 응답자 비율은 남성이 여성보다 많다.
> ㉢ 2014년의 경우 가사 일에 관계없이 여성 취업을 찬성하는 남성 응답자 수는 전체 남성 응답자의 절반을 넘지 못한다.
> ㉣ 2009년에 비해 2014년에는 여성 취업을 찬성하는 응답자 중에서 혼인이나 자녀 양육을 고려하는 응답자의 비율은 감소하였다.

① ㉠㉡
② ㉡㉢
③ ㉢㉣
④ ㉠㉡㉣

ADVICE ㉠ 2009년의 경우 여성의 취업을 반대하는 8.7%는 전체 응답자 중에서의 비율이고, 혼인 전까지만 여성의 취업을 찬성하는 8.7%는 여성의 취업을 찬성하는 응답자 중에서의 비율이므로 각각의 응답자 수는 다르다.
㉡ 자녀 성장 후 맞벌이를 희망하는 내용은 표를 통해서는 알 수 없다.

17 다음은 직장 내 성차별 중 가장 심각한 분야는 무엇인가에 대해 시민들을 대상으로 조사한 결과이다. 이에 대한 설명으로 옳은 것은?

(단위 : %)

구분		업무배분	승진기회	연봉	호칭문제	복지	기타	합계
전체		47.4	35.9	2.7	12.2	1.6	0.2	100
성별	남자	49.5	34.4	3.3	11.4	1.1	0.3	100
	여자	47.1	36.1	2.6	12.3	1.7	0.2	100
연령	20대	50.4	34.2	2.2	11.8	1.2	0.2	100
	30대	45.8	37.0	3.1	12.5	1.4	0.2	100
	40대	47.0	37.0	2.3	12.1	1.3	0.3	100
	50대 이상	46.2	38.6	2.2	11.8	1.0	0.2	100

① 연봉을 가장 심각한 분야로 인식하는 사람의 수는 여자보다 남자가 더 많다.
② 20대 남자 중에서 절반 이상이 업무배분을 가장 심각한 분야로 인식하고 있다.
③ 30대와 40대에서 승진기회를 가장 심각한 분야로 인식하고 있는 사람의 수는 같다.
④ 50대 이상에서 직장 복지 대비 연봉을 가장 심각한 분야로 인식하고 있는 사람의 수는 2배 이상이다.

　　ADVICE ④ 50대 이상에서 직장 복지를 가장 심각한 분야로 인식하는 사람의 비율은 1%이고 연봉은 2.2%이다.

18 다음은 A 회사의 2010년과 2020년의 출신 지역 및 직급별 임직원 수에 대한 자료이다. 이에 대한 설명으로 옳지 않은 것은?

〈표 1〉 2010년의 출신 지역 및 직급별 임직원 수

(단위 : 명)

직급 \ 지역	서울 · 경기	강원	충북	충남	경북	경남	전북	전남	합
이사	0	0	1	1	0	0	1	1	4
부장	0	0	1	0	0	1	1	1	4
차장	4	4	3	3	2	1	0	3	20
과장	7	0	7	4	4	5	11	6	44
대리	7	12	14	12	7	7	5	18	82
사원	19	38	41	37	11	12	4	13	175
계	37	54	67	57	24	26	22	42	329

〈표 2〉 2020년의 출신 지역 및 직급별 임직원 수

(단위 : 명)

직급 \ 지역	서울 · 경기	강원	충북	충남	경북	경남	전북	전남	합
이사	3	0	1	1	0	0	1	2	8
부장	0	0	2	0	0	1	1	0	4
차장	3	4	3	4	2	1	1	2	20
과장	8	1	14	7	6	7	18	14	75
대리	10	14	13	13	7	6	2	12	77
사원	12	35	38	31	8	11	2	11	148
계	36	54	71	56	23	26	25	41	332

① 출신 지역을 고려하지 않을 때, 2010년 대비 2020년에 직급별 인원의 증가율은 이사 직급에서 가장 크다.

② 출신 지역별로 비교할 때, 2020년의 경우 해당 지역 출신 임직원 중 과장의 비율은 전라북도가 가장 높다.

③ 2010년에 비해 2020년에 과장의 수는 증가하였다.

④ 2010년에 비해 2020년에 대리의 수가 늘어난 출신 지역은 대리의 수가 줄어든 출신 지역에 비해 많다.

> **ADVICE** 2010년에 비해 2020년에 대리의 수가 늘어난 출신 지역은 서울 · 경기, 강원, 충남 3곳이고, 대리의 수가 줄어든 출신 지역은 충북, 경남, 전북, 전남 4곳이다.

┃19~20┃ 다음은 A, B 두 경쟁회사의 판매제품별 시장 내에서의 기대 수익을 표로 나타낸 자료이다. 이를 보고 이어지는 물음에 답하시오.

〈판매 제품별 수익체계〉

		B회사		
		X제품	Y제품	Z제품
A회사	P 제품	(4, −3)	(5, −1)	(−2, 5)
	Q 제품	(−1, −2)	(3, 4)	(−1, 7)
	R 제품	(−3, 5)	(11, −3)	(8, −2)

– 괄호 안의 숫자는 A회사와 B회사의 제품으로 얻는 수익(억 원)을 뜻한다.(A회사 월 수익 액, B회사의 월 수익 액)
– ex) A회사가 P제품을 판매하고 B회사가 X제품을 판매하였을 때 A회사의 월 수익 액은 4억 원이고, B회사의 월 수익 액은 −3억 원이다.

〈B회사의 분기별 수익체계 증감 분포〉

	1분기	2분기	3분기	4분기
X제품	0%	30%	20%	−50%
Y제품	50%	0%	−30%	0%
Z제품	−50%	−20%	50%	20%

– 제품별로 분기에 따른 수익의 증감률을 의미한다.
– 50% : 월 수익에서 50% 증가, 월 손해에서 50% 감소
– −50% : 월 수익에서 50% 감소, 월 손해에서 50% 증가

19 다음 자료를 참고할 때, A회사와 B회사의 수익의 합이 가장 클 경우는 양사가 각각 어느 제품을 판매하였을 때인가? (단, 판매 시기는 고려하지 않음)

① A회사 : Q제품, B회사 : X제품

② A회사 : Q제품, B회사 : Y제품

③ A회사 : P제품, B회사 : Z제품

④ A회사 : R제품, B회사 : Y제품

> **ADVICE** A회사가 R제품, B회사가 Y제품을 판매하였을 때가 11-3=8억 원으로 수익의 합이 가장 크게 된다.

20 다음 중 3분기의 양사의 수익 변동에 대한 설명으로 올바른 것은 어느 것인가? (A회사의 3분기 수익은 월평균 수익과 동일하다.)

① 두 회사의 수익의 합이 가장 커지는 제품의 조합은 변하지 않는다.

② X제품은 P제품과 판매하였을 때의 수익이 가장 많다.

③ 두 회사의 수익의 합이 가장 적은 제품의 조합은 Q제품과 X제품이다.

④ 3분기의 수익액 합이 가장 큰 B회사의 제품은 Y제품이다.

> **ADVICE** 3분기에는 B회사의 수익이 분기별 증감 분포표에 따라 바뀌게 되므로 다음과 같은 수익체계표가 작성될 수 있다.

A회사		B회사		
		X제품	Y제품	Z제품
	P 제품	(4, -2.4)	(5, -1.3)	(-2, 7.5)
	Q 제품	(-1, -1.6)	(3, 2.8)	(-1, 10.5)
	R 제품	(-3, 6)	(11, -3.9)	(8, -1)

③ Q제품과 X제품을 판매할 때의 수익의 합이 -1-1.6=-2.6억 원으로 가장 적은 것을 알 수 있다.

① R제품, Y제품 조합에서 Q제품, Z제품의 조합으로 바뀌게 된다.

② X제품은 R제품과 함께 판매하였을 때의 수익이 3억 원으로 가장 크게 된다.

④ 3분기의 수익액 합이 가장 큰 제품은 Z제품이다.

21 다음 〈그림〉은 A기업의 2020년과 2021년 자산총액의 항목별 구성비를 나타낸 자료이다. 이에 대한 〈보기〉의 설명 중 옳은 것만을 모두 고르면?

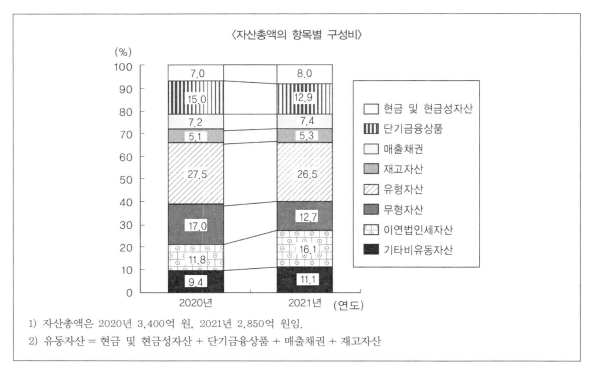

〈자산총액의 항목별 구성비〉

범례:
- □ 현금 및 현금성자산
- ▥ 단기금융상품
- □ 매출채권
- ▨ 재고자산
- ▨ 유형자산
- ▨ 무형자산
- ⊡ 이연법인세자산
- ■ 기타비유동자산

2020년: 7.0 / 15.0 / 7.2 / 5.1 / 27.5 / 17.0 / 11.8 / 9.4
2021년: 8.0 / 12.9 / 7.4 / 5.3 / 26.5 / 12.7 / 16.1 / 11.1

1) 자산총액은 2020년 3,400억 원, 2021년 2,850억 원임.
2) 유동자산 = 현금 및 현금성자산 + 단기금융상품 + 매출채권 + 재고자산

〈보기〉

㉠ 2020년 항목별 금액의 순위가 2021년과 동일한 항목은 4개이다.
㉡ 2020년 유동자산 중 '단기금융상품'의 구성비는 45% 미만이다.
㉢ '현금 및 현금성자산' 금액은 2021년이 2020년보다 크다.
㉣ 2020년 대비 2021년에 '무형자산' 금액은 4.3% 감소하였다.

① ㉠, ㉡   ② ㉠, ㉢

③ ㉡, ㉢   ④ ㉠, ㉡, ㉣

🅐ADVICE ㉠ 단기금융상품(3위), 재고자산(8위), 유형자산(1위), 기타비유동자산(5위)의 4개 항목이 2020년과 2021년 순위가 동일하다.

㉡ $\dfrac{15.0}{7.0+15.0+7.2+5.1}\times100 ≒ 43.73\%$

㉢ 2020년 238억 원(= 3,400억 원 × 0.07) > 2021년 228억 원(= 2,850억 원 × 0.08)

㉣ 전체에서 차지하는 비율이 4.3% 감소한 것이며, 2020년과 2021년의 자산총액이 다르므로 '금액'이 4.3%의 비율만큼 감소했다고 말할 수 없다.

┃ 22~23 ┃ 다음에 제시된 항공사별 운항현황을 보고 물음에 답하시오.

항공사	구분	2017년	2018년	2019년	2020년
AAR	운항 편(대)	8,486	8,642	8,148	8,756
	여객(명)	1,101,596	1,168,460	964,830	1,078,490
	운항거리(km)	5,928,362	6,038,761	5,761,479	6,423,765
BBR	운항 편(대)	11,534	12,074	11,082	11,104
	여객(명)	1,891,652	2,062,426	1,715,962	1,574,966
	운항거리(km)	9,112,071	9,794,531	8,972,439	8,905,408

22 AAR 항공사의 경우 항공기 1대당 수송 여객의 수가 가장 많았던 해는 언제인가?

① 2017년   ② 2018년
③ 2019년   ④ 2020년

 ○ADVICE ① 2017년 : $1,101,596 \div 8,486 =$ 약 129명
② 2018년 : $1,168,460 \div 8,642 =$ 약 135명
③ 2019년 : $964,830 \div 8,148 =$ 약 118명
④ 2020년 : $1,078,490 \div 8,756 =$ 약 123명

23 항공기 1대당 운항 거리가 2020년과 동일하다고 했을 때, BBR 항공사가 2021년 한 해 동안 9,451,570㎞의 거리를 운항하기 위해서 증편해야 할 항공기 수는 몇 대인가?

① 495   ② 573
③ 681   ④ 709

 ○ADVICE BBR 항공사의 2020년 항공기 1대당 운항 거리는 $8,905,408 \div 11,104 = 802$로, 2021년 한 해 동안 9,451,570㎞의 거리를 운항하기 위해서는 $9,451,570 \div 802 = 11,785$대의 항공기가 필요하다. 따라서 BBR 항공사는 $11,785 - 11,104 = 681$대의 항공기를 증편해야 한다.

24 다음 〈표〉는 3D기술 분야 특허등록건수 상위 10개국의 국가별 영향력지수와 기술력지수를 나타낸 자료이다. 이에 대한 설명으로 옳은 것은?

〈3D기술 분야 특허등록건수 국가별 영향력지수 및 기술력지수〉

국가 \ 구분	특허등록 건수(건)	영향력지수	기술력지수
미국	500	( )	600.0
일본	269	1.0	269.0
독일	( )	0.6	45.0
한국	59	0.3	17.7
네덜란드	( )	0.8	24.0
캐나다	22	( )	30.8
이스라엘	( )	0.6	10.2
태국	14	0.1	1.4
프랑스	( )	0.3	3.9
핀란드	9	0.7	6.3

1) 해당국가의 기술력지수 = 해당국가의 특허등록건수 × 해당국가의 영향력지수

2) 해당국가의 영향력지수 = $\dfrac{\text{해당국가의 피인용비}}{\text{전세계 피인용비}}$, 해당국가의 피인용비 = $\dfrac{\text{해당국가의 특허피인용건수}}{\text{해당국가의 특허등록건수}}$

3) 3D기술 분야의 전세계 피인용비는 10임.

① 캐나다의 영향력지수는 미국의 영향력지수보다 작다.

② 프랑스와 태국의 특허피인용건수의 차이는 프랑스와 핀란드의 특허피인용건수의 차이보다 크다.

③ 특허등록건수 상위 10개국 중 한국의 특허피인용건수는 네 번째로 많다.

④ 네덜란드의 특허등록건수는 한국의 특허등록건수의 50% 미만이다.

> 🔊 ADVICE
> • 2)와 4)의 정보에 따라 해당국가의 피인용비 = 영향력지수 × 10
> • 3)의 식을 정리하면 해당국가의 특허피인용건수
>   = 특허등록건수 × 피인용비 = 특허등록건수 × (영향력지수 × 10) = 기술력지수 × 10
> ② 특허피인용건수는 프랑스 39, 태국 14, 핀란드 63이므로 프랑스와 태국의 차이(25)가 프랑스와 핀란드의 차이(24)보다 크다.
> ① 1)에 따라 영향력지수는 미국이 1.2($= \dfrac{600.0}{500}$), 캐나다가 1.4($= \dfrac{30.8}{22}$)이다.
> ③ 특허피인용건수는 기술력지수에 비례하므로 기술력지수의 순위에 따라 한국은 여섯 번째로 특허피인용건수가 많은 국가이다.
> ④ 네덜란드 특허등록건수는 30($= \dfrac{24}{0.8}$)이므로 한국의 특허등록건수 59의 50% 이상이다.

25 다음 〈표〉는 질병진단키트 A ~ D의 임상실험 결과 자료이다. 〈표〉와 〈정의〉에 근거하여 옳은 설명을 고르면?

〈질병진단키트 A ~ D의 임상실험 결과〉

(단위 : 명)

〈A〉

판정 \ 질병	있음	없음
양성	100	20
음성	20	100

〈B〉

판정 \ 질병	있음	없음
양성	80	40
음성	40	80

〈C〉

판정 \ 질병	있음	없음
양성	80	30
음성	30	100

〈D〉

판정 \ 질병	있음	없음
양성	80	20
음성	20	120

※ 질병진단키트당 피실험자 240명을 대상으로 임상실험한 결과임

〈정의〉

• 민감도 : 질병이 있는 피실험자 중 임상실험 결과에서 양성 판정된 피실험자의 비율
• 특이도 : 질병이 없는 피실험자 중 임상실험 결과에서 음성 판정된 피실험자의 비율
• 양성 예측도 : 임상실험 결과 양성 판정된 피실험자 중 질병이 있는 피실험자의 비율
• 음성 예측도 : 임상실험 결과 음성 판정된 피실험자 중 질병이 없는 피실험자의 비율

① 민감도가 가장 높은 질병진단키트는 C이다.
② 특이도가 가장 높은 질병진단키트는 B이다.
③ 질병진단키트 C의 민감도와 양성 예측도는 동일하다.
④ 질병진단키트 D의 양성 예측도와 음성 예측도는 동일하다.

ADVICE ③ C의 민감도 = 양성 예측도 = $\dfrac{80}{110}$

①② 민감도가 가장 높은 것은 A, 특이도가 가장 높은 것은 D이다.

	A	B	C	D
민감도	$\dfrac{100}{100+20}$	$\dfrac{80}{80+40}$	$\dfrac{80}{80+30}$	$\dfrac{80}{80+20}$
특이도	$\dfrac{100}{100+20}$	$\dfrac{80}{40+80}$	$\dfrac{100}{30+100}$	$\dfrac{120}{120+20}$

④ D의 양성 예측도$(=\dfrac{80}{100})$ ≠ D의 음성 예측도$(=\dfrac{120}{140})$

26 다음은 우리나라의 성별 연령별 인구 변화에 대한 자료이다. 아래의 자료를 잘못 설명한 것은 어느 것인가?

(단위: %)

구분		1970	1980	1990	2000	2010	2016	2020	2030	2040	2050	2060
전 연령	남성	50.6	50.5	50.3	50.3	50.2	50.1	50.1	50.1	50.0	49.9	50.1
	여성	49.4	49.5	49.7	49.7	49.8	49.9	49.9	49.9	50.0	50.1	49.9
14세 이하	남성	51.9	51.8	52.0	52.9	52.1	51.6	51.4	51.3	51.3	51.3	51.3
	여성	48.1	48.2	48.0	47.1	47.9	48.4	48.6	48.7	48.7	48.7	48.7
15~ 64세	남성	50.1	50.5	50.6	50.8	51.2	51.3	51.4	51.7	52.0	52.2	51.8
	여성	49.9	49.5	49.4	49.2	48.8	48.7	48.6	48.3	48.0	47.8	48.2
65세 이상	남성	41.2	37.4	37.4	38.3	40.9	42.2	43.2	45.4	46.1	46.5	47.7
	여성	58.8	62.6	62.6	61.7	59.1	57.8	56.8	54.6	53.9	53.5	52.3

① 2016년 이후의 남녀 인구 비중의 증감폭은 2016년 이전보다 대체적으로 둔화되었다.

② 2040년까지는 남녀 인구 비중의 격차가 지속적으로 줄어들고 있다.

③ 1970년 대비 2060년의 인구 비율은 65세 이상이 가장 큰 변화를 보이고 있다.

④ 15~64세 여성은 2040년에 가장 낮은 비율을 보이고 있다.

> **ADVICE** ④ 15~64세 여성은 2050년에 47.8%로 가장 낮은 비율을 보이고 있다.
> ①② 그래프에서 알 수 있듯이 2016년 이전의 남녀 인구 비중의 변화폭이 이후보다 더 크며 2016년을 기점으로 이후에는 미세한 변화에 그치고 있다.
> ③ 1970→2060년의 인구 비율은 65세 이상이 남녀 모두 6.5%p씩으로 가장 큰 변화를 보이고 있다.

27 다음 〈표〉는 A~E 리조트의 1박 기준 일반요금 및 회원할인율에 관한 자료이다. 이에 대한 〈보기〉의 설명 중 옳은 것만을 모두 고르면?

〈비수기 및 성수기 일반요금(1박 기준)〉

(단위 : 천 원)

구분 \ 리조트	A	B	C	D	E
비수기	300	250	200	150	100
성수기	500	350	300	250	200

〈비수기 및 성수기 회원할인율(1박 기준)〉

(단위 : %)

구분	회원유형 \ 리조트	A	B	C	D	E
비수기	기명	50	45	40	30	20
	무기명	35	40	25	20	15
성수기	기명	35	30	30	25	15
	무기명	30	25	20	15	10

※ 회원할인율(%) $= \dfrac{일반요금 - 회원요금}{일반요금} \times 100$

〈보기〉

㉠ 리조트 1박 기준, 성수기 일반요금이 낮은 리조트일수록 성수기 무기명 회원요금이 낮다.
㉡ 리조트 1박 기준, B 리조트의 회원요금 중 가장 높은 값과 가장 낮은 값의 차이는 125,000원이다.
㉢ 할인율을 가장 크게 받는 방법으로 1박을 이용한다고 할 때의 회원요금은 1박 기준 일반요금이 가장 적은 경우를 기명으로 이용할 때의 회원요금의 2배가 넘는다.

① ㉠
② ㉢
③ ㉠, ㉡
④ ㉡, ㉢

㉠ A~E의 성수기 무기명 회원요금을 a~e라고 할 때,

- A : $30 = \dfrac{500-a}{500} \times 100$
- B : $25 = \dfrac{350-b}{350} \times 100$
- C : $20 = \dfrac{300-c}{300} \times 100$
- D : $15 = \dfrac{250-d}{250} \times 100$
- E : $10 = \dfrac{200-e}{200} \times 100$

따라서 a=350, b=262.5, c=240, d=212.5, e=180이 되어 성수기 일반요금(A〉B〉C〉D〉E)이 낮아질수록 성수기 무기명 회원요금이 낮다.

㉡ B리조트의 다음 경우에 따른 회원요금을 각각 b_1, b_2, b_3, b_4라고 할 때

	기명	무기명
비수기	$45 = \dfrac{250-b_1}{250} \times 100$, $b_1 = 137.5$	$40 = \dfrac{250-b_2}{250} \times 100$, $b_2 = 150$
성수기	$30 = \dfrac{350-b_3}{350} \times 100$, $b_3 = 245$	$25 = \dfrac{350-b_4}{350} \times 100$, $b_4 = 262.5$

따라서 가장 높은 값($b_4 = 262.5$)과 가장 낮은 값($b_1 = 137.5$)의 차이는 125,000원이다.

㉢ 가장 큰 할인율(50)을 받는 A리조트 비수기 기명일 때 회원요금을 a라고 하면

$50 = \dfrac{300-a}{300} \times 100$, $a = 150$

일반요금이 가장 적은 E리조트를 기명으로 이용할 때 회원요금을 e라고 하면

$20 = \dfrac{100-e}{100} \times 100$, $e = 80$

28 다음은 우체국 택배물 취급에 관한 기준표이다. 미영이가 서울에서 포항에 있는 보람이와 설희에게 각각 택배를 보내려고 한다. 보람이에게 보내는 물품은 10kg에 130cm이고, 설희에게 보내려는 물품은 4kg에 60cm이다. 미영이가 택배를 보내는 데 드는 비용은 모두 얼마인가?

(단위 : 원/개)

중량(크기)		2kg까지 (60cm까지)	5kg까지 (80cm까지)	10kg까지 (120cm까지)	20kg까지 (140cm까지)	30kg까지 (160cm까지)
동일지역		4,000원	5,000원	6,000원	7,000원	8,000원
타지역		5,000원	6,000원	7,000원	8,000원	9,000원
제주 지역	빠른(항공)	6,000원	7,000원	8,000원	9,000원	11,000원
	보통(배)	5,000원	6,000원	7,000원	8,000원	9,000원

※ 1) 중량이나 크기 중에 하나만 기준을 초과하여도 초과한 기준에 해당하는 요금을 적용한다.
  2) 동일지역은 접수지역과 배달지역이 동일한 시/도이고, 타지역은 접수한 시/도지역 이외의 지역으로 배달되는 경우를 말한다.
  3) 부가서비스(안심소포) 이용시 기본요금에 50% 추가하여 부가한다.

① 13,000원
② 14,000원
③ 15,000원
④ 16,000원

🔘**ADVICE** 중량이나 크기 중에 하나만 기준을 초과하여도 초과한 기준에 해당하는 요금을 적용한다고 하였으므로, 보람이에게 보내는 택배는 10kg지만 130cm로 크기 기준을 초과하였으므로 요금은 8,000원이 된다. 또한 설희에게 보내는 택배는 60cm이지만 4kg으로 중량기준을 초과하였으므로 요금은 6,000원이 된다. 총 비용은 8,000원 + 6,000원 = 14,000원이다.

29 5%의 소금물과 15%의 소금물로 12%의 소금물 200g을 만들고 싶다. 각각 몇 g씩 섞으면 되는가?

	5% 소금물	15% 소금물
①	40g	160g
②	50g	150g
③	60g	140g
④	70g	130g

> **ADVICE** 200g에 들어 있는 소금의 양은 섞기 전 5%의 소금의 양과 12% 소금이 양을 합친 양과 같아야 한다.
> 5% 소금물의 필요한 양을 x라 하면 녹아 있는 소금의 양은 $0.05x$
> 15% 소금물의 소금의 양은 $0.15(200-x)$
> $0.05x + 0.15(200-x) = 0.12 \times 200$
> $5x + 3000 - 15x = 2400$
> $10x = 600$
> $x = 60(g)$
> ∴ 5%의 소금물 60g, 15%의 소금물 140g

30 다음 표는 100g당 식품 A, B의 열량과 단백질의 양을 나타낸 것이다. 두 식품 A, B를 합한 200g에서 열량을 375cal 이상, 단백질을 15g 이상 섭취하려고 할 때, 섭취하여야 할 식품 A의 양 x의 범위는?

구분	열량(cal)	단백질(g)
식품 A	150	10
식품 B	300	5

① $50g \leq x \leq 100g$ ② $50g \leq x \leq 150g$

③ $100g \leq x \leq 150g$ ④ $100g \leq x \leq 200g$

> **ADVICE** 식품 A의 양이 x이므로 식품 B의 양은 $200-x$이다.
> 식품 A의 1g당 열량은 $\frac{150}{100}$(cal)이고 단백질은 $\frac{10}{100}$(g)이 들어있다.
> 식품 B의 1g당 열량은 $\frac{300}{100}$(cal)이고 단백질은 $\frac{5}{100}$(g)이 들어있다.
> 주어진 조건에 따라
> $1.5x + 3(200-x) \geq 375$, $0.1x + 0.05(200-x) \geq 15$
> $-1.5x \geq -225$, $0.05x \geq 5$
> $x \leq 150$, $x \geq 100$
> ∴ $100g \leq x \leq 150g$

31 아시안 게임에 참가한 어느 종목의 선수들을 A, B, C 등급으로 분류하여 전체 4천5백만 원의 포상금을 지급하려고 한다. A등급의 선수 각각은 B등급보다 2배, B등급은 C등급보다 1.5배 지급하려고 한다. A등급은 5명, B등급은 10명, C등급은 15명이라면, A등급을 받은 선수 한 명에게 지급될 금액은?

① 300만 원
② 400만 원
③ 450만 원
④ 500만 원

> **ADVICE** A등급 한 명에게 지급되는 금액을 $6x$, B등급 한 명에게 지급되는 금액을 $3x$, C등급 한 명에게 지급되는 금액을 $2x$라 하면,
> $6x \times 5 + 3x \times 10 + 2x \times 15 = 4500$(만 원), $x = 50 \rightarrow 6x = 300$(만 원)

32 일생의 6분의 1이 지나 청년이 되었고, 그 후 12분의 1이 지나 수염이 자랐으며 다시 7분의 1이 지나 결혼하였다. 5년 후 낳은 아들이 일생의 아버지 나이의 꼭 절반을 살고, 아들이 죽은 지 4년 만에 아버지는 세상을 떠났다. 다음 중 아버지가 세상을 떠났을 때의 나이는 얼마인가?

① 74세
② 84세
③ 90세
④ 94세

> **ADVICE** 아버지의 일생을 x라 하면 총 자란 일생을 더하여 x가 되어야 하므로
> $$\left(\frac{1}{6} \times x\right) + \left(\frac{1}{12} \times x\right) + \left(\frac{1}{7} \times x\right) + 5 + \left(\frac{1}{2} \times x\right) + 4 = x$$
> $$\frac{1}{6}x + \frac{1}{12}x + \frac{1}{7}x + 5 + \frac{1}{2}x + 4 = x$$
> $$\frac{14}{84}x + \frac{7}{84}x + \frac{12}{84}x + 5 + \frac{42}{84}x + 4 = x$$
> $$\frac{75}{84}x - x = -9$$
> $$9x = 756$$
> $$\therefore x = 84$$

33 8명이 일하는 경우 60시간이 걸리는 일을 36시간 만에 끝내려면 최소 몇 명의 인원이 더 필요한가?

① 5명
② 6명
③ 7명
④ 8명

> **ADVICE** 8명이 60시간을 일하는 경우 총 일의 양은 480이다.
> 480을 36으로 나누면 $13.333\cdots$이 되므로 총 14명이 필요하다.
> 따라서 추가로 필요한 인원은 6명이다.

---

34 아버지, 어머니, 철수의 나이를 다 합치면 97세이다. 아버지는 어머니보다 4살 많고, 4년 전에 어머니의 나이는 철수의 4배였다면 현재 아버지 나이에서 철수의 나이를 뺀 나이는 얼마인가?

① 26살   ② 27살

③ 28살   ④ 29살

> **ADVICE** 어머니의 나이를 x, 아버지의 나이를 $x+4$, 철수의 나이를 $97-x-(x+4)=93-2x$라 하면,
> $$x-4=4\times(93-2x-4)=4\times(89-2x)=356-8x$$
> $$9x=360$$
> $$\therefore\ x=40$$
> 어머니의 나이가 40살이므로 아버지의 나이는 44살, 철수의 나이는 16살이다.
> 여기서 아버지의 나이에서 철수의 나이를 빼면 $44-16=28$(살)이 된다.

35 ○○문구점에서 연필 2자루의 가격과 지우개 1개의 가격을 더하면 공책 1권의 가격과 같고, 지우개 1개의 가격과 공책 1권의 가격을 더하면 연필 5자루의 가격과 같다. 이 문구점에서 연필 10자루의 가격과 공책 4권의 가격을 더하면 지우개 n개의 가격과 같다면 n의 값은 얼마인가? (단, 이 문구점에서 동일한 종류의 문구 가격은 같은 것으로 한다)

① 15   ② 16

③ 17   ④ 18

> **ADVICE** 이 문구점에서 연필, 지우개, 공책의 가격을 각각 x, y, z로 두면 $\begin{cases}2x+y=z \\ y+z=5x\end{cases}$
> x와 z를 각각 y에 대한 식으로 나타내면
> $$x=\frac{2}{3}y,\ z=\frac{7}{3}y$$
> $$10x+4z=\frac{20}{3}y+\frac{28}{3}y=16y$$
> 이 문구점에서 연필 10자루의 가격과 공책 4권의 가격을 더하면 지우개 16개의 가격과 동일하다.

36 500만 원을 2년 동안 적금을 넣을 때 1년당 8%의 이자율이 적용하여 복리계산을 하였을 때 2년 후 받는 금액은 얼마인가? (단, 만 원 이하는 절삭한다)

① 540만 원   ② 580만 원

③ 583만 원   ④ 600만 원

> **ADVICE** 1년 이자 포함 금액을 계산하면 $500\times(1+0.08)=500+40=540$
> 복리를 적용하여 2년 이자 포함 금액을 계산하면 $540\times(1+0.08)=540+43.2=583.2$
> 583만 원이 된다.

37 표준편차가 2인 정규분포를 따르는 모집단에서 16개의 표본을 임의로 추출하여 모평균을 추정하였더니 신뢰구간의 길이가 4였다. 같은 신뢰도로 모평균을 추정할 때, 신뢰구간의 길이가 1이 되도록 하는 표본의 크기는?

① 121

② 144

③ 225

④ 256

> **ADVICE** $P(|Z| \leq k) = \dfrac{\alpha}{100}$라 하면
>
> $2k \times \dfrac{2}{\sqrt{16}} = 4$, $k = 4$
>
> 따라서 신뢰구간의 길이가 1이 되려면
>
> $2 \times 4 \times \dfrac{2}{\sqrt{n}} = 1$, $\sqrt{n} = 16$
>
> $\therefore \ n = 256$

38 흰 공 2개, 노란 공 2개, 파란 공 2개가 들어 있는 주머니가 있다. 이 주머니에서 임의로 3개의 공을 동시에 꺼낼 때, 공의 색깔이 모두 다를 확률은? (단, 모든 공의 모양과 크기는 동일하다)

① $\dfrac{2}{5}$

② $\dfrac{1}{2}$

③ $\dfrac{3}{5}$

④ $\dfrac{7}{10}$

> **ADVICE** 흰 공 2개, 노란 공 2개, 파란 공 2개 중에서 임의로 3개의 공을 동시에 꺼낼 때, 공의 색깔이 모두 다를 확률은 각각의 색깔 중에서 1개씩 꺼내는 경우이다.
>
> $\dfrac{{}_2C_1 \times {}_2C_1 \times {}_2C_1}{{}_6C_3} = \dfrac{2 \times 2 \times 2}{5 \times 4} = \dfrac{8}{20} = \dfrac{2}{5}$

39 다음 〈표〉에서 '갑'시 자격시험 접수, 응시 및 합격자 현황에 대한 설명으로 옳은 것은?

〈표〉 '갑'시 자격시험 접수, 응시 및 합격자 현황

(단위 : 명)

구분	종목	접수	응시	합격
산업기사	치공구설계	28	22	14
	컴퓨터응용가공	48	42	14
	기계설계	86	76	31
	용접	24	11	2
	전체	186	151	61
기능사	기계가공조립	17	17	17
	컴퓨터응용선반	41	34	29
	웹디자인	9	8	6
	귀금속가공	22	22	16
	컴퓨터응용밀링	17	15	12
	전산응용기계제도	188	156	66
	전체	294	252	146

1) 응시율(%) $= \dfrac{\text{응시자 수}}{\text{접수자 수}} \times 100$

2) 합격률(%) $= \dfrac{\text{합격자 수}}{\text{응시자 수}} \times 100$

① 산업기사 전체 합격률은 기능사 전체 합격률보다 높다.

② 산업기사 종목을 합격률이 높은 것부터 순서대로 나열하면 치공구설계, 컴퓨터응용가공, 기계설계, 용접 순이다.

③ 산업기사 전체 응시율은 기능사 전체 응시율보다 낮다.

④ 산업기사 종목 중 응시율이 가장 낮은 것은 컴퓨터응용가공이다.

ADVICE ③ • 산업기사 전체 응시율: 약 81.2%$(= \dfrac{151}{186} \times 100)$

• 기능사 전체 응시율: 약 85.7%$(= \dfrac{252}{294} \times 100)$

① • 산업기사 전체 합격률: 약 40.4%$(= \dfrac{61}{151} \times 100)$

• 기능사 전체 합격률: 약 57.9%$(= \dfrac{146}{252} \times 100)$

② 컴퓨터응용가공$(\dfrac{14}{42} \times 100)$과 기계설계$(\dfrac{31}{76} \times 100)$를 비교했을 때, 기계설계 합격률이 더 높은 것을 알 수 있다.

④ 응시자 수가 접수자 수의 절반에 못 미치는 '용접' 종목이 가장 응시율이 낮다.

40 다음 〈표〉는 2017년 스노보드 빅에어 월드컵 결승전에 출전한 선수 '갑～정'의 심사위원별 점수에 관한 자료이다. 이에 대한 설명으로 옳은 것은?

〈심사위원별 점수〉

(단위 : 점)

선수	시기	심사위원				평균점수	최종점수
		A	B	C	D		
갑	1차	88	90	89	92	89.5	
	2차	48	55	60	45	51.5	183.5
	3차	95	96	92	(ⓐ)	(ⓑ)	
을	1차	84	87	87	88	(ⓒ)	
	2차	28	40	41	39	39.5	(ⓔ)
	3차	81	77	79	79	(ⓓ)	
병	1차	74	73	85	89	79.5	
	2차	89	88	88	87	88.0	167.5
	3차	68	69	73	74	(ⓕ)	
정	1차	79	82	80	85	81.0	
	2차	94	95	93	96	94.5	(ⓖ)
	3차	37	45	39	41	40.0	

1) 각 시기의 평균점수는 심사위원 A～D의 점수 중 최고점과 최저점을 제외한 2개 점수의 평균임.
2) 각 선수의 최종점수는 각 선수의 1～3차 시기 평균점수 중 최저점을 제외한 2개 점수의 합임.

① 최종점수는 '정'이 '을'보다 낮다.
② 3차 시기의 평균점수는 '갑'이 '병'보다 낮다.
③ '정'이 1차 시기에서 심사위원 A~D에게 10점씩 더 높은 점수를 받는다면, 최종점수가 가장 높다.
④ 1차 시기에서 심사위원 C는 3명의 선수에게 심사위원 A보다 높은 점수를 부여했다.

> ⬤ADVICE ③ 심사위원 A ～ D 모두에게 10점씩 더 높은 점수를 받게 되면 평균점수가 10점 더 높은 91.0점이 되고, 최종점수는 185.5(=91.0+94.5)가 된다. 따라서 갑(183.5), 을(ⓔ=166), 병(167.5)보다 높은 점수를 받게 된다.
> ① '정'의 최종점수 ⓖ는 175.5(=81.0+94.5), '을'의 최종점수는 ⓒ(=87)와 ⓓ(=79)의 합인 166이다.
> ② '갑'의 2차 시기 점수가 최저점이 되므로 최종 점수 183.5는 1차와 3차 시기 평균점수의 합이다. 따라서 ⓑ는 94, '병'의 3차 시기 평균점수 ⓕ는 71(=심사위원 B, C의 평균)이므로 '갑'의 3차 평균점수가 더 높다.
> ④ 1차 시기 A와 C가 각 선수에게 부여한 점수는 '갑(A:88 < C:89), 을(A:84 < C:87), 병(A:74 < C:85), 정(A:79 < C:80)'이다.

41 제시된 자료를 참조하여, 2013년부터 2015년의 건강수명 비교에 대한 설명으로 옳은 것은?

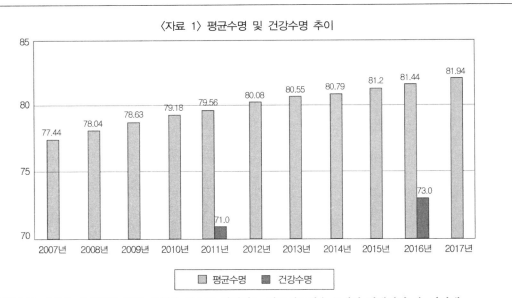

〈자료 1〉 평균수명 및 건강수명 추이

※ 평균수명 : 0세의 출생자가 향후 생존할 것으로 기대되는 평균생존연수 '0세의 기대여명'을 나타냄
※ 건강수명 : 평균수명에서 질병이나 부상으로 인하여 활동하지 못한 기간을 뺀 기간을 나타냄
※ 2017년은 예상 수치임

〈자료 2〉 건강수명 예상치 추정 정보
• 건강수명 예상치의 범위는 평균수명의 90%에서 ±1% 수준이다.
• 건강수명 예상치는 환경 개선 정도에 영향을 받는다고 가정한다.

연도	2012년	2013년	2014년	2015년
환경 개선	보통	양호	불량	불량

– 해당 연도 환경 개선 정도가 '양호'이면 최대치(+1%)로 계산된다.
– 해당 연도 환경 개선 정도가 '보통'이면 중간치(±0%)로 계산된다.
– 해당 연도 환경 개선 정도가 '불량'이면 최소치(−1%)로 계산된다.

① 2013년 건강수명이 2014년 건강수명보다 짧다.
② 2014년 건강수명이 2015년 건강수명보다 짧다.
③ 2013년 건강수명이 2015년 건강수명 보다 짧다.
④ 2014년 환경 개선 정도가 보통일 경우 2013년 건강수명이 2014년 건강수명보다 짧다.

② 〈자료 1〉에 따르면 건강수명은 평균수명에서 질병이나 부상으로 인하여 활동하지 못한 기간을 뺀 기간이다. 〈자료 2〉에서 건강수명 예상치의 범위는 평균수명의 90%에서 ±1% 수준이고, 해당 연도 환경 개선 정도에 따라 계산한다고 기준을 제시하고 있으므로 이를 통해 2014년과 2015년의 건강수명을 구할 수 있다.
- 2014년 건강수명 = 80.79세(평균수명) × 89%(환경 개선 불량) = 71.9031세
- 2015년 건강수명 = 81.2세(평균수명) × 89%(환경 개선 불량) = 72.268세
따라서 2014년 건강수명이 2015년 건강수명보다 짧다.
①③ 2013년의 건강수명 = 80.55세(평균수명) × 91%(환경 개선 양호) = 73.3005세로 2014년의 건강수명인 71.9031세 또는 2015년의 건강수명인 72.268세보다 길다.
④ 2014년 환경 개선 정도가 보통일 경우 건강수명 = 80.79세 × 90% = 72.711세이다. 2013년의 건강수명은 73.3005세이므로 2013년 건강수명이 2014년 건강수명보다 길다.

---

42 다음은 국민연금 보험료를 산정하기 위한 소득월액 산정 방법에 대한 설명이다. 다음 설명을 참고할 때, 김갑동 씨의 신고 소득월액은 얼마인가?

소득월액은 입사(복직) 시점에 따른 근로자간 신고 소득월액 차등이 발생하지 않도록 입사(복직) 당시 약정되어 있는 급여 항목에 대한 1년치 소득총액에 대하여 30일로 환산하여 결정하며, 다음과 같은 계산 방식을 적용한다.

소득월액 = 입사(복직) 당시 지급이 약정된 각 급여 항목에 대한 1년간 소득총액 ÷ 365 × 30

〈김갑동 씨의 급여 내역〉
- 기본급 : 1,000,000원
- 교통비 : 월 100,000원
- 고정 시간외 수당 : 월 200,000원
- 분기별 상여금(1, 4, 7, 10월 지급) : 기본급의 100%
- 하계휴가비(매년 7월 지급) : 500,000원

① 1,645,660원   ② 1,652,055원
③ 1,668,900원   ④ 1,727,050원

주어진 조건에 의해 다음과 같이 계산할 수 있다.
{(1,000,000 + 100,000 + 200,000) × 12 + (1,000,000 × 4) + 500,000} ÷ 365 × 30 = 1,652,055원
따라서 소득월액은 1,652,055원이 된다.

📄 Answer. 41.② 42.②

43 다음은 사학연금의 연도별 자금배분 비중을 나타낸 그래프이다. 이에 대한 설명으로 옳지 않은 것은? (모든 연도에서 막대그래프 가장 아래 부분부터 순서대로 '국내채권 – 해외채권 – 국내주식 – 해외주식 – 대체투자 – 현금성' 자금을 나타낸다.)

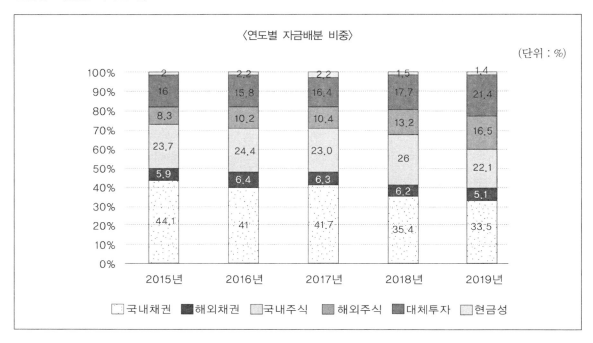

① 국내채권과 해외채권의 합이 절반의 비중을 차지하는 것은 2015년과 2017년뿐이다.

② 2016년과 2017년의 자금이 동일하다면, 두 연도의 현금성 자금에 배분된 금액도 동일하다.

③ 2015년~2019년 기간 동안 해외주식 비중은 계속해서 증가하는 추세를 보이고 있다.

④ 2017년의 전체 자금이 18조 원이고, 2018년 전체 자금은 그보다 증가했다고 할 때, 해외채권은 2017년에 비해 180억 원 이상 줄어들었을 것이다.

> **ADVICE** ① 2017년에는 국내채권과 해외채권을 합한 비중은 48%로 전체 비중의 절반에 미치지 못한다.
> ② 2016년, 2017년 모두 현금성 자금이 2.2%로 동일하므로 전체 금액이 같다면 현금성 자금에 해당하는 금액도 같다.
> ③ 해외주식 비중은 8.3%(2015년) < 10.2%(2016년) < 10.4%(2017년) < 13.2%(2018년) < 16.5%(2019년)이다.
> ④ 2017년에서 2018년으로 가면서 해외채권의 비중이 0.1% 줄었다. 2018년 전체자금이 2017년보다 크다고 했으므로, 2017년 전체 금액 18조 원의 0.1%에 해당하는 180억 원보다 큰 폭으로 금액이 줄었음을 알 수 있다.

44 다음은 2008~2017년 5개 자연재해 유형별 피해금액에 관한 자료이다. 이에 대한 설명으로 옳은 것만을 모두 고른 것은?

〈5개 자연재해 유형별 피해금액〉

(단위 : 억 원)

연도 유형	2008년	2009년	2010년	2011년	2012년	2013년	2014년	2015년	2016년	2017년
태풍	3,416	1,385	118	1,609	9	0	1,725	2,183	8,765	17
호우	2,150	3,520	19,063	435	581	2,549	1,808	5,276	384	1,581
대설	6,739	5,500	52	74	36	128	663	480	204	113
강풍	0	93	140	69	11	70	2	0	267	9
풍랑	0	0	57	331	0	241	70	3	0	0
전체	12,305	10,498	19,430	2,518	637	2,988	4,268	7,942	9,620	1,720

ⓐ 2008~2017년 강풍 피해금액 합계는 풍랑 피해금액 합계보다 적다.
ⓑ 2016년 태풍 피해금액은 2016년 5개 자연재해 유형 전체 피해금액의 90% 이상이다.
ⓒ 피해금액이 매년 10억 원보다 큰 자연재해 유형은 호우 뿐이다.
ⓓ 피해금액이 큰 자연재해 유형부터 순서대로 나열하면 2014년과 2015년의 순서는 동일하다.

① ⓐⓑ
② ⓐⓒ
③ ⓒⓓ
④ ⓐⓑⓓ

ⓐ 주어진 기간 동안 강풍 피해금액과 풍랑 피해금액의 합계를 각각 계산하여 비교하기 보다는 소거법을 이용하여 비교하는 것이 좋다. 비슷한 크기의 값들을 서로 비교하여 소거한 뒤 남은 값들의 크기를 비교해주는 것으로 2013년 강풍과 2014년 풍랑 피해금액이 70억 원으로 동일하고 2009, 2010, 2012년 강풍 피해금액의 합 244억 원과 2013년 풍랑 피해금액 241억 원이 비슷하다. 또한 2011, 2016년 강풍 피해금액의 합 336억 원과 2011년 풍랑 피해금액 331억 원이 비슷하다. 이 값들을 소거한 뒤 남은 값들을 비교해보면 강풍 피해금액의 합계가 풍랑 피해금액의 합계보다 더 작다는 것을 알 수 있다.

ⓑ 2016년 태풍 피해금액이 2016년 5개 자연재해 유형 전체 피해금액의 90% 이상이라는 것은 즉, 태풍을 제외한 나머지 4개 유형 피해금액의 합이 전체 피해금액의 10% 미만이라는 것을 의미한다. 2016년 태풍을 제외한 나머지 4개 유형 피해금액의 합을 계산하면 전체 피해금액의 10% 밖에 미치지 못함을 알 수 있다.

ⓒ 피해금액이 매년 10억 원보다 큰 자연재해 유형은 호우, 대설이 있다.

ⓓ 피해금액이 큰 자연재해 유형부터 순서대로 나열하면 2014년 호우, 태풍, 대설, 풍랑, 강풍이며 이순서는 2015년의 순서와 동일하다.

45 제시된 자료는 ○○기관 직원의 교육비 지원에 대한 내용이다. 다음 중 A~D 직원 4명의 총 교육비 지원 금액은 얼마인가?

<table>
<tr><td colspan="2" align="center">교육비 지원 기준</td></tr>
</table>

• 임직원 본인의 대학 및 대학원 학비 : 100% 지원
• 임직원 가족의 대학 및 대학원 학비
‒ 임직원의 직계 존·비속 : 90% 지원
‒ 임직원의 형제 및 자매 : 80% 지원
　(단, 직계 존·비속 지원이 우선되며, 해당 신청이 없을 경우에 한하여 지급함)
‒ 교육비 지원 신청은 본인을 포함 최대 3인에 한한다.

교육비 신청 내역	
A 직원	본인 대학원 학비 3백만 원, 동생 대학 학비 2백만 원
B 직원	딸 대학 학비 2백만 원
C 직원	본인 대학 학비 3백만 원, 아들 대학 학비 4백만 원
D 직원	본인 대학 학비 2백만 원, 딸 대학 학비 2백만 원, 아들 대학원 학비 2백만 원

① 15,200,000원　　　　　　　　② 17,000,000원
③ 18,600,000원　　　　　　　　④ 26,200,000원

ADVICE 교육비 지원 기준에 따라 각 직원이 지원 받을 수 있는 내역을 정리하면 다음과 같다.

A	• 본인 대학원 학비 3백만 원(100% 지원) • 동생 대학 학비 2백만 원(형제 및 자매→80% 지원) = 160만 원	총 460만 원
B	딸 대학 학비 2백만 원(직계 비속→90% 지원) = 180만 원	총 180만 원
C	본인 대학 학비 3백만 원(100% 지원) 아들 대학 학비 4백만 원(직계 비속→90% 지원) = 360만 원	총 660만 원
D	본인 대학 학비 2백만 원(100% 지원) 딸 대학 학비 2백만 원(90% 지원) = 180만 원 아들 대학원 학비 2백만 원(90% 지원) = 180만 원	총 560만 원

A~D 직원 4명의 총 교육비 지원 금액은 1,860만 원이고, 이를 원단위로 표현하면 18,600,000원이다.

46 다음은 건설업과 관련된 주요 지표이다. 이에 대한 설명으로 옳은 것은?

〈건설업 주요 지표〉

(단위 : 개, 천 명, 조 원, %)

구분	2016년	2017년	전년대비	
			증감	증감률
기업체수	69,508	72,376	2,868	4.1
종사자수	1,573	1,670	97	6.1
건설공사 매출액	356.6	392.0	35.4	9.9
국내 매출액	313.1	354.0	40.9	13.1
해외 매출액	43.5	38.0	−5.5	−12.6
건설비용	343.2	374.3	31.1	9.1
건설 부가가치	13.4	17.7	4.3	32.1

〈연도별 건설업체수 및 매출 증감률〉

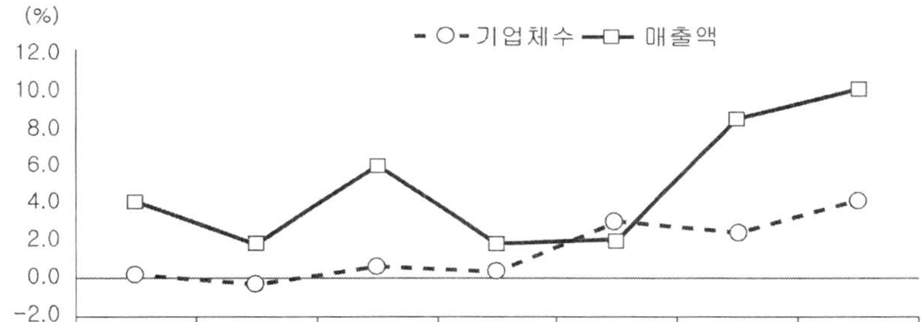

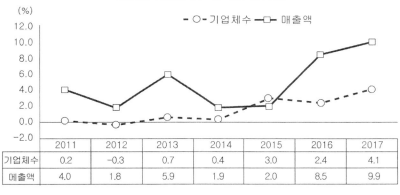

	2011	2012	2013	2014	2015	2016	2017
기업체수	0.2	−0.3	0.7	0.4	3.0	2.4	4.1
매출액	4.0	1.8	5.9	1.9	2.0	8.5	9.9

① 2012년의 기업체 수는 65,000개 이하이다.

② 건설공사 매출액 중 국내 매출액의 비중은 2017년보다 2016년이 더 크다.

③ 해외 매출액의 증감은 건설 부가가치의 증감에 영향을 미친다.

④ 건설업 주요 지표별 증감 추이는 모든 항목이 동일하다.

ADVICE ③ 표를 통해 건설 부가가치는 '건설공사 매출액 − 건설비용'의 산식이 적용됨을 알 수 있다. 건설공사 매출액은 국내와 해외 매출액의 합산이므로 해외 매출액의 증감은 건설 부가가치에 직접적인 영향을 미친다.

① 제시된 기업체 수 증가율을 통하여 연도별 기업체 수를 확인할 수 있으며, 2012년도에는 기업체 수가 약 65,183개로 65,000개 이상이 된다.

② 2016년은 313.3 ÷ 356.6 × 100 = 약 87.9%이며, 2017년은 354.0 ÷ 392.0 × 100 = 약 90.3%이다.

④ 다른 항목은 2017년에 모두 증가하였지만, 건설공사 매출액 중 해외 매출액 지표는 감소하였다.

Answer. 45.③ 46.③

47 다음은 차량 A, B, C의 연료 및 경제속도 연비, 연료별 리터당 가격에 대한 자료이다. 제시된 〈조건〉을 적용하였을 때, 두 번째로 높은 연료비가 소요되는 차량과 해당 차량의 연료비를 바르게 나열한 것은?

〈A, B, C 차량의 연료 및 경제속도 연비〉

차량＼구분	연료	경제속도 연비(km/L)
A	LPG	10
B	휘발유	16
C	경유	20

※ 차량 경제속도는 60km/h 이상 90km/h 미안임

〈연료별 리터당 가격〉

연료	LPG	휘발유	경유
리터당 가격(원/L)	1,000	2,000	1,600

〈조건〉

1. A, B, C 차량은 모두 아래와 같이 각 구간을 한 번씩 주행하고, 각 구간별 주행속도 범위 내에서만 주행한다.

구간	1구간	2구간	3구간
주행거리(km)	100	40	60
주행속도(km/h)	30 이상 60 미만	60 이상 90 미만	90 이상 120 미만

2. A, B, C 차량의 주행속도별 연비적용률은 다음과 같다.

차량	주행속도(km/h)	연비적용률(%)
A	30 이상 60 미만	50.0
	60 이상 90 미만	100.0
	90 이상 120 미만	80.0
B	30 이상 60 미만	62.5
	60 이상 90 미만	100.0
	90 이상 120 미만	75.0
C	30 이상 60 미만	50.0
	60 이상 90 미만	100.0
	90 이상 120 미만	75.0

※ 연비적용률이란 경제속도 연비 대비 주행속도 연비를 백분율로 나타낸 것임

① A, 31,500원
② B, 24,500원
③ B, 35,000원
④ C, 25,600원

⚠ADVICE 주행속도에 따른 연비와 구간별 소요되는 연료량을 계산하면 다음과 같다.

차량	주행속도(km/h)	연비(km/L)	구간별 소요되는 연료량(L)		
A (LPG)	30 이상 60 미만	10 × 50.0% = 5	1구간	20	총 31.5
	60 이상 90 미만	10 × 100.0% = 10	2구간	4	
	90 이상 120 미만	10 × 80.0% = 8	3구간	7.5	
B (휘발유)	30 이상 60 미만	16 × 62.5% = 10	1구간	10	총 17.5
	60 이상 90 미만	16 × 100.0% = 16	2구간	2.5	
	90 이상 120 미만	16 × 75.0% = 12	3구간	5	
C (경유)	30 이상 60 미만	20 × 50.0% = 10	1구간	10	총 16
	60 이상 90 미만	20 × 100.0% = 20	2구간	2	
	90 이상 120 미만	20 × 75.0% = 15	3구간	4	

따라서 조건에 따른 주행을 완료하는 데 소요되는 연료비는 A 차량은 31.5 × 1,000 = 31,500원, B 차량은 17.5 × 2,000 = 35,000원, C 차량은 16 × 1,600 = 25,600원으로, 두 번째로 높은 연료비가 소요되는 차량은 A며 31,500원의 연료비가 든다.

48 다음은 이 대리가 휴가 기간 중 할 수 있는 활동 내역을 정리한 표이다. 집을 출발한 이 대리가 활동을 마치고 다시 집으로 돌아올 경우 전체 소요시간이 가장 짧은 것은 어느 것인가?

활동	이동수단	거리	속력	목적지 체류시간
당구장	전철	12km	120km/h	3시간
한강공원 라이딩	자전거	30km	15km/h	–
파워워킹	도보	5.4km	3km/h	–
북카페 방문	자가용	15km	50km/h	2시간

① 당구장
② 한강공원 라이딩
③ 파워워킹
④ 북카페 방문

⚠ADVICE '거리 = 속력 × 시간'을 이용하여 체류시간을 감안한 총 소요 시간을 다음과 같이 정리해 볼 수 있다. 시간은 왕복이므로 2번 계산한다.

활동	이동 수단	거리	속력 (시속)	목적지 체류시간	총 소요시간
당구장	전철	12km	120km	3시간	3시간 + 0.1시간 × 2 = 3시간 12분
한강공원 라이딩	자전거	30km	15km	–	2시간 × 2 = 4시간
파워워킹	도보	5.4km	3km	–	1.8시간 × 2 = 3시간 36분
북카페 방문	자가용	15km	50km	2시간	2시간 + 0.3시간 × 2 = 2시간 36분

따라서 북카페를 방문하고 돌아오는 것이 2시간 36분으로 가장 짧은 소요시간이 걸린다.

49 다음은 조기노령연금 지급 현황과 관련된 자료이다. 이 자료를 통하여 확인할 수 있는 사항은?

〈자료 1〉 조기노령연금 연령별 수급자 현황

(단위 : 명)

연령	57세	58세	59세	60세	61세	62세	63세	64세	65세 이상
수급자수	7,787	15,355	23,239	50,963	50,793	59,706	60,102	108,680	166,952

〈자료 2〉 조기노령연금 연령별, 성별 지급액 현황

(단위 : 백만 원)

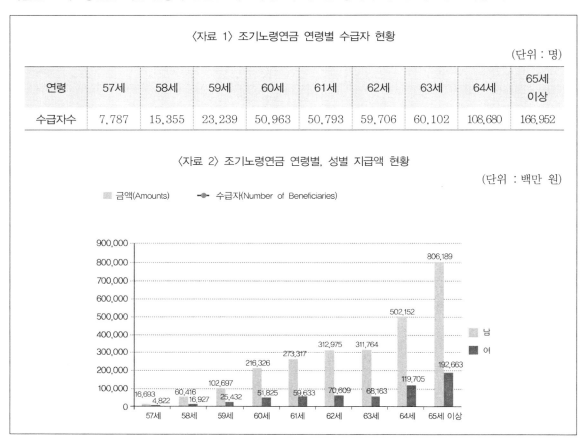

① 연령별 성별 수급자 비중
② 연령별 남성 수급자 1인당 평균 수급액
③ 연령별 수급자 1인당 평균 수급액의 성별 차이
④ 연령별 수급자 1인당 평균 수급액

> **ADVICE** 주어진 두 개의 자료는 각 연령대별 수급자 현황과 성별 수급액의 현황이므로 연령대별 성별 수급액에 관한 자료를 알 수는 없다. 따라서 제시된 보기의 내용 중에서는, 전체 수급액을 전체 수급자 수로 나누어 성별 구분 없는 '연령별 수급자 1인당 평균 수급액'만을 알 수 있다.

50 20장 분량의 책자 600부를 만들기 위하여 3개 업체로부터 견적을 받아 다음과 같이 비교표를 만들어 보았다. 이에 대한 설명으로 적절한 것은 어느 것인가?

구분	종이 재질	인쇄 도수	기타
가나 인쇄	2급지(500원/장)	기본 2도 추가 1도 당 150원/장 추가	총 구매가 900만 원 이상 시 10% 할인
마바 인쇄	1급지A(600원/장)	기본 3도 추가 1도 당 100원/장 추가	총 구매가 800만 원 이상 시 2% 할인
자차 인쇄	1급지B(600원/장)	기본 3도 추가 1도 당 120원/장 추가	총 구매가 820만 원 이상 시 5% 할인

① 4도 인쇄 시의 할인 전과 할인 후 견적가격이 높은 순서는 동일하다.
② 4도 인쇄 시의 할인 적용 후 최종 견적가격은 '가나인쇄', '마바인쇄', '자차인쇄' 순으로 높다.
③ 3도 인쇄로 책자 제작 시, '가나인쇄'의 견적가격이 가장 낮다.
④ 4도 인쇄 시, 책자 분량이 1장만 적어지면 견적가격이 가장 저렴한 업체가 바뀐다.

ADVICE 각 업체의 견적을 4도 인쇄 기준으로 아래와 같이 비교하여 정리해 볼 수 있다.

구분	기본 인쇄 기준 가격	4도 인쇄 할인 전 가격	4도 인쇄 할인 후 가격
가나인쇄	500×20×600 = 600만 원	800×20×600＝960만 원	960×0.9＝864만 원
마바인쇄	600×20×600＝720만 원	700×20×600＝840만 원	840×0.98＝823.2만 원
자차인쇄	600×20×600＝720만 원	720×20×600＝864만 원	864×0.95＝820.8만 원

② 할인 후 최종 견적가격은 '가나인쇄', '마바인쇄', '자차인쇄' 순으로 높은 것을 알 수 있다.
① 할인 전에는 '가나인쇄', '자차인쇄', '마바인쇄'의 순으로 견적가격이 높으나, 할인 후에는 '가나인쇄', '마바인쇄', '자차인쇄'의 순이 된다.
③ 3도로 인쇄할 경우 '가나인쇄'에서는 (500＋150)×20×600＝780만(원)이 되어 견적 가격이 가장 높다.
④ 책자의 분량이 1장 적은 19장이라면 3사의 할인 적용 전 견적가격은 순서대로 각각 912만 원, 798만 원, 820.8만 원이 된다. 할인 적용 후 '가나인쇄'는 820.8만 원, '자차인쇄'는 779.76만 원이 되며, '마바인쇄'의 경우 할인조건을 충족시키지 못하므로 견적가격은 798만 원이 된다. 따라서 책자 분량이 1장 적은 경우에도 여전히 '자차인쇄'의 견적가격이 가장 낮다.

문제해결능력

[문제해결능력] NCS 출제유형

① 사고력 : 개인이 가지고 있는 경험과 지식을 통해 가치 있는 아이디어를 산출하는 사고능력이다. 논리문제가 주로 출제된다.
② 문제처리능력 : 목표를 분석하고 이를 토대로 문제를 도출하여 최적의 해결책을 찾는 문제이다.

[문제해결능력] 출제경향

사고력과 문제처리능력을 파악할 수 있는 문항들로 구성된다. 명제 및 진위관계, SWOT 분석을 통한 문제 도출, 주어진 상황을 고려하여 비용 및 시간, 순서 등의 상황 문제, 고객 응대 등의 문제가 자료 해석 유형으로 출제된다. 필기시험에서는 논리형이 다수 출제가 되었다. 논리적으로 추리하면서 풀어가는 문제가 다수 출제되어 시간 내로 푸는 것이 어려웠다. 또한 자료해석에서는 빠른 계산을 요하는 문제에 함정을 두어 자세히 읽지 않으면 틀리기 쉬운 문제가 다수 출제되었다.

[문제해결능력] 빈출유형

명제 및 진위관계												
SWOT 분석												
고객응대												
자료해석												

01 문제해결능력 모듈형 연습문제

예제 01 문제처리능력

D사 신입사원으로 입사한 귀하는 신입사원 교육에서 업무 수행과정에서 발생하는 문제 유형 중 설정형 문제를 하나씩 찾아오라는 지시를 받았다. 이에 대해 귀하는 교육받은 내용을 다시 복습하려고 한다. 설정형 문제에 해당하는 것은?

① 현재 직면하여 해결하기 위해 고민하는 문제
② 현재의 상황을 개선하거나 효율을 높이기 위한 문제
③ 앞으로 어떻게 할 것인가 하는 문제
④ 원인이 내재되어 있는 원인지향적인 문제

출제의도
업무 수행 중 문제가 발생하였을 때 문제 유형을 구분하는 능력을 측정하는 문항이다.

해설
업무 수행과정에서 발생하는 문제 유형으로는 발생형 문제, 탐색형 문제, 설정형 문제가 있으며 ①④는 발생형 문제이며 ②는 탐색형 문제, ③이 설정형 문제이다.

※ ③

예제 02 사고력

M사 홍보팀에서 근무하고 있는 귀하는 입사 5년차로 창의적인 기획안을 제출하기로 유명하다. S 부장은 이번 신입사원 교육 때 귀하에게 창의적인 사고란 무엇인지 교육을 맡아달라고 부탁하였다. 창의적인 사고에 대한 귀하의 설명으로 옳지 않은 것은?

① 창의적인 사고는 새롭고 유용한 아이디어를 생산해 내는 정신적인 과정이다.
② 창의적인 사고는 특별한 사람들만이 할 수 있는 대단한 능력이다.
③ 창의적인 사고는 기존의 정보들을 특정한 요구조건에 맞거나 유용하도록 새롭게 조합시킨 것이다.
④ 창의적인 사고는 통상적인 것이 아니라 기발하거나, 신기하며 독창적인 것이다.

출제의도
창의적 사고에 대한 개념을 정확히 파악하고 있는지를 묻는 문항이다.

해설
흔히 사람들은 창의적인 사고에 대해 특별한 사람들만이 할 수 있는 대단한 능력이라고 생각하지만 그리 대단한 능력이 아니며 이미 알고 있는 경험과 지식을 해체하여 다시 새로운 정보로 결합하여 가치 있는 아이디어를 산출하는 사고라고 할 수 있다.

※ ②

예제 03 문제처리능력

L사에서 주력 상품으로 밀고 있는 TV의 판매 이익이 감소하고 있는 상황에서 귀하는 B부장으로부터 3C분석을 통해 해결방안을 강구해 오라는 지시를 받았다. 다음 중 3C에 해당하지 않는 것은?

① Customer
② Company
③ Competitor
④ Content

출제의도
3C의 개념과 구성요소를 정확히 숙지하고 있는지를 측정하는 문항이다.

해설
3C 분석에서 사업 환경을 구성하고 있는 요소인 자사(Company), 경쟁사(Competitor), 고객을 3C(Customer)라고 한다. 3C 분석에서 고객 분석에서는 '고객은 자사의 상품·서비스에 만족하고 있는지'를, 자사 분석에서는 '자사가 세운 달성목표와 현상 간에 차이가 없는지'를 경쟁사 분석에서는 '경쟁기업의 우수한 점과 자사의 현상과 차이가 없는지'에 대한 질문을 통해서 환경을 분석하게 된다.

※ ④

예제 04 문제처리능력

C사는 최근 국내 매출이 지속적으로 하락하고 있어 사내 분위기가 심상치 않다. 이에 대해 Y 부장은 이 문제를 극복하고자 문제처리 팀을 구성하여 해결방안을 모색하도록 지시하였다. 문제처리 팀의 문제해결절차를 올바른 순서로 나열한 것은?

① 문제 인식 → 원인 분석 → 해결안 개발 → 문제 도출 → 실행 및 평가
② 문제 도출 → 문제 인식 → 해결안 개발 → 원인 분석 → 실행 및 평가
③ 문제 인식 → 원인 분석 → 문제 도출 → 해결안 개발 → 실행 및 평가
④ 문제 인식 → 문제 도출 → 원인 분석 → 해결안 개발 → 실행 및 평가

출제의도
실제 업무 상황에서 문제가 일어났을 때 해결절차를 알고 있는지를 측정하는 문항이다.

해설
일반적인 문제해결절차는 '문제 인식 → 문제 도출 → 원인 분석 → 해결안 개발 → 실행 및 평가'로 이루어진다.

※ ④

1 양 과장 휴가를 맞아 제주도로 여행을 떠나려고 한다. 가족 여행이라 짐이 많을 것을 예상한 양 과장은 제주도로 운항하는 5개의 항공사별 수하물 규정을 다음과 같이 검토하였다. 다음 규정을 참고할 때, 양 과장이 판단한 것으로 올바르지 않은 것은 어느 것인가?

항공사	화물용	기내 반입용
갑 항공사	A+B+C=158 cm 이하, 각 23kg, 2개	A+B+C=115 cm 이하, 10kg~12kg, 2개
을 항공사		A+B+C=115 cm 이하, 10kg~12kg, 1개
병 항공사	A+B+C=158 cm 이하, 20kg, 1개	A+B+C=115 cm 이하, 7kg~12kg, 2개
정 항공사	A+B+C=158 cm 이하, 각 20kg, 2개	A+B+C=115 cm 이하, 14kg 이하, 1개
무 항공사		A+B+C=120 cm 이하, 14kg~16kg, 1개

* A, B, C는 가방의 가로, 세로, 높이의 길이를 의미함.

① 기내 반입용 가방이 최소한 2개는 되어야 하니 일단 갑, 병 항공사밖엔 안 되겠군.

② 가방 세 개 중 A+B+C의 합이 2개는 155cm, 1개는 118cm이니 무 항공사 예약상황을 알아봐야지.

③ 무게로만 따지면 병 항공사보다을 항공사를 이용하면 더 많은 짐을 가져갈 수 있겠군.

④ 가방의 총 무게가 55kg을 넘어갈 테니 반드시 갑 항공사를 이용해야겠네.

> **ADVICE** ④ 무 항공사의 경우 화물용 가방 2개의 총 무게가 20×2=40kg, 기내 반입용 가방 1개의 최대 허용 무게가 16kg이므로 총 56kg까지 허용되어 무 항공사도 이용이 가능하다.
> ① 기내 반입용 가방의 개수를 2개까지 허용하는 항공사는 갑, 병 항공사 밖에 없다.
> ② 155cm 2개는 화물용으로, 118cm 1개는 기내 반입용으로 운송 가능한 곳은 무 항공사이다.
> ③ 을 항공사는 총 허용무게가 23+23+12=58kg이며, 병 항공사는 20+12+12=44kg이다.

Answer. 1.④

2 다음 글을 근거로 판단할 때, K씨가 출연할 요일과 프로그램을 옳게 짝지은 것은?

K씨는 ○○방송국으로부터 아래와 같이 프로그램 특별 출연을 요청받았다.

매체	프로그램	시간대	출연 가능 요일
TV	모여라 남극유치원	오전	월, 수, 금
	펭귄극장	오후	화, 목, 금
	남극의 법칙	오후	월, 수, 목
라디오	지금은 남극시대	오전	화, 수, 목
	펭귄파워	오전	월, 화, 금
	열시의 펭귄	오후	월, 수, 금
	굿모닝 남극대행진	오전	화, 수, 금

K씨는 다음주 5일(월요일~금요일) 동안 매일 하나의 프로그램에 출연하며, 한 번 출연한 프로그램에는 다시 출연하지 않는다. 또한 동일 매체에 2일 연속 출연하지 않으며, 동일 시간대에도 2일 연속 출연하지 않는다.

	요일	프로그램
①	월요일	펭귄파워
②	화요일	굿모닝 남극대행진
③	수요일	열시의 펭귄
④	목요일	펭귄극장

ADVICE 표의 프로그램을 순서대로 각각 A~G라고 했을 때, 다음과 같이 정리할 수 있다.

시간대＼요일	월	화	수	목	금
오전	A E	D E G	A D G	D	A E G
오후	C F	B	C F	B C	B F

동일 시간대에 2일 연속 출연하지 않는다고 했으므로, 다음 두 가지 경우가 가능하다.
1) 월요일 오전 – 화요일 오후 – 수요일 오전 – 목요일 오후 – 금요일 오전
2) 월요일 오후 – 화요일 오전 – 수요일 오후 – 목요일 오전 – 금요일 오후
1)의 경우 화요일 오후 일정(B)을 기준으로 시작하여, 월요일 오전에는 E(동일 매체에 2일 연속 출연하지 않는다고 했으므로), 수요일 오전에는 D 또는 G, 목요일 오후 C, 금요일 오전에는 G에 출연하게 된다.
2)의 경우 목요일 오전 D 출연을 기준으로 시작하여 금요일 오후 B, 수요일 오후 C, 화요일 오전 E 또는 G에 출연이 가능하다. 그런데 월요일 오후에 출연할 수 있는 프로그램은 F뿐인데 화요일 오전의 E 또는 G와 동일 매체에 2일 연속 출연하게 되므로 2)의 경우는 불가능하다.

3 다음은 우리나라의 연도별 유형별 정치 참여도를 나타낸 자료이다. 〈보기〉에 주어진 조건을 참고할 때, ㉠∼㉣에 들어갈 알맞은 정치 참여방법을 순서대로 올바르게 나열한 것은 어느 것인가?

구분	㉠	온라인상의견 피력하기	정부나 언론에 의견제시	㉡	탄원서 · 진정서 · 청원서 제출하기	㉢	공무원 · 정치인에 민원전달	㉣
2014	53.9	15.0	9.5	21.2	8.8	9.2	10.3	12.8
2015	58.8	14.7	8.8	17.5	7.9	7.6	9.1	9.2
2016	69.3	13.3	6.7	14.9	5.6	6.9	6.1	10.3
2017	74.1	12.2	6.4	14.5	5.8	14.4	5.6	8.5

〈보기〉
1. 주변인과 대화를 하거나 시위 등에 참여하는 방법은 2014년보다 2017년에 그 비중이 더 증가하였다.
2. 2017년에 서명운동에 참여하거나 주변인과 대화를 하는 방법으로 정치에 참여하는 사람의 비중은 모두 온라인상 의견을 피력하는 방법으로 정치에 참여하는 사람의 비중보다 더 많다.
3. 2014∼2016년 기간 동안은 시위에 참여하거나 불매운동을 하는 방법으로 정치에 참여한 사람의 비중이 온라인상 의견을 피력하는 방법으로 정치에 참여한 사람의 비중보다 항상 적었다.

① 서명운동 참여하기 – 주변인과 대화하기 – 시위 · 집회 참여하기 – 불매운동 참여하기
② 주변인과 대화하기 – 서명운동 참여하기 – 시위 · 집회 참여하기 – 불매운동 참여하기
③ 주변인과 대화하기 – 서명운동 참여하기 – 불매운동 참여하기 – 시위 · 집회 참여하기
④ 주변인과 대화하기 – 시위 · 집회 참여하기 – 서명운동 참여하기 – 불매운동 참여하기

ADVICE 보기1에 의하면 ㉠과 ㉢이 주변인과 대화하기 또는 시위 · 집회 참여하기 중 하나임을 알 수 있다. 또한 보기2에 의하면 ㉠, ㉡, ㉢ 중 서명운동 참여하기와 주변인과 대화하기가 해당됨을 알 수 있다. 따라서 ㉡이 서명운동 참여하기임을 확인할 수 있다.
보기3에서는 ㉢과 ㉣이 시위 · 집회 참여하기 또는 불매운동 참여하기 중 하나임을 의미하고 있으므로 보기1과 함께 판단했을 때, ㉢이 시위 · 집회 참여하기, ㉣이 불매운동 참여하기가 되며 이에 따라 ㉠은 주변인과 대화하기가 된다.

📝 Answer. 2.① 3.②

4 전문가 6명(A~F)의 '회의 참여 가능 시간'과 '회의 장소 선호도'를 반영하여 〈조건〉을 충족하는 회의를 월요일 ~ 금요일 중에 개최하려 한다. 다음에 제시된 '표' 및 〈조건〉을 보고 판단한 것 중 옳은 것은?

〈회의 참여 가능 시간〉

요일＼전문가	월	화	수	목	금
A	13:00~16:20	15:00~17:30	13:00~16:20	15:00~17:30	16:00~18:30
B	13:00~16:10	–	13:00~16:10	–	16:00~18:30
C	16:00~19:20	14:00~16:20	–	14:00~16:20	16:00~19:20
D	17:00~19:30	–	17:00~19:30	–	17:00~19:30
E	–	15:00~17:10	–	15:00~17:10	–
F	16:00~19:20	–	16:00~19:20	–	16:00~19:20

〈회의 장소 선호도〉

(단위 : 점)

장소＼전문가	A	B	C	D	E	F
가	5	4	5	6	7	5
나	6	6	8	6	8	8
다	7	8	5	6	3	4

〈조 건〉
1) 전문가 A~F 중 3명 이상이 참여할 수 있어야 회의 개최가 가능하다.
2) 회의는 1시간 동안 진행되며, 회의 참여자는 회의 시작부터 종료까지 자리를 지켜야 한다.
3) 회의 시간이 정해지면, 해당 일정에 참여 가능한 전문가들의 선호도를 합산하여 가장 높은 점수가 나온 곳을 회의 장소로 정한다.

---

① 월요일에는 회의를 개최할 수 없다.
② 금요일 16시에 회의를 개최할 경우 회의 장소는 '가'이다.
③ 금요일 18시에 회의를 개최할 경우 회의 장소는 '다'이다.
④ C, D를 포함하여 4명 이상이 참여해야 할 경우 금요일 17시에 회의를 개최할 수 있다.

> ✿ADVICE ④ 금요일 17시에 회의를 개최할 경우 C, D를 포함하여 A, B, F가 회의에 참여할 수 있다.
> ① 17:00~19:20 사이에 3명(C, D, F)의 회의가능 시간이 겹치므로 월요일에 회의를 개최할 수 있다.
> ② 금요일 16시 회의에 참여 가능한 전문가는 A, B, C, F이며 네 명의 회의 장소 선호도는 '가: 19점', '나: 28점', '다: 24점'으로 가장 높은 점수인 '나'가 회의 장소가 된다.
> ③ 금요일 18시 회의에 참여하는 전문가는 C, D, F이고 회의 장소 선호도를 합산한 결과 '나' 장소가 된다(나: 22점 〉 가: 16점 〉 다: 15점).

5 다음 글을 근거로 판단할 때, 선호가 구매할 가전제품과 구매할 상점을 옳게 연결한 것은?

> 선호는 가전제품 A~E를 1대씩 구매하기 위하여 상점 '갑, 을, 병'의 가전제품 판매가격을 알아보았다.
>
> 〈상점별 가전제품 판매가격〉
>
> (단위 : 만 원)
>
> | 구분 | A | B | C | D | E |
> |------|-----|-----|-----|-----|-----|
> | 갑 | 150 | 50 | 50 | 20 | 20 |
> | 을 | 130 | 45 | 60 | 20 | 10 |
> | 병 | 140 | 40 | 50 | 25 | 15 |
>
> 선호는 각각의 가전제품을 세 상점 중 어느 곳에서나 구매할 수 있으며, 아래의 〈혜택〉을 이용하여 총 구매금액을 최소화하고자 한다.
>
> 〈혜 택〉
>
> 1. '갑' 상점 : 200만 원 이상 구매 시 전 품목 10% 할인
> 2. '을' 상점 : A를 구매한 고객에게는 C, D를 20% 할인
> 3. '병' 상점 : C, D를 모두 구매한 고객에게는 E를 5만 원에 판매

① A - 갑
② B - 을
③ C - 병
④ E - 을

ADVICE • A, B, C, D 구매금액 비교

'갑' 상점	총 243만 원	=(150 + 50 + 50 + 20) × 0.9
'을' 상점	총 239만 원	=130 + 45 + 60×0.8 + 20×0.8

'갑' 상점에서 A와 B를 구매하여 C, D의 상품 금액까지 10% 할인을 받는다고 해도 '을' 상점에서 혜택을 받아 A, B, C, D를 구매하는 것이 유리하다.

• C, D, E 구매금액 비교

'을' 상점(A 구매 가정)	총 74만 원	= 60×0.8+20×0.8+10
'병' 상점	총 75만 원	=50 + 25 + 5

A 금액이 가장 저렴한 '을' 상점에서 C, D제품까지 구매하는 것이 유리하며, E 역시 '을' 상점에서 구매하는 것이 가장 적은 금액이 든다.

B의 경우 '병' 상점에서 40만 원으로 구매하여 A, B, C, D, E를 최소 금액 244만 원으로 구매할 수 있다.

6 어느 하천의 A 지점에서 B 지점을 통과하여 C 지점으로 흐르는 물의 세 지점에 대한 수질 오염 정도를 측정한 결과, 아래 〈결과〉와 같은 표를 작성하였다. 다음 글의 내용을 참고할 때, 〈보기〉 중 수질 오염 결과를 올바르게 판단한 것을 모두 고른 것은 어느 것인가?

수질 오염의 정도를 알아보는 지표로 사용되는 것들은 수소 이온 농도 지수, 용존 산소량, 생화학적 산소 요구량, 화학적 산소 요구량 등이 있다.

수소 이온 농도 지수(pH)는 용액의 산성 및 알칼리성의 세기를 나타내는 값으로 중성은 7, 7보다 작을수록 산성이, 7보다 클수록 알칼리성이 강한 것을 의미한다.

용존 산소량(DO)은 물속에 녹아 있는 산소의 양을 의미하며, 수온이 높을수록, 플랑크톤 등의 생물이 이상 증식할수록 수질이 나빠지게 된다.

생화학적 산소 요구량(BOD)은 물속의 유기 물질을 호기성 박테리아가 분해하는 데 필요한 산소의 양으로, 생물학적으로 분해 가능한 유기물의 총량을 파악하는 데 유용한 지표가 된다.

화학적 산소 요구량(COD)은 물속의 유기 물질을 화학적 산화제를 사용하여 분해, 산화하는 데 필요한 산소의 양으로, 오염 물질 중 생물학적으로 분해할 수 없는 유기 물질의 양을 파악하는 데 유용한 지표로 쓰인다.

〈결과〉

	pH	DO	BOD	COD
A 지점	5.5	6.0	1.5	4.5
B 지점	8.3	5.0	5.0	4.9
C 지점	7.8	4.6	4.5	4.3

〈보기〉

(가) A 지점은 B 지점보다 산성이 강하다.

(나) 용존 산소량으로 판단하면, A 지점은 C 지점보다 맑고 깨끗한 물이다.

(다) 생화학적 산소 요구량으로 판단한 수질은 B 지점이 가장 나쁘다.

(라) 상류에서 하류로 이동하면서 생물학적으로 분해할 수 없는 유기물의 양은 증가하다가 감소하였다.

① (가), (나), (다), (라) ② (나), (다), (라)
③ (가), (다), (라) ④ (가), (나), (라)

ADVICE 제시된 네 개의 의견이 모두 올바른 판단이다.
(가) 수소 이온 농도 지수(pH)는 5.5 → 8.3으로 변하였으므로 산성에서 알칼리성으로 바뀐 것이 되어 A 지점의 산성이 더 강하다. (O)
(나) 용존 산소량(DO)의 수치는 수질이 나쁠수록 낮아지게 되므로 6.0인 A 지점이 4.6인 B 지점보다 맑고 깨끗한 물이다. (O)
(다) 생화학적 산소 요구량(BOD)은 수질이 나쁠수록 그 값이 증가하므로 5.0의 수치를 보인 B 지점의 수질이 가장 나쁘다. (O)
(라) 화학적 산소 요구량(COD)은 곧, 생물학적으로 분해할 수 없는 유기물의 양을 의미하므로 4.5 → 4.9 → 4.3으로 수치가 변한 것은 생물학적으로 분해할 수 없는 유기물의 양이 증가하다가 감소하였음을 의미한다. (O)

다음은 K은행이 발급하는 'Travel 카드'에 대한 서비스 안내 사항이다. 다음을 읽고 이어지는 물음에 답하시오.

〈특별 할인 서비스〉

- 중국 비자 발급센터에서 비자 발급 수수료 결제 시 50% 청구 할인
- 연 1회 / 최대 3만 원까지 할인
- 전월 이용실적 30만 원 이상 시 제공
- 본 서비스는 카드 사용 등록하신 달에는 제공되지 않으며, 그 다음 달부터 서비스 조건 충족 시 제공됩니다.

〈여행 편의 서비스〉

인천공항 제1여객터미널(1T) 및 제2여객터미널(2T)에 지정된 BOOKS(북스) 매장에서 Travel 카드를 제시하시면, 서비스 이용 가능 여부 확인 후 아래 이용권 중 희망하시는 이용권을 제공해 드립니다.

구분	세부내용
인천공항 고속도로 무료 이용	소형차(경차, 승용차, 12인승 승합차)에 한하여 인천공항 고속도로 톨게이트(신공항 톨게이트/북인천 톨게이트)에 무료 이용권 제출 시, 통행료 무료 혜택이 제공됩니다. 단, 소형차에 한하며, 중형/대형 차량의 경우는 적용이 불가합니다.
인천공항 리무진버스 무료 이용 (1만 원 권)	▶ 제1여객터미널 인천공항 1층 입국장 7번 승차장 앞 리무진 버스 옥외 통합매표소에서 무료 이용권 제출 시, 리무진버스 승차권으로 교환됩니다. 단, 1만 원 이하 승차에 한하며 1만 원 초과 시 차액은 회원별도 부담입니다. 또한 1만 원 미만 승차권 교환 시 잔액은 환불되지 않습니다.
공항철도 직통열차 무료 이용	공항철도 인천국제공항역 직통열차 안내데스크에서 무료 이용권 제출 시 직통열차 승차권으로 교환됩니다.

〈해외이용 안내〉

해외이용금액은 국제브랜드사가 부과하는 수수료(UnionPay 0.6%)를 포함하여 매출표 접수일의 K은행 고시 1회 차 전신환매도율 적용 후, K은행 카드가 부과하는 해외서비스수수료(0.25%)가 포함된 금액이 청구되며, Travel 카드 이용 시 UnionPay 수수료 0.03%, 당사 해외서비스수수료의 0.1% 할인 혜택이 주어집니다.

> ※ 해외이용 시 기본 청구금액 = a + b + c
> - 해외이용대금(a) : 해외이용금액(미화) × K은행 고시 1회 차 전신환매도율
> - 국제브랜드수수료(b) : 해외이용금액(미화) × (UnionPay 0.6%) × K은행 고시 1회 차 전신환매도율
> - 해외서비스수수료(c) : 해외이용금액(미화) × 0.25% × K은행 고시 1회 차 전신환매도율

- 제3국 통화(KRW 거래포함)는 미국 달러로 환산되어 제공됩니다.
- 해외에서 원화통화로 대금 결제 시, 해외가맹점이 부과하는 DCC수수료(환전수수료)가 포함되므로 현지통화 결제 시 보다 많은 금액이 청구될 수 있음을 주의바랍니다.

---

7 다음 중 위 카드 상품에 대한 안내 사항을 올바르게 이해한 것은 어느 것인가?

① "올 여름 북경 방문 시 Travel 카드 덕분에 비자 수수료 비용을 절반만 지불했으니 겨울 상해 출장 시에도 Travel 카드를 이용해야겠다."

② "제공받은 인천공항 리무진버스 무료 이용권으로 집까지 오는 리무진을 공짜로 이용할 구 있겠군. 지난번엔 집까지 9,500원의 요금이 나오던데 500원을 돌려받을 수도 있네."

③ "공항 리무진버스 요금이 난 12,000원이고 아들 녀석은 8,000원이니까 함께 이용하게 되면 인천공항 리무진버스 무료 이용권이 1장 있어도 추가로 1만 원을 더 내야하는구나."

④ "K BOOKS에서 책을 두 권 이상 사면 서비스 이용권을 2장 받게 되는군. 어차피 볼 책인데 다양한 혜택을 보면 좋을 테니 기왕이면 3권을 사서 종류별 이용권을 다 받아봐야겠다."

> 🅐 ADVICE
> ③ 12,000원의 요금에 무료 이용권을 사용하면 차액 2,000원을 지불해야 하므로 아들의 8,000원과 함께 1만 원의 추가 요금을 지불해야 한다.
> ① Travel 카드로 중국 비자 수수료 청구 할인을 받을 수 있는 것은 연 1회로 제한되어 있다.
> ② 1만 원 미만 승차권 교환 시 잔액은 환불되지 않는다.
> ④ 3가지 이용권 중 희망하는 것을 제공받는다고 언급되어 있으므로 구매한 책의 권수에 따라 이용권을 많이 제공받는 것이 아니다.

8 M씨는 미국 여행 시 Travel 카드를 이용하여 U$500짜리의 물건을 구매하였다. 구매 당일의 K은행 전신환매도 환율이 1U$ = 1,080원이라면, M씨가 Travel 카드를 이용함으로 인해 얻는 할인 혜택 금액을 원화로 환산하면 얼마인가?

① 1,030원

② 980원

③ 883원

④ 702원

> 🅐 ADVICE 주어진 해외이용 시 청구금액 산정 방법에 따라 혜택 전 원화환산 청구금액은 다음과 같다.
> • a : 500 × 1,080 = 540,000원
> • b : 500 × 1,080 × 0.006 = 3,240원
> • c : 500 × 1,080 × 0.0025 = 1,350원
> a + b + c = 544,590원
> Travel카드 이용 시, b와 c 금액에서 할인 혜택이 주어져 각각 500 × 1,080 × 0.0057 = 3,078원과 500 × 1,080 × 0.0015 = 810원이 된다. 따라서 혜택 받은 금액은 (3,240 − 3,078) + (1,350 − 810) = 162 + 540 = 702원이 된다.
> 혜택이 적용되는 할인율인 0.03%와 0.1%를 더하여 500 × 1,080 × 0.0013 = 702원으로 간단하게 계산할 수도 있다.

9 다음은 K은행의 외화송금 수수료에 대한 규정이다. 수수료 규정을 참고할 때, 외국에 있는 친척과 〈보기〉와 같이 3회에 걸쳐 거래를 한 A씨가 지불한 총 수수료 금액은 얼마인가?

		국내 간 외화송금	실시간 국내송금
외화자금국내이체 수수료 (당 · 타발)		U$5,000 이하 : 5,000원 U$10,000 이하 : 7,000원 U$10,000 초과 : 10,000원	U$10,000 이하 : 5,000원 U$10,000 초과 : 10,000원
		인터넷 뱅킹 : 5,000원 실시간 이체 : 타발 수수료는 없음	
해외로 외화송금	송금 수수료	U$500 이하 : 5,000원 U$2,000 이하 : 10,000원 U$5,000 이하 : 15,000원 U$20,000 이하 : 20,000원 U$20,000 초과 : 25,000원 ※ 인터넷 뱅킹 이용 시 건당 3,000~5,000원	
		해외 및 중계은행 수수료를 신청인이 부담하는 경우 국외 현지 및 중계은행의 통화별 수수료를 추가로 징구	
	전신료	8,000원 인터넷 뱅킹 및 자동이체 5,000원	
	조건변경 전신료	8,000원	
해외/타행에서 받은 송금		건당 10,000원	

〈보기〉
㉠ 외국으로 U$3,500 송금 / 인터넷 뱅킹 최저 수수료 적용
㉡ 외국으로 U$600 송금 / 은행 창구
㉢ 외국에서 U$2,500 입금

① 32,000원
② 34,000원
③ 36,000원
④ 38,000원

> ⓐ ADVICE ㉠ 인터넷 뱅킹을 통한 해외 외화 송금이므로 금액에 상관없이 건당 최저수수료 3,000원과 전신료 5,000원 발생 → 합 8,000원
> ㉡ 은행 창구를 통한 해외 외화 송금이므로 송금 수수료 10,000원과 전신료 8,000원 발생 → 합 18,000원
> ㉢ 금액에 상관없이 건당 수수료가 발생하므로 → 10,000원
> 따라서 총 지불한 수수료는 8,000 + 18,000 + 10,000 = 36,000원이다.

10 홍보팀 백 대리는 회사 행사를 위해 연회장을 예약하려 한다. 연회장의 현황과 예약 상황이 다음과 같을 때, 연회장에 예약 문의를 한 백 대리의 아래 질문에 대한 연회장 측의 회신 내용에 포함되기에 적절하지 않은 것은 어느 것인가?

〈연회장 시설 현황〉

구분	최대 수용 인원(명)	대여 비용(원)	대여 가능 시간
A	250	500,000	3시간
B	250	450,000	2시간
C	200	400,000	3시간
D	150	350,000	2시간

* 연회장 정리 직원은 오후 10시에 퇴근함
* 시작 전과 후 준비 및 청소 시간 각각 1시간 소요, 연이은 사용의 경우 중간 1시간 소요.

〈연회장 예약 현황〉

일	월	화	수	목	금	토
			1 A 10시 B 16시	2 B 19시 D 18시	3 C 15시 D 16시	4 A 11시 B 12시
5	6 B 17시 C 18시	7	8 A 18시 D 16시	9 C 15시	10 C 16시 D 11시	11
12	13 C 15시 D 16시	14 A 16시	15 D 18시 A 15시	16	17 B 18시 D 17시	18

〈백 대리 요청 사항〉

연회장 예약을 하려 합니다. 주말, 화요일, 목요일을 제외하고 가능한 날이면 언제든 좋습니다. 참석 인원은 180~220명 정도 될 것 같고요, 오후 6시에 저녁 식사를 겸해서 2시간 정도 사용하게 될 것 같습니다. 물론 가급적 저렴한 연회장이면 더 좋겠습니다. 회신 부탁드립니다.

① 가능한 연회장 중 가장 저렴한 가격을 원하신다면 월요일은 좀 어렵겠습니다.

② 6일은 가장 비싼 연회장만 가능한 상황입니다.

③ 인원이 200명을 넘지 않으신다면 가장 저렴한 연회장을 사용하실 수 있는 기회가 네 번 있습니다.

④ A, B 연회장은 원하시는 날짜에 언제든 가능합니다.

ADVICE 주어진 조건에 의해 가능한 날짜와 연회장을 알아보면 다음과 같다.

우선, 백 대리가 원하는 날은 월, 수, 금요일이며 오후 6시~8시까지 사용을 원한다. 또한 인원수로 보아 A, B, C 연회장만 가능하다. 기 예약된 현황과 연회장 측의 직원들 퇴근 시간과 시작 전후 필요한 1시간씩을 감안하여 예약이 가능한 연회장과 날짜를 표시하면 다음과 같다.

일	월	화	수	목	금	토
			1 A, C	2 B 19시 D 18시	3 A, B	4 A 11시 B 12시
5	6 A	7	8 B, C	9 C 15시	10 A,	11
12	13 A, B	14 A 16시	15 B, C	16	17 A, C	18

④ A, B 연회장은 원하는 날짜에 언제든 가능하지 않다.

① 가능한 연회장 중 가장 저렴한 C 연회장은 월요일에 사용이 불가능하다.

② 6일은 가장 비싼 A 연회장만 사용이 가능하다.

③ 인원이 200명을 넘지 않으면 가장 저렴한 C 연회장을 1, 8, 15, 17일에 사용할 수 있다.

11 다음 글에서 밑줄 친 '차등금리결정방식'을 〈보기〉에 적용한 내용으로 옳은 것은?

국채는 정부가 부족한 조세 수입을 보전하고 재정 수요를 충당하기 위해 발행하는 일종의 차용 증서이다. 이 중 국고채는 정부가 자금을 조달하는 주요한 수단이며, 채권 시장을 대표하는 상품이다. 만기일에 원금과 약속한 이자를 지급하는 국고채는 관련 법률에 따라 발행된다. 발행 주체인 정부는 이자 비용을 줄이기 위해 낮은 금리를 선호하며, 매입 주체인 투자자들은 높은 이자 수익을 기대하여 높은 금리를 선호한다. 국고채의 금리는 경쟁 입찰을 통해 결정되는데, 경쟁 입찰은 금리 결정 방법에 따라 크게 '복수금리결정방식'과 '단일금리결정방식'으로 나뉜다.

※ 발행 예정액 : 800억 원

투자자	제시한 금리와 금액	결정 방식	
		복수금리	단일금리
A	4.99% 200억 원	4.99%	모두 5.05%
B	5.00% 200억 원	5.00%	
C	5.01% 200억 원	5.01%	
D	5.03% 100억 원	5.03%	
E	5.05% 100억 원	5.05%	
F	5.07% 100억 원	미낙찰	미낙찰

복수금리결정방식은 각각의 투자자가 금리와 금액을 제시하면 최저 금리를 제시한 투자자부터 순차적으로 낙찰자를 결정하는 방식이다. 낙찰된 금액의 합계가 발행 예정액에 도달할 때까지 낙찰자를 결정하기 때문에 상대적으로 낮은 금리를 제시한 투자자부터 낙찰자로 결정된다. 이때 국고채의 금리는 각각의 투자자가 제시한 금리로 결정된다. 표와 같이 발행 예정액이 800억 원인 경쟁 입찰이 있다면, 가장 낮은 금리를 제시한 A부터 E까지 제시한 금액 합계가 800억 원이므로 이들이 순차적으로 낙찰자로 결정된다. 이때 국고채의 금리는 A에게는 4.99%, B에게는 5.00%, …, E에게는 5.05%로 각기 다르게 적용이 된다.

한편, 단일금리결정방식은 각 투자자들이 제시한 금리를 최저부터 순차적으로 나열하여 이들이 제시한 금액이 발행 예정액에 도달할 때까지 낙찰자를 결정한다는 점에서는 복수금리결정방식과 같다. 하지만 발행되는 국고채의 금리는 낙찰자들이 제시한 금리 중 가장 높은 금리로 단일하게 결정된다는 점이 다르다. 표와 같이 낙찰자는 A ~ E로 결정되지만 국고채의 금리는 A ~ E 모두에게 5.05%로 동일하게 적용되는 것이다. 따라서 단일금리결정방식은 복수금리결정방식에 비해 투자자에게 유리한 방식일 수 있다.

하지만 단일금리결정방식은 정부의 이자 부담을 가중시킬 수 있어, 복수금리결정방식과 단일금리결정방식을 혼합한 '차등금리결정방식'을 도입하기도 한다. 차등금리결정방식이란 단일금리결정방식과 같은 방법으로 낙찰자들을 결정하지만, 낙찰자들이 제시한 금리들 중 가장 높은 금리를 기준으로 삼아 금리들을 일정한 간격으로 그룹화한다는 점이 다르다. 각 그룹의 간격은 0.02%p ~ 0.03%p 정도로 정부가 결정하며, 이때 국고채의 금리는 투자자가 제시한 금리와 관계없이 정부가 각각의 그룹에 설정한 최고 금리로 결정된다. 이는 투자자가 제시한 금리를 그룹별로 차등화함으로써 적정 금리로 입찰하도록 유도하는 효과를 낸다.

〈보기〉

㉠ 발행 예정액 : 700억 원

㉡ 그룹화 간격 : 0.03%p

㉢ 입찰 결과

투자자	제시한 금리와 금액
ⓐ	1.98% 100억 원
ⓑ	2.00% 100억 원
ⓒ	2.02% 200억 원
ⓓ	2.05% 100억 원
ⓔ	2.06% 200억 원
ⓕ	2.07% 200억 원

㉣ 그룹화 결과 : 2.06 ~ 2.04%, 2.03 ~ 2.01%, 2.00 ~ 1.98%
(단, 입찰 단위는 0.01%p 단위로 제시한다.)

① ⓐ가 속한 그룹은 ⓐ가 제시한 금리로 낙찰 받는다.

② ⓑ와 ⓒ는 같은 금리로 낙찰 받는다.

③ ⓒ는 2.03%의 금리로 낙찰 받는다.

④ ⓓ와 ⓔ 모두 2.05%의 금리로 낙찰 받는다.

ADVICE 차등금리결정방식은 각각의 투자자가 제시한 금리를 순차적으로 나열한 후 일정한 간격으로 그룹화하는 방식이다. 〈보기〉의 경우 발행 예정액이 700억 원이므로 ⓕ를 제외한 나머지 투자자들이 낙찰자로 결정되며, 그룹화 간격이 0.03%p이므로 [ⓐ와 ⓑ], [ⓒ], [ⓓ와 ⓔ]로 그룹화 된다. 이때 기준이 되는 금리는 최종 낙찰자인 ⓔ가 제시한 2.06%이며, 그룹별 금리는 각 구간의 최고 금리 2.06%, 2.03%, 2.00%으로 결정된다.

Answer. 11.③

12 K씨는 애오개역에서 9시 30분에 출발하여 먼저 f 본사에 들러 서류를 받은 후 e 연구소에 전달하고 나서 오늘 방문할 업체의 일정을 마무리해야 한다. 모든 일정을 마무리하는데 걸리는 소요시간을 고려할 때 가장 효율적으로 이동할 수 있는 순서는?

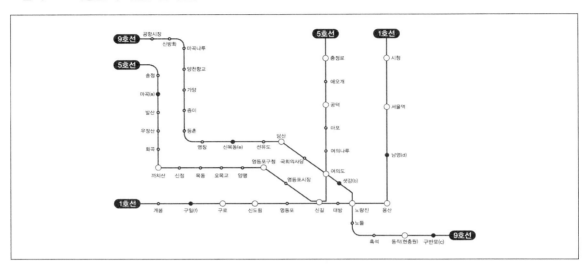

사내교육을 마치고 배치를 받은 신입사원인 K씨가 외근을 하며 들러야 할 지점은 다음과 같다. 금일 내로 아래 목록의 업체에 모두 방문해야 하는데 교통수단으로는 지하철을 타고 이동하고, 지하철로 한 정거장을 이동할 때는 3분이 소요된다. 환승할 경우 환승하는 시간은 10분이다. 또한 한 정거장을 이동할 때마다 요금은 1000원이 소요되고 환승할 경우 추가 요금은 없다.

방문할 업체
 a. 인쇄소
    주소 : 서울 강서구 마곡동 327-48, 연락처 : 1588-xxxx
 b. 마트
    주소 : 서울 영등포구 여의도동, 연락처 : 02-800-xxxx
 c. 출판사
    주소 : 서울 서초구 반포동 1048, 연락처 : 02-456-xxxx
 d. 증권사
    주소 : 서울 용산구 남영동 3-4, 연락처 : 02-999-xxxx
 e. 연구소
    주소 : 서울 양천구 목동중앙로 204, 연락처 : 02-2634-xxxx
 f. 본사
    주소 : 서울 구로구 구일로 68, 연락처 : 02-8696-xxxx

① f-e-b-a-d-c   ② f-e-d-b-c-a
③ f-e-b-c-d-a   ④ f-e-a-c-d-b

f 본사에 가서 서류를 받아야 함으로 f 본사와 e 연구소를 먼저 방문한다. 그리고 다음으로 가장 효율적으로 이동하기 위해서는 이동하는 거리상 가까운 곳을 우선적으로 알아봐야 하는데 위의 지하철 노선 상으로도 알 수 있듯이 ④ a-c-d-b는 가장 먼 거리로 이동하기 때문에 비효율적인 방법이다. 따라서 e에서 b로 이동하여 b에서 c로 이동한 다음 c에서 d로 이동하고 마지막으로 d에서 a로 이동하는 것이 가장 효율적인 방법이라 할 수 있다.

13 은행, 식당, 편의점, 부동산, 커피 전문점, 통신사 6개의 상점이 아래에 제시된 조건을 모두 만족하며 위치할 때, 오른쪽에서 세 번째 상점은 어느 것인가?

1) 모든 상점은 옆으로 나란히 연이어 위치하고 있으며, 사이에 다른 상점은 없다.
2) 편의점과 식당과의 거리는 두 번째로 멀다.
3) 커피 전문점과 편의점 사이에는 한 개의 상점이 있다.
4) 왼쪽에서 두 번째 상점은 통신사이다.
5) 식당의 바로 오른쪽 상점은 부동산이다.

① 식당   ② 통신사물
③ 은행   ④ 편의점

2)에 따라, 두 번째로 멀기 위해서는 편의점과 식당 중 하나가 맨 끝에 위치하고 다른 하나는 반대쪽의 끝에서 두 번째에 위치해야 한다는 것을 알 수 있다.
4)를 통해서는 왼쪽에서 두 번째에 편의점이나 식당이 위치할 수 없음을 알 수 있으므로 이 두 상점은 맨 왼쪽과 오른쪽에서 두 번째에 나누어 위치해야 한다.
5)를 통해서 맨 왼쪽은 식당이 아닌 편의점의 위치임을 알 수 있다. 동시에, 맨 오른쪽은 부동산, 그 옆은 식당이라는 것도 알 수 있다.
3)을 통해서는 커피 전문점이 왼쪽에서 세 번째 상점이라는 것을 알 수 있다.
따라서 이를 종합하면, 왼쪽부터 편의점, 통신사, 커피 전문점, 은행, 식당, 부동산의 순으로 상점들이 이어져 있으며 오른쪽에서 세 번째 상점은 은행이 된다.

14 홍 부장은 출장에서 계약 업무를 담당자를 서 과장, 이 대리, 최 사원, 엄 대리, 조 사원 5명 중 2명을 다음 조건에 만족할 때 선정하려고 한다. 홍 부장이 선정하게 될 직원 2명으로 알맞게 짝지어진 것은 어느 것인가?

- 서 과장이 선정되면 반드시 이 대리도 선정된다.
- 이 대리가 선정되지 않아야만 엄 대리가 선정된다.
- 최 사원이 선정되면 서 과장은 반드시 선정된다.
- 조 사원이 선정되지 않으면 엄 대리도 선정되지 않는다.

① 서 과장, 최 사원
② 엄 대리, 조 사원
③ 서 과장, 조 사원
④ 이 대리, 엄 대리

> **ADVICE** 첫 번째 조건에서 서 과장 선정 시 이 대리는 반드시 선정되어야 한다. 또한 두 번째 조건에서 이 대리가 선정되면 엄 대리는 선정되지 않으므로 결국 이 대리와 엄 대리, 서 과장과 엄 대리는 함께 선정될 수 없다.
> 세 번째 조건에서 최 사원 선정 시 서 과장은 반드시 참여해야 한다. 네 번째 조건의 대우 명제를 살펴보면, 엄 대리가 선정될 때 조 사원도 선정된다는 것을 알 수 있다.
> 따라서 서 과장과 이 대리, 최 사원과 서 과장은 반드시 함께 선정되어야 하므로 서 과장+이 대리+최 사원 세 명이 반드시 함께 선정되어야만 하며, 엄 대리와 조 사원 역시 함께 선정된다는 사실을 알 수 있다.
> 따라서 2명을 선정할 경우, 항상 함께 선정되어야만 하는 인원과 제한 인원 2명과의 모순 관계가 없는 엄 대리와 조 사원이 선정되어야 하는 것을 알 수 있다.

15 다음 조건을 바탕으로 을순이의 사무실과 어제 갔던 식당이 위치한 곳을 올바르게 짝지은 것은?

- 갑동, 을순, 병호는 각각 10동, 11동, 12동 중 한 곳에 사무실이 있으며 서로 같은 동에 사무실이 있지 않다.
- 이들 세 명은 어제 각각 자신의 사무실이 있는 건물이 아닌 다른 동에 있는 식당에 갔었으며, 서로 같은 동의 식당에 가지 않았다.
- 병호는 12동에서 근무하며, 갑동이와 을순이는 어제 11동 식당에 가지 않았다.
- 을순이는 병호가 어제 갔던 식당이 있는 동에서 근무한다.

	사무실	식당			사무실	식당
①	11동	10동		②	10동	11동
③	12동	12동		④	11동	12동

- 세 번째 조건 후단에서 갑동이와 을순이는 어제 11동 식당에 가지 않았다고 하였으므로, 어제 11동 식당에 간 것은 병호이다. 따라서 병호는 12동에 근무하며 11동 식당에 갔었다.
- 네 번째 조건에 따라 을순이는 11동에 근무하므로, 남은 갑동이는 10동에 근무한다.
- 두 번째 조건 전단에 따라 을순이가 10동 식당에, 갑동이가 12동 식당을 간 것이 된다.
따라서 을순이는 11동에 사무실이 있으며, 어제 갔던 식당은 10동에 위치해 있다.

16 갑사(社), 을사(社), 병사(社)는 A, B, C 3개 운동 종목에 대한 3사 간의 경기를 실시하였으며, 결과는 다음 표와 같다. 이에 대한 설명으로 올바르지 않은 것은? (단, 무승부인 경기는 없다고 가정한다)

구분	갑	을	병
A 종목	4승 6패	7승 3패	4승 6패
B 종목	7승 3패	2승 8패	6승 4패
C 종목	5승 5패	3승 7패	7승 3패

① 갑사가 병사로부터 거둔 A 종목 경기 승수가 1승뿐이었다면 을사는 병사에 압도적인 우세를 보였다.
② 을사의 B 종목 경기 8패가 나머지 두 회사와의 경기에서 절반씩 거둔 결과라면 갑사와 병사의 상대 전적은 갑사가 더 우세하다.
③ 갑사가 세 종목에서 거둔 승수 중 을사와 병사로부터 각각 적어도 2승 이상씩을 거두었다면, 적어도 을사는 병사보다 A 종목의, 병사는 을사보다 C 종목의 상대 전적이 더 우세하다.
④ 갑사는 C 종목에서 을사, 병사와의 상대 전적이 동일하여 우열을 가릴 수 없다.

④ 3개 회사는 각 종목 당 다른 회사와 5번씩 경기를 가졌으며 이에 따른 승수와 패수의 합은 항상 10이 된다. 갑사가 C 종목에서 거둔 5승과 5패는 어느 팀으로부터 거둔 것인지 알 수 있는 근거가 없어 을사, 병사와 상대 전적이 동일하다고 말할 수 없다. 또한, 특정 팀과 5회 경기를 하여 무승부인 결과는 없는 것이므로 상대 전적이 동일한 두 팀이 생길 수는 없다.
① 병사의 6패 중 나머지 5패를 을사로부터 당한 것이 된다. 따라서 을사와의 전적은 0승 5패의 압도적인 결과가 된다.
② 갑사와 병사의 승수 중 각각 4승씩을 제외한 나머지 승수가 상대방으로부터 거둔 승수가 된다. 따라서 갑사는 병사로부터 3승을, 병사는 갑사로부터 2승을 거둔 것이 되어 갑사의 상대 전적이 병사보다 더 우세하게 된다.
③ 을사의 A 종목 3패 중 적어도 2패 이상이 갑사에게 당한 것이 되고 나머지 패수가 병사에게 당한 것이 되므로 을사는 병사보다 A 종목의 상대 전적이 더 우세하다. 이와 같은 논리로 살펴보면 병사의 C 종목 3패 중 1패 또는 0패가 을사와의 경기 결과가 되어 병사는 을사보다 C 종목 상대 전적이 더 우세하게 된다.

17 다음 〈상황〉과 〈자기소개〉를 근거로 판단할 때 옳지 않은 것은?

〈상황〉

5명의 직장인(A~E)이 커플 매칭 프로그램에 참여했다.

1) 남성이 3명이고 여성이 2명이다.
2) 5명의 나이는 34세, 32세, 30세, 28세, 26세이다.
3) 5명의 직업은 의사, 간호사, TV드라마 감독, 라디오작가, 요리사이다.
4) 의사와 간호사는 성별이 같다.
5) 라디오작가는 요리사와 매칭 된다.
6) 남성과 여성의 평균 나이는 같다.
7) 한 사람당 한 명의 이성과 매칭이 가능하다.

〈자기소개〉

A : 안녕하세요. 저는 32세이고 의료 관련 일을 합니다.
B : 저는 방송업계에서 일하는 남성입니다.
C : 저는 20대 남성입니다.
D : 반갑습니다. 저는 방송업계에서 일하는 여성입니다.
E : 제가 이 중 막내네요. 저는 요리사입니다.

---

① TV드라마 감독은 B보다 네 살이 많다.

② 의사와 간호사 나이의 평균은 30세이다.

③ D는 의료계에서 일하는 두 사람 중 나이가 적은 사람보다 두 살 많다.

④ A의 나이는 방송업계에서 일하는 사람들 나이의 평균과 같다.

> **ADVICE** 남성이 3명, 여성이 2명이라고 했고, B와 D가 방송업계 남녀로 나뉘고, 의사와 간호사가 성별이 같다고 했으므로 의사와 간호사는 남성이다. 또 요리사는 여성(26세)임을 알 수 있다. 요리사와 매칭이 되는 라디오작가가 남성이므로 TV드라마 감독은 여성이다. 남성과 여성의 평균 나이가 같다고 했으므로 남성 A(32), B, C(28)와 여성 D, E(26)에서 B는 30세, D는 34세임을 알 수 있다.
> • A : 32세, 남성, 의사 또는 간호사
> • B : 30세, 남성, 라디오 작가
> • C : 28세, 남성, 의사 또는 간호사
> • D : 34세, 여성, TV드라마 감독
> • E : 26세, 여성, 요리사

18 A구와 B구로 이루어진 신도시 '가' 시에는 어린이집과 복지회관이 없다. 이에 '가' 시는 60억 원의 건축 예산을 사용하여 '건축비와 만족도'와 '조건'하에서 시민 만족도가 가장 높도록 어린이집과 복지회관을 신축하려고 한다. 다음을 근거로 판단할 때 옳지 않은 것은?

〈건축비와 만족도〉

지역	시설 종류	건축비(억 원)	만족도
A구	어린이집	20	35
	복지회관	15	30
B구	어린이집	15	40
	복지회관	20	50

〈조건〉
1) 예산 범위 내에서 시설을 신축한다.
2) 시민 만족도는 각 시설에 대한 만족도의 합으로 계산한다.
3) 각 구에는 최소 1개의 시설을 신축해야 한다.
4) 하나의 구에 동일 종류의 시설을 3개 이상 신축할 수 없다.
5) 하나의 구에 동일 종류의 시설을 2개 신축할 경우, 그 시설 중 한 시설에 대한 만족도는 20% 하락한다.

① 예산은 모두 사용될 것이다.
② A구에는 어린이집이 신축될 것이다.
③ B구에는 2개의 시설이 신축될 것이다.
④ '조건 5'가 없더라도 신축되는 시설의 수는 달라지지 않을 것이다.

ADVICE 예산 60억 원을 모두 사용한다고 했을 때, 건축비 15억 원이 소요되는 시설 4개를 지을 수 있는 경우는 (조건 3, 4에 의해) 'A구에 복지회관 2개, B구에 어린이집 2개'인 경우(만족도 126)뿐이다. 3개를 지을 때 최대로 만족도를 얻을 수 있는 경우는 다음과 같다.

지역-시설종류	건축비	만족도	지역-시설종류	건축비	만족도
B-복지회관	20억 원	50	B-복지회관	20억 원	50
B-어린이집	15억 원	40	B-복지회관	20억 원	40[조건5]
A-어린이집	20억 원	35	A-어린이집	20억 원	35
	55억 원	125		60억 원	125

따라서 A구에 복지회관 2개, B구에 어린이집 2개를 신축할 경우에 시민 만족도가 가장 높다.

19 다음은 A기업의 팀별 성과급 지급 기준이다. 성과평가결과가 다음과 같다면 지급되는 성과급의 1년 총액은?

〈성과급 지급 방법〉
⑺ 성과급 지급은 성과평가 결과와 연계함.
⑻ 성과평가는 유용성, 안전성, 서비스 만족도의 총합으로 평가함. 단, 유용성, 안전성, 서비스 만족도의 가중치를 각각 0.4, 0.4, 0.2로 부여함.
⑼ 성과평가 결과를 활용한 성과급 지급 기준

성과평가 점수	성과평가 등급	분기별 성과급 지급액	비고
9.0 이상	A	100만 원	성과평가 등급이 A이면 직전분기 차감액의 50%를 가산하여 지급
8.0 이상 9.0 미만	B	90만 원 (10만 원 차감)	
7.0 이상 8.0 미만	C	80만 원 (20만 원 차감)	
7.0 미만	D	40만 원 (60만 원 차감)	

구분	1/4 분기	2/4 분기	3/4 분기	4/4 분기
유용성	8	8	10	8
안전성	8	6	8	8
서비스 만족도	6	8	10	8

① 350만 원 ② 360만 원
③ 370만 원 ④ 380만 원

⊙ADVICE 먼저 아래 표를 항목별로 가중치를 부여하여 계산하면,

구분	1/4 분기	2/4 분기	3/4 분기	4/4 분기
유용성	$8 \times \frac{4}{10} = 3.2$	$8 \times \frac{4}{10} = 3.2$	$10 \times \frac{4}{10} = 4.0$	$8 \times \frac{4}{10} = 3.2$
안전성	$8 \times \frac{4}{10} = 3.2$	$6 \times \frac{4}{10} = 2.4$	$8 \times \frac{4}{10} = 3.2$	$8 \times \frac{4}{10} = 3.2$
서비스 만족도	$6 \times \frac{2}{10} = 1.2$	$8 \times \frac{2}{10} = 1.6$	$10 \times \frac{2}{10} = 2.0$	$8 \times \frac{2}{10} = 1.6$
합계	7.6	7.2	9.2	8
성과평가 등급	C	C	A	B
성과급 지급액	80만 원	80만 원	110만 원	90만 원

성과평가 등급이 A이면 직전분기 차감액의 50%를 가산하여 지급한다고 하였으므로, 3/4분기의 성과급은 직전분기 차감액 20만 원의 50%인 10만 원을 가산하여 지급한다.
∴ 80 + 80 + 110 + 90 = 360(만 원)

20 M사 직원 갑, 을, 병, 정, 무는 창립 기념식에서 단체 사진을 찍었다. 각자가 입은 옷의 색깔이 다음과 같을 때, 사진 속의 직원과 직원의 옷 색깔에 대한 올바른 설명은 어느 것인가?

> • 분홍색 옷을 입은 사람은 2명이고, 나머지 3명은 초록색, 베이지 색, 흰 색 옷을 입고 있다.
> • 을은 분홍색 옷을 입지 않았다.
> • 병은 분홍색과 초록색 옷을 입지 않았다.
> • 무는 초록색과 베이지 색 옷을 입지 않았다.
> • 갑은 분홍색 옷을 입고 있으며, 무와 같은 색 옷을 입고 있지 않았다.

① 갑은 병과 같은 색 옷을 입고 있다.　　　② 을은 베이지 색과 흰 색 옷을 입지 않았다.

③ 병은 흰 색 옷을 입고 있다.　　　　　　④ 무는 분홍색 옷을 입고 있다.

> 🅐 **ADVICE** 무의 옷 색깔에 주목하면, 초록색과 베이지 색 옷을 입지 않았으며, 갑과 같은 색인 분홍색 옷도 입지 않았으므로 흰 색 옷을 입은 것이 된다. 또한, 을과 병이 분홍색 옷을 입지 않았으므로 분홍색 옷을 입은 사람은 갑과 정이 되는 것을 알 수 있다. 을과 병 중, 병이 초록색 옷을 입지 않았으므로 을이 초록색, 병이 베이지 색 옷을 입은 것이 된다. 따라서 이를 종합하면, 갑은 분홍색, 을은 초록색, 병은 베이지 색, 정은 분홍색, 무는 흰 색 옷을 입은 것이 되어, '을은 베이지 색과 흰 색 옷을 입지 않았다.'가 올바른 설명이 된다.

21 다음에 제시된 정보를 종합할 때, 물음에 알맞은 개수는 몇 개인가?

> • 홍보팀에서는 테이블, 의자, 서류장을 다음과 같은 수량으로 구입하였다.
> • 테이블 5개와 의자 10개의 가격은 의자 5개와 서류장 10개의 가격과 같다.
> • 의자 5개와 서류장 15개의 가격은 의자 5개와 테이블 10개의 가격과 같다.
> • 서류장 10개와 의자 10개의 가격은 테이블 몇 개의 가격과 같은가?

① 8개　　　　　　　　　　　　　　　② 9개

③ 10개　　　　　　　　　　　　　　④ 11개

> 🅐 **ADVICE** 두 번째 정보에서 테이블 1개와 의자 1개는 서류장 2개의 가격과 같음을 알 수 있다.
> 세 번째 정보에서 두 번째 정보를 대입하면 테이블 2개와 의자 1개는 의자 5개와 서류장 15개의 가격과 같아지게 된다. 따라서 테이블 1개는 의자 1개와 서류장 1개의 가격과 같아진다는 것을 알 수 있다.
> 그러므로 서류장 2개와 의자 2개는 테이블 2개와 같은 가격이 된다. 결국 서류장 10개와 의자 10개의 가격은 테이블 10개의 가격과 같다.

📄 **Answer.** 19.② 20.② 21.③

22 다음은 김 대리가 A지점에서 B지점을 거쳐 C지점으로 출근을 할 때 각 경로의 거리와 주행속도를 나타낸 것이다. 김 대리가 오전 8시 정각에 A지점을 출발해서 B지점을 거쳐 C지점으로 갈 때, 이에 대한 설명 중 옳은 것을 고르면?

구간	경로	주행속도(km/h)		거리(km)
		출근 시간대	기타 시간대	
A → B	경로 1	30	45	30
	경로 2	60	90	
B → C	경로 3	40	60	40
	경로 4	80	120	

※ 출근 시간대는 오전 8시부터 오전 9시까지이며 그 이외의 시간은 기타 시간대임

① C지점에 가장 빨리 도착하는 시각은 오전 9시 10분이다.
② C지점에 가장 늦게 도착하는 시각은 오전 9시 20분이다.
③ B지점에 가장 빨리 도착하는 시각은 오전 8시 40분이다.
④ 경로 2와 경로 3을 이용하는 경우와, 경로 1과 경로 4를 이용하는 경우 C지점에 도착하는 시각은 동일하다.

ADVICE $시간 = \dfrac{거리}{속도}$ 공식을 이용하여, 먼저 각 경로에서 걸리는 시간을 구한다.

구간	경로	시간			
		출근 시간대		기타 시간대	
A → B	경로 1	$\dfrac{30}{30} = 1.0$	1시간	$\dfrac{30}{45} \fallingdotseq 0.67$	약 40분
	경로 2	$\dfrac{30}{60} = 0.5$	30분	$\dfrac{30}{90} \fallingdotseq 0.33$	약 20분
B → C	경로 3	$\dfrac{40}{40} = 1.0$	1시간	$\dfrac{40}{60} \fallingdotseq 0.67$	약 40분
	경로 4	$\dfrac{40}{80} = 0.5$	30분	$\dfrac{40}{120} \fallingdotseq 0.33$	약 20분

④ 경로 2와 3을 이용하는 경우와 경로 1과 경로 4를 이용하는 경우 C지점에 도착하는 시각은 1시간 20분으로 동일하다.
① C지점에 가장 빨리 도착하는 방법은 경로 2와 경로 4를 이용하는 경우이므로, 가장 빨리 도착하는 시각은 1시간이 걸려서 오전 9시가 된다.
② C지점에 가장 늦게 도착하는 방법은 경로 1과 경로 3을 이용하는 경우이므로, 가장 늦게 도착하는 시각은 1시간 40분이 걸려서 오전 9시 40분이 된다.
③ B지점에 가장 빨리 도착하는 방법은 경로 2이므로, 가장 빨리 도착하는 시각은 30분이 걸려서 오전 8시 30분이 된다.

23 다음 조건을 만족할 때, 백 대리의 비밀번호에 쓰일 수 없는 숫자는 어느 것인가?

- 백 대리는 회사 컴퓨터에 비밀번호를 설정해 두었으며, 비밀번호는 1~9까지의 숫자 중 중복되지 않은 네 개의 숫자이다.
- 네 자리의 비밀번호는 오름차순으로 정리되어 있으며, 네 자릿수의 합은 20이다.
- 가장 큰 숫자는 8이며, 짝수가 2개, 홀수가 2개이다.
- 짝수 2개는 연이은 자릿수에 쓰이지 않았다.

---

① 3   ② 4

③ 5   ④ 6

ADVICE 오름차순으로 정리되어 있으므로 마지막 숫자가 8이다. 따라서 앞의 세 개의 숫자는 1~7까지의 숫자들이며, 이를 더해 12가 나와야 한다. 8을 제외한 세 개의 숫자가 4이하의 숫자만으로 구성되어 있다면 12가 나올 수 없으므로 5, 6, 7중 하나 이상의 숫자는 반드시 사용되어야 한다. 또한 짝수와 홀수가 각각 2개씩이어야 한다.

세 번째 숫자가 7일 경우 앞 두 개의 숫자의 합은 5가 되어야 하므로 1, 4 또는 2, 3이 가능하여 1478, 2378의 비밀번호가 가능하다.

세 번째 숫자가 6일 경우 앞 두 개의 숫자는 모두 홀수이면서 합이 6이 되어야 하므로 1, 5가 가능하나, 이 경우 1568의 네 자리는 짝수가 연이은 자릿수에 쓰였으므로 비밀번호 생성이 불가능하다.

세 번째 숫자가 5일 경우 앞 두 개의 숫자의 합은 7이어야 하며 홀수와 짝수가 한 개씩 이어야 한다. 따라서 3458이 가능하다.

결국 가능한 비밀번호는 1478, 2378, 3458의 세 가지가 되어 이 비밀번호에 쓰일 수 없는 숫자는 6이 되는 것을 알 수 있다.

---

24 H사 김 과장은 외출을 하여 대한상사, 고려무역, 한국은행, 홍익협회 네 군데를 다녀와야 한다. 김 과장의 사무실과 네 군데 방문 지점과의 이동 시간이 다음과 같을 때, '사무실~대한상사'와 '사무실~한국은행'의 소요 시간이 될 수 없는 것은 어느 것인가? (소요 시간은 1분 단위로만 계산한다)

- 홍익협회까지 가는 시간은 한국은행까지 가는 시간의 두 배보다 더 많이 걸린다.
- 고려무역까지 가는 시간은 홍익협회까지 가는 시간의 30%만큼 덜 걸리는 35분이다.
- 대한상사까지 가는 시간은 한국은행보다는 더 걸리고 고려무역보다는 덜 걸린다.
- 한국은행까지 가는 시간과 대한상사까지 가는 시간의 합은 홍익협회까지 가는 시간과 같다.

	사무실~대한상사	사무실~한국은행
①	26분	24분
②	28분	22분
③	30분	20분
④	35분	15분

> **ADVICE** 고려무역까지 35분이 소요되며 이것이 홍익협회까지 가는 시간의 30%가 덜 걸리는 것이므로 홍익협회까지 가는 시간은 35÷0.7=50분이 된다. 또한 대한상사까지 가는 시간은 한국은행보다는 더 걸리고 고려무역보다는 덜 걸린다고 했으므로 김 과장의 사무실로부터 가까운 순서는 '한국은행-대한상사-고려무역-홍익협회'가 된다.
> 따라서 한국은행까지 가는 시간은 적어도 25분보다 적어야 하며, 이 거리에 소요되는 시간과 '사무실~대한상사'의 시간의 합이 50분이어야 하므로 대한상사까지 가는 시간은 25분보다 크면서 고려무역까지 가는 시간인 35분보다는 적어야 한다.
> 그러므로 대한상사까지는 26분~34분, 한국은행까지는 24분~16분 사이가 되어야 한다.
> 따라서 '35분과 15분'이 정답이 된다.

25 A, B, C, D는 영업, 사무, 전산, 관리의 일을 각각 맡아서 하기로 하였다. A는 영업과 사무 분야의 업무를 싫어하고, B는 관리 업무를 싫어하며, C는 영업 분야 일을 하고 싶어하고, D는 전산 분야 일을 하고 싶어한다. 인사부에서 각자의 선호에 따라 일을 시킬 때 옳게 짝지은 것은?

① A – 관리　　　　　　　　　　② B – 영업
③ C – 전산　　　　　　　　　　④ D – 사무

> **ADVICE** 조건에 따르면 영업과 사무 분야의 일은 A가 하는 것이 아니고, 관리는 B가 하는 것이 아니므로 'A – 관리, B – 사무, C – 영업, D – 전산'의 일을 하게 된다.

26 19명의 T사 직원들은 워크숍에서 게임을 하게 되었다. 본부장은 다음과 같은 규칙에 의해 탈락되지 않고 남는 직원들에게 특별히 준비한 선물을 주기로 하였다. 다음 중 본부장의 선물을 받게 되는 직원들이 가진 번호가 아닌 것은 어느 것인가?

- 1단계 : 19명의 직원이 2부터 20번까지의 숫자가 적힌 종이를 무작위로 한 장씩 나누어 갖는다.
- 2단계 : 첫 번째 수인 2를 '시작 수'로 한다.
- 3단계 : '시작 수'보다 큰 수 중 '시작 수'의 배수에 해당하는 숫자를 가진 직원들을 모두 탈락된다.
- 4단계 : '시작 수' 보다 큰 숫자를 가진 직원들이 있으면 그 직원들이 가진 수 중 가장 작은 수를 '시작 수'로 하고 3단계로 간다. '시작 수' 보다 큰 수를 가진 직원이 없으면 종료한다.

---

① 2
② 5
③ 11
④ 18

ADVICE 2부터 20까지의 수에서 3단계에 해당하는 2의 배수를 지우면 다음과 같다.
2, 3, ~~4~~, 5, ~~6~~, 7, ~~8~~, 9, ~~10~~, 11, ~~12~~, 13, ~~14~~, 15, ~~16~~, 17, ~~18~~, 19, ~~20~~
다음에는 3이 '시작 수'가 되므로 이에 해당하는 3의 배수인 9와 15를 지운다.
2, 3, ~~4~~, 5, ~~6~~, 7, ~~8~~, ~~9~~, ~~10~~, 11, ~~12~~, 13, ~~14~~, ~~15~~, ~~16~~, 17, ~~18~~, 19, ~~20~~
다음에는 5가 '시작 수'가 되므로 이에 해당하는 5의 배수를 지워야 하는데 더 이상 해당하는 수가 없다.
'시작 수'는 7, 11, 13, 17, 19로 변경되지만 이들 수의 배수에 해당하는 수가 없으므로 종료한다.
따라서 2, 3, 5, 7, 11, 13, 17, 19를 가진 직원들이 선물을 받게 된다.

▎27~28▎ 2층짜리 주택에 부모와 미혼인 자식으로 이루어진 두 가구, ㈎, ㈏, ㈐, ㈑, ㈒, ㈓, ㈔ 총 7명이 살고 있다. 아래의 조건을 보고 물음에 답하시오.

- 1층에는 4명이 산다.
- 혈액형이 O형인 사람은 3명, A형인 사람은 1명, B형인 사람은 1명이다.
- ㈎는 기혼남이며, 혈액형은 A형이다.
- ㈏와 ㈔는 부부이며, 둘 다 O형이다.
- ㈐는 미혼 남성이다.
- ㈑는 1층에 산다.
- ㈒의 혈액형은 B형이다.
- ㈓의 혈액형은 O형이 아니다.

---

27 ㈐의 혈액형으로 옳은 것은?

① A형
② AB형
③ O형
④ 알 수 없다.

> **ADVICE** 조건을 그림으로 도식화 해보면 다음과 같은 사실을 알 수 있다.

2층	㈏ : O형 ──┬── ㈔ : O형 ㈐ : O형
1층	㈎ : A형, ㈑ : AB형, ㈒ : B형, ㈓ : AB형

28 1층에 사는 사람은 누구인가?

① ㈎㈐㈑㈓
② ㈎㈑㈒㈓
③ ㈏㈑㈓㈔
④ 알 수 없다.

> **ADVICE** ② 2층에 사는 ㈏, ㈔, ㈐를 제외한 ㈎, ㈑, ㈒, ㈓가 1층에 산다.

29 다음과 같은 구조를 가진 어느 호텔에 A~H 8명이 투숙하고 있고, 알 수 있는 정보가 다음과 같다. B의 방이 204호일 때, D의 방은? (단, 한 방에는 한 명씩 투숙한다)

a라인	201	202	203	204	205
복도					
b라인	210	209	208	207	206

- 비어있는 방은 한 라인에 한 개씩 있고, A, B, F, H는 a라인에, C, D, E, G는 b라인에 투숙하고 있다.
- A와 C의 방은 복도를 사이에 두고 마주보고 있다.
- F의 방은 203호이고, 맞은 편 방은 비어있다.
- C의 오른쪽 옆방은 비어있고 그 옆방에는 E가 투숙하고 있다.
- B의 옆방은 비어있다.
- H와 D는 누구보다 멀리 떨어진 방에 투숙하고 있다.

① 202호   ② 205호

③ 206호   ④ 207호

ADVICE 가장 확실한 조건(B는 204호, F는 203호)을 바탕으로 조건들을 채워나가면 다음과 같다.

a라인	201 H	202 A	203 F	204 B	205 빈 방
복도					
b라인	210 G	209 C	208 빈 방	207 E	206 D

∴ D의 방은 206호이다.

30 다음의 말이 전부 진실일 때 항상 참이라 말할 수 없는 것은?

> - 상자에 5개의 공이 있다.
> - 공 4개는 같은 색깔이다.
> - 공 1개는 다른 색깔이다.
> - 상자에서 빨간색 공 하나를 꺼냈다.

① 상자에 남아있는 공은 모두 같은 색이다.　　② 상자에 남아있는 공은 모두 빨간색이 아니다.

③ 상자에 남아있는 공은 모두 파란색이다.　　④ 상자에 남아있는 공은 모두 빨간색이다.

> **ADVICE** 4개는 같은 색이고, 1개는 다른 색이라고 했으므로 상자 안의 공은 모두 빨간색이 아니거나, 빨간색 3개와 다른 색 1개로 이루어져 있을 것이다.

31 S은행은 A ~ E 다섯 명을 대상으로 면접시험을 실시하였다. 면접시험의 평가기준은 '가치관, 열정, 표현력, 잠재력, 논증력' 5가지 항목이며 각 항목 점수는 3점 만점이다. 〈면접시험 결과〉와 〈등수〉가 아래와 같을 때, 보기 중 옳은 것을 고르면? (단, 종합점수는 각 항목별 점수에 항목가중치를 곱하여 합산하며, 종합점수가 높은 순으로 등수를 결정하였다.)

〈면접시험 결과〉

(단위 : 점)

구분	A	B	C	D	E
가치관	3	2	3	2	2
열정	2	3	2	2	2
표현력	2	3	2	2	3
잠재력	3	2	2	3	3
논증력	2	2	3	3	2

〈등수〉

순위	면접 응시자
1	B
2	E
3	A
4	D
5	C

① 잠재력은 열정보다 항목가중치가 높다.　　② 논증력은 열정보다 항목가중치가 높다.

③ 잠재력은 가치관보다 항목가중치가 높다.　　④ 가치관은 표현력보다 항목가중치가 높다.

> **ADVICE** A~E 중 비교 항목 외의 나머지 항목에서 같은 점수를 나타내는 두 면접 응시자를 비교함으로써 각 보기에서 비교하는 두 항목 간 가중치의 대소를 알 수 있다. '잠재력'과 '가치관'의 항목가중치를 비교하려면 C와 D의 점수와 등수를 비교함으로써 알 수 있다. 나머지 항목에서는 같은 점수이고 C는 가치관에서 D보다 1점 높고 D는 잠재력에서 C보다 1점 높은 상황에서 D의 등수가 C보다 높으므로 가중치는 '잠재력'에서 더 높은 것을 알 수 있다. 마찬가지로 ①의 경우 B와 E, ④의 경우 A와 E를 비교해봄으로써 항목 간 가중치의 높고 낮음을 알 수 있다. ②의 경우에는 주어진 조건에서 비교할 수 있는 대상이 없으므로 알 수 없는 내용이다.

32 서울 출신 두 명과 강원도 출신 두 명, 충청도, 전라도, 경상도 출신 각 1명이 다음의 조건대로 줄을 선다. 앞에서 네 번째에 서는 사람의 출신지역은 어디인가?

- 충청도 사람은 맨 앞 또는 맨 뒤에 선다.
- 서울 사람은 서로 붙어 서있어야 한다.
- 강원도 사람 사이에는 다른 지역 사람 1명이 서있다.
- 경상도 사람은 앞에서 세 번째에 선다.

---

① 서울   ② 강원도

③ 충청도   ④ 전라도

> **ⓞADVICE** 경상도 사람은 앞에서 세 번째에 서고 강원도 사람 사이에는 다른 지역 사람이 서있어야 하므로 강원도 사람은 경상도 사람의 뒤쪽으로 서게 된다. 서울 사람은 서로 붙어있어야 하므로 첫 번째, 두 번째에 선다. 충청도 사람은 맨 앞 또는 맨 뒤에 서야하므로 맨 뒤에 서게 된다. 강원도 사람 사이에는 자리가 정해지지 않은 전라도 사람이 서게 된다.
>
> 서울 – 서울 – 경상도 – 강원도 – 전라도 – 강원도 – 충청도

33 다음 말이 참일 때 항상 참인 것은?

- 민수는 A기업에 다닌다.
- 영어를 잘하면 업무능력이 뛰어난 것이다.
- 영어를 잘하지 못하면 A기업에 다니지 않는다.

---

① 민수는 업무능력이 뛰어나다.

② A기업에 다니는 사람들은 업무능력이 뛰어나지 못하다.

③ 민수는 영어를 잘하지 못한다.

④ 업무능력이 뛰어난 사람은 A기업에 다니는 사람이 아니다.

> **ⓞADVICE** 민수 = A기업, A기업 사람 = B, 영어를 잘함 = C, 업무능력 뛰어남=D라 하고, 영어를 잘하지 못함 = ~C, A기업 사람이 아님 = ~B라 한다. 주어진 조건에서 A→B, C→D, ~C→~B인데 ~C→~B는 B→C이므로(대우) 전체적인 논리를 연결시키면 A→B→C→D가 되어 A→D의 결론이 나올 수 있다.

---

34 '가' 은행 '나' 지점에서는 3월 11일 회계감사 관련 서류 제출을 위해 본점으로 출장을 가야 한다. 다음에 제시된 〈조건〉과 〈상황〉을 바탕으로 판단할 때, 출장을 함께 갈 수 있는 직원들의 조합으로 가능한 것은?

〈조건〉
1) 08시 정각 출발이 확정되어 있으며, 출발 후 '나' 지점에 복귀하기까지 총 8시간이 소요된다. 단, 비가 오는 경우 1시간이 추가로 소요된다.
2) 출장인원 중 한 명이 직접 운전하여야 하며, '운전면허 1종 보통' 소지자만 운전할 수 있다.
3) 출장시간에 사내 업무가 겹치는 경우에는 출장을 갈 수 없다.
4) 출장인원 중 부상자가 포함되어 있는 경우, 서류 박스 운반 지연으로 인해 30분이 추가로 소요된다.
5) 차장은 책임자로서 출장인원에 적어도 한 명 포함되어야 한다.
6) 주어진 조건 외에는 고려하지 않는다.

〈상황〉
1) 3월 11일은 하루 종일 비가 온다.
2) 3월 11일 당직 근무는 17시 10분에 시작한다.

직원	직급	운전면허	건강상태	출장 당일 사내 업무
A	차장	1종 보통	부상	없음
B	차장	2종 보통	건강	17시 15분 계약업체 담당
C	과장	없음	건강	17시 35분 고객 상담
D	과장	1종 보통	건강	당직 근무
E	대리	2종 보통	건강	없음

① A, B, C
② A, C, D
③ B, C, E
④ B, D, E

ⓞADVICE 3월 11일에 하루 종일 비가 온다고 했으므로 복귀하기까지 총 소요 시간은 9시간이므로 복귀 시간은 부상자 없을 경우 17시가 된다. 부상이 있는 A가 출장을 갈 경우, 17시 15분에 사내 업무가 있는 B, 17시 10분부터 당직 근무를 서야 하는 D는 A와 함께 출장을 갈 수 없다. ③ B, C, E의 경우 1종 보통 운전면허 소지자가 없다.

35 다음 글을 근거로 판단할 때 〈상황〉에 맞는 대안을 가장 적절히 연결한 것을 고르면?

OO공사에서는 수익금의 일부를 기부하는 사랑의 바자회를 여름철에 정기적으로 실시하고 있다. 사랑의 바자회를 준비하고 있는 책임자는 바자회를 옥내에서 개최할 것인지 또는 야외에서 개최할 것인지를 검토하고 있는데, 여름철의 날씨와 장소 사용에 따라서 수익금액이 영향을 받는다. 사랑의 바자회를 담당한 주최측에서는 옥내 또는 야외의 개최장소를 결정하는 판단기준으로 일기상황과 예상수입을 토대로 하여 대안별 일기상황의 확률과 예상수입을 곱한 결과 값의 합계가 큰 대안을 선택한다.

〈상황〉

A : 옥내에서 대회를 개최하는 경우 비가 오면 수익금은 150만원 정도로 예상되고, 비가 오지 않으면 190만원 정도로 될 것으로 예상된다고 한다. 한편 야외에서 개최하는 경우 비가 오면 수익금은 70만원 정도로 예상되고, 비가 오지 않으면 300만원 정도로 예상된다고 한다. 일기예보에 의하면 행사 당일에 비가 오지 않을 확률은 70% 라고 한다.
B : 옥내에서 대회를 개최하는 경우 비가 오면 수익금은 80만원 정도로 예상되고, 비가 오지 않으면 250만원 정도로 될 것으로 예상된다고 한다. 한편 야외에서 개최하는 경우 비가 오면 수익금은 60만원 정도로 예상되고, 비가 오지 않으면 220만원 정도로 예상된다고 한다. 일기예보에 의하면 행사 당일에 비가 올 확률은 60%라고 한다.
C : 옥내에서 대회를 개최하는 경우 비가 오면 수익금은 150만원 정도로 예상되고, 비가 오지 않으면 200만원 정도로 될 것으로 예상된다고 한다. 한편 야외에서 개최하는 경우 비가 오면 수익금은 100만원 정도로 예상되고, 비가 오지 않으면 210만원 정도로 예상된다고 한다. 일기예보에 의하면 행사 당일에 비가 오지 않을 확률은 20%라고 한다.

① A : 옥내, B : 옥내, C : 옥내
② A : 옥내, B : 야외, C : 옥내
③ A : 야외, B : 옥내, C : 옥내
④ A : 야외, B : 옥내, C : 야외

ⒶDVICE ㉠ 상황 A : 야외 선택
  • 옥내 : $(150 \times 0.3) + (190 \times 0.7) = 178$(만원)
  • 야외 : $(70 \times 0.3) + (300 \times 0.7) = 231$(만원)
㉡ 상황 B : 옥내 선택
  • 옥내 : $(80 \times 0.6) + (250 \times 0.4) = 148$(만원)
  • 야외 : $(60 \times 0.6) + (220 \times 0.4) = 124$(만원)
㉢ 상황 C : 옥내 선택
  • 옥내 : $(150 \times 0.8) + (200 \times 0.2) = 160$(만원)
  • 야외 : $(100 \times 0.8) + (210 \times 0.2) = 122$(만원)

---

36 다음의 자료를 가지고 '대학생의 표절문제와 그 해결 방안'에 대한 인터넷 보도기사를 작성하라는 지시를 받았다. 이 자료의 활용태도로 옳지 않은 것은?

(가) **다른 신문에 게제된 기사의 내용**

'표절'은 의도적인 것은 물론이고 의도하지 않은 베끼기, 출처 미표기 등을 포함하는 개념으로, 학문 발전 및 공동체 윤리를 저해한다. 윤리정보센터의 Y씨는 '다른 사람이 써 놓은 글을 표절하는 것은 물건을 훔치는 것과 같은 범죄'라면서, 학생들이 표절인 걸 알면서도 대수롭지 않게 여기는 태도도 문제라고 지적했다. 이러한 문제들을 해결하기 위해서는 우선적으로 의식 개선이 필요하다고 말했다.

(나) **설문조사의 결과**

설문 대상 : A 대학교 학생 331명 (단위 : %)

1. 다른 사람의 자료를 인용하면서 출처를 밝히지 않은 경험이 있는가?

아니다 25.68
그렇다 74.32

2. 다른 사람의 자료를 인용하면서 출처를 밝히지 않으면 표절이라고 생각하는가?

아니다 9.76
그렇다 90.24

(다) **연구 자료**

B 대학교 학생 42명을 대상으로 표절 검사 시스템의 효과 검증 연구가 이루어졌다. 연구자는 학생들에게 1차, 2차 과제물을 차례로 부여하였다. 과제물의 성격은 같으며 과제 작성 기간도 1주일로 동일하다. 1차 과제물을 부여할 때는 아무런 공지도 하지 않았으며, 2차 과제물을 부여할 때는 표절검사를 실시할 것임을 공지하였다. 과제물 수합 후 표절 검사 시스템을 통해 각각의 표절 여부를 확인하였다.

[연구 결과 : 시스템을 통한 표절 검사 결과 비교]

일치성 비율	1차 과제물	2차 과제물
10 % 미만	24	31
10 % 이상 ~ 20 % 미만	6	10
20 % 이상 ~ 30 % 미만	7	1
30 % 이상	5	0

(이 검사에서는 일치성 비율이 20 % 이상일 경우 표절에 해당함.)

① ㈎를 활용하여 표절의 개념과 해결의 필요성을 제시한다.

② ㈏ – 1을 활용하여 학생들의 표절 실태를 제시한다.

③ ㈐를 활용하여 표절 검사 시스템의 도입이 표절 방지에 도움이 될 수 있음을 제시한다.

④ ㈏ – 2와 ㈐를 활용하여 표절에 대한 학생들의 인식이 부족한 이유를 제시한다.

> **ADVICE** ㈏-2는 표절 개념에 대한 학생들의 인식도가 높음을 나타내고 있다. ㈐에서는 표절 검사 시스템을 통해 표절이 줄어들 수 있음을 보여주고 있다. 이러한 자료에서 학생들이 표절에 대한 인식이 부족하다고 할 근거를 찾기 어려우며, 그 이유를 파악할 수도 없다.

37 다음은 배탈의 발생과 그 원인에 대한 설명이다. 배탈의 원인이 생수, 냉면, 생선회 중 하나라고 할 때, 다음의 진술 중 반드시 참인 것은?

> ㉠ 갑은 생수와 냉면 그리고 생선회를 먹었는데 배탈이 났다.
> ㉡ 을은 생수와 생선회를 먹지 않고 냉면만 먹었는데 배탈이 나지 않았다.
> ㉢ 병은 생수와 생선회는 먹었고 냉면은 먹지 않았는데 배탈이 났다.
> ㉣ 정은 생수와 냉면을 먹었고 생선회는 먹지 않았는데 배탈이 나지 않았다.

① ㉡㉣의 경우만 고려할 경우 냉면이 배탈의 원인이다.

② ㉠㉡㉣의 경우만 고려할 경우 냉면이 배탈의 원인이다.

③ ㉠㉢㉣의 경우만 고려할 경우 생수가 배탈의 원인이다.

④ ㉡㉢㉣의 경우만 고려할 경우 생선회가 배탈의 원인이다.

> **ADVICE** ④ 을, 병, 정만 고려한 경우 배탈이 나지 않은 을과 정은 생선회를 먹지 않았으며, 배탈이 난 병은 생선회를 먹었다. 여기서 생선회가 배탈의 원인임을 짐작할 수 있다.
> ① 을과 정만 고려한 경우 배탈을 나지 않은 을은 냉면을 먹었다.
> ② 갑, 을, 정만 고려한 경우 갑은 배탈의 원인이 생수, 냉면, 생선회 중 하나임을 알려주는데 이는 유용한 정보가 될 수 없으며, 냉면은 배탈의 원인이 되지 않음을 알 수 있다.
> ③ 갑, 병, 정만 고려한 경우 배탈이 나지 않은 정은 생수를 먹었다.

38 Y씨는 상사의 지시로 '우리나라의 영유아 보육 문제'에 관한 보고서를 쓰기 위해 다음과 같이 자료를 수집하였다. 이를 토대로 이끌어 낸 내용으로 적절하지 않은 것은?

(가) 통계 자료

1. 전체 영유아 보육시설 현황
(단위 : 개)

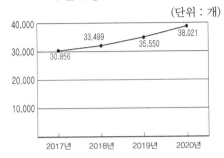

2. 설립 주체별 영유아 보육시설 비율
(단위 : %)

	민간시설	국공립 시설	사회복지 법인시설	기업내 시설
2017년	89.6	5.7	4.7	2.3
2018년	90.2	5.4	4.4	3.4
2019년	90.5	5.4	4.1	4.1
2020년	90.8	5.3	3.9	4.9

(나) 신문 기사

2020년 말 기준 전국 영유아 보육시설 정원에는 여유가 있다. 그런데 많은 지역에서 부모들이 아이를 맡길 보육시설을 찾지 못해 어려움을 겪고 있다. 지역에 따라 보육시설이 편중되어 있으며, 특히 부모들이 선호하는 국공립이나 사회복지법인 보육시설이 턱없이 부족하기 때문이다. 이로 인해 부모들은 비싼 민간 보육시설에 아이들을 맡길 수밖에 없어 보육비 부담이 가중되고 있다.

－○○일보－

(다) 인터뷰 내용

○ "해외는 정부나 지방자치단체의 지원과 감독을 받는 국공립 및 사회복지법인 보육시설이 대부분입니다. 이런 보육시설이 우리보다 10배나 많으며 우수한 교육 프로그램을 운영하여 보육에 대한 부모들의 만족도가 높습니다."

－○○대학교 교수 한○○－

○ "보육시설 안전사고가 매년 4,500여 건이나 발생한다고 들었습니다. 우리 아이가 다니는 보육시설은 안전한지 늘 염려가 됩니다."

－학부모 이○○－

---

① (가) – 1과 (나)를 활용하여, 전체적으로 보육시설이 증가하고 있음에도 많은 학부모들이 아이를 맡길 보육시설을 구하는 데 어려움을 겪고 있음을 문제점으로 지적한다.

② (가) – 2와 (다)를 활용하여, 우리나라와 해외의 보육시설 현황을 대비하여 민간 보육시설이 대부분인 우리나라의 문제점을 부각한다.

③ (나)와 (다)를 활용하여, 국공립 및 사회복지법인 보육시설의 교육 프로그램의 질 저하가 보육시설에 대한 부모들의 불신을 키우는 주요 원인임을 밝힌다.

④ (가) – 1과 (다)를 활용하여, 보육시설이 지속적으로 증가하고 있는 만큼 보육시설의 안전사고를 줄이기 위한 관리와 감독을 시급히 강화해야 한다고 제안한다.

39 M회사 구내식당에서 근무하고 있는 N씨는 식단을 편성하는 업무를 맡고 있다. 식단편성을 위한 조건이 다음과 같을 때 월요일에 편성되는 식단은?

> • 다음 5개의 메뉴를 월요일~금요일 5일에 각각 하나씩 편성해야 한다.
>   – 돈가스 정식, 나물 비빔밥, 크림 파스타, 오므라이스, 제육덮밥
> • 월요일에는 돈가스 정식을 편성할 수 없다.
> • 목요일에는 오므라이스를 편성할 수 없다.
> • 제육덮밥은 금요일에 편성해야 한다.
> • 나물 비빔밥은 제육덮밥과 연달아 편성할 수 있다.
> • 돈가스 정식은 오므라이스보다 먼저 편성해야 한다.

① 나물 비빔밥
② 크림 파스타
③ 오므라이스
④ 제육덮밥

ADVICE 금요일에는 제육덮밥이 편성된다. 목요일에는 오므라이스를 편성할 수 없고, 다섯 번째 조건에 의해 나물 비빔밥도 편성할 수 없다. 따라서 목요일에는 돈가스 정식 또는 크림 파스타가 편성되어야 한다. 마지막 조건과 두 번째 조건에 의해 돈가스 정식은 월요일, 목요일에도 편성할 수 없으므로 돈가스 정식은 화요일에 편성된다. 따라서 목요일에는 크림 파스타, 월요일에는 나물 비빔밥이 편성된다.

Answer. 38.③ 39.①

40 R씨는 다음의 내용을 살펴보고 [A]에 'ㄱ씨의 취미는 독서이다.'라는 정보를 추가하라는 지시를 받았다. R씨가 작업한 내용으로 가장 적절한 것은?

빅데이터(Big Data)란 기존의 일반적인 기술로는 관리하기 곤란한 대량의 데이터를 가리키는 것으로, 그 특성은 데이터의 방대한 양과 다양성 및 데이터 발생의 높은 빈도로 요약된다. 이전과 달리 특수 학문 분야가 아닌 일상생활과 밀접한 환경에서도 엄청난 분량의 데이터가 만들어지게 되었고, 소프트웨어 기술의 발달로 이전보다 적은 시간과 비용으로 대량의 데이터 분석이 가능해졌다. 또한 이를 분석하여 유용한 규칙이나 패턴을 발견하고 다양한 예측에 활용하는 사례가 늘어나면서 빅데이터 처리 기술의 중요성이 부각되고 있다. 이러한 빅데이터의 처리 및 분류와 관계된 기술에는 NoSQL 데이터베이스 시스템에 의한 데이터 처리 기술이 있다. 이를 이해하기 위해서는 기존의 관계형 데이터베이스관리시스템(RDBMS)에 대한 이해가 필요하다. RDBMS에서는 특정 기준이 제시된 데이터 테이블을 구성하고 이 기준을 속성으로 갖는 정형적 데이터를 다룬다. 고정성이 중요한 시스템이므로 상호 합의된 데이터 테이블의 기준을 자의적으로 추가, 삭제하거나 변용하는 것이 쉽지 않다. 또한 데이터 간의 일관성과 정합성이 유지될 것을 요구하므로 데이터의 변동 사항은 즉각적으로 반영되어야 한다. 〈그림 1〉은 RDBMS를 기반으로 은행들 간의 상호 연동되는 데이터를 정리하기 위해 사용하는 데이터 테이블의 가상 사례이다.

한예금 씨의 A 은행 거래내역

	거래일자	입금액	출금액	잔액	거래내용	기록사항	거래점
㉠							
㉡	2022.10.08.	30,000		61,217	이체	나저축	B 은행
㉢	2022.10.09.		55,000	6,217	자동납부	전화료	A 은행
㉣							

〈그림 1〉 RDBMS에 의해 구성된 데이터 테이블의 예

NoSQL 데이터베이스시스템은 특정 기준을 적용하기 어려운 비정형적 데이터를 효율적으로 처리할 수 있도록 설계되었다. 이 시스템에서는 선형으로 데이터의 특성을 나열하여 정리하는 방식을 통해 데이터의 속성을 모두 반영하여 처리한다. 〈그림 2〉는 NoSQL 데이터베이스 시스템으로 자료를 다루는 방식을 나타낸 것이다.

ㄱ씨, 34세, 간호사, 남	27세, 여, ㄴ씨, 서울 거주	ㄷ씨, 남, SNS 사용	…

↳

행 = 1, 이름 = ㄱ씨, 나이 = 34세, 직업 = 간호사, 성별 = 남
행 = 2, 나이 = 27세, 성별 = 여, 이름 = ㄴ씨, 거주지 = 서울
행 = 3, 이름 = ㄷ씨, 성별 = 남, SNS = 사용

〈그림 2〉 NoSQL 데이터베이스 시스템에 의한 데이터 처리의 예

〈그림 2〉에서는 '이름=', '나이=', '직업='과 같이 데이터의 속성을 표시하는 기준을 같은 행 안에 포함시킴으로써 데이터의 다양한 속성을 빠짐없이 기록하고, 처리된 데이터를 쉽게 활용할 수 있도록 하고 있다. 또한 이 시스템은 데이터와 관련된 정보의 변용이 상대적으로 자유로우며, 이러한 변화가 즉각적으로 반영되지 않는다는 특성을 지닌다.

① 1행의 '성별 = 남' 다음에 '취미 = 독서'를 기록한다.

② 1행과 2행 사이에 행을 삽입하여 '취미 = 독서'를 기록한다.

③ 3행 다음에 행을 추가하여 '행 = 4, 이름 = ㄱ씨, 취미 = 독서'를 기록한다.

④ 기준에 맞는 데이터 테이블을 구성하여 해당란에 '독서'를 기록한다.

> **ADVICE** NoSQL 데이터베이스시스템에서는 데이터의 속성을 표시하는 기준을 '기준='과 같이 표시하고 그에 해당하는 정보를 함께 기록하며, 해당 행에 자유롭게 그 정보를 추가할 수 있다. 따라서 'ㄱ씨의 취미는 독서이다'와 같은 정보는 '취미=독서'의 형태로 'ㄱ씨'와 관련된 정보를 다룬 행의 마지막 부분에 추가할 수 있다.

41 〈보기〉에 제시된 네 개의 명제가 모두 참일 때, 다음 중 거짓인 것은?

〈보기〉

㉠ 甲 지역이 1급 상수원이면 乙 지역은 1급 상수원이 아니다.

㉡ 丙 지역이 1급 상수원이면 乙 지역도 1급 상수원이다.

㉢ 丁 지역이 1급 상수원이면 甲 지역도 1급 상수원이다.

㉣ 丙 지역이 1급 상수원이 아니면 戊 지역도 1급 상수원이 아니다.

---

① 甲 지역이 1급 상수원이면 丙 지역도 1급 상수원이다.

② 丁 지역이 1급 상수원이면 丙 지역은 1급 상수원이 아니다.

③ 丙 지역이 1급 상수원이면 甲 지역은 1급 상수원이 아니다.

④ 戊 지역이 1급 상수원이면 丁 지역은 1급 상수원이 아니다.

> **ADVICE** 제시된 네 개의 명제의 대우명제를 정리하면 다음과 같다.
> ㉠→乙 지역이 1급 상수원이면 甲 지역은 1급 상수원이 아니다.
> ㉡→乙 지역이 1급 상수원이 아니면 丙 지역도 1급 상수원이 아니다.
> ㉢→甲 지역이 1급 상수원이 아니면 丁 지역도 1급 상수원이 아니다.
> ㉣→戊 지역이 1급 상수원이면 丙 지역은 1급 상수원이다.
> 戊 지역이 1급 상수원임을 기준으로 원래의 명제와 대우명제를 함께 정리하면 '戊 지역→丙 지역→乙 지역→~甲 지역→~丁 지역'의 관계가 성립하게 되고, 이것의 대우인 '丁 지역→甲 지역→~乙 지역→~丙 지역→~戊 지역'도 성립한다. 따라서 甲 지역이 1급 상수원이면 丙 지역은 1급 상수원이 아니므로 ①은 거짓이다.

42 다음 조건을 바탕으로 할 때, 김 교수의 연구실 위치한 건물과 오늘 갔던 서점이 위치한 건물을 순서대로 올바르게 짝지은 것은?

> • 최 교수, 김 교수, 정 교수의 연구실은 경영관, 문학관, 홍보관 중 한 곳에 있으며 서로 같은 건물에 있지 않다.
> • 이들은 오늘 각각 자신의 연구실이 있는 건물이 아닌 다른 건물에 있는 서점에 갔었으며, 서로 같은 건물의 서점에 가지 않았다.
> • 정 교수는 홍보관에 연구실이 있으며, 최 교수와 김 교수는 오늘 문학관 서점에 가지 않았다.
> • 김 교수는 정 교수가 오늘 갔던 서점이 있는 건물에 연구실이 있다.

① 문학관, 경영관　　　　　　　　　　② 경영관, 경영관
③ 홍보관, 홍보관　　　　　　　　　　④ 문학관, 홍보관

ADVICE　첫 번째와 두 번째 조건을 정리해 보면, 세 사람은 모두 각기 다른 건물에 연구실이 있으며, 오늘 갔던 서점도 서로 겹치지 않는 건물에 있다.

세 번째 조건에서 최 교수와 김 교수는 오늘 문학관 서점에 가지 않았다고 하였으므로 정 교수가 문학관 서점에 간 것을 알 수 있다. 즉, 정 교수는 홍보관에 연구실이 있고 문학관 서점에 갔다.

네 번째 조건에서 김 교수는 정 교수가 오늘 갔던 서점이 있는 건물에 연구실이 있다고 하였으므로 김 교수의 연구실은 문학관에 있고, 따라서 최 교수는 경영관에 연구실이 있다.

두 번째 조건에서 자신의 연구실이 있는 건물이 아닌 다른 건물에 있는 서점에 갔었다고 했으므로, 김 교수가 경영관 서점을 갔고 최 교수가 홍보관 서점을 간 것이 된다. 이를 표로 나타내면 다음과 같다.

교수	정 교수	김 교수	최 교수
연구실	홍보관	문학관	경영관
서점	문학관	경영관	홍보관

43 R기업은 공작기계를 생산하는 업체이다. 이번 주 R기업에서 월요일~토요일까지 생산한 공작기계가 다음과 같을 때, 월요일에 생산한 공작기계의 수량이 될 수 있는 수를 모두 더하면 얼마인가? (단, 1대도 생산하지 않은 날은 없었다.)

• 화요일에 생산된 공작기계는 금요일에 생산된 수량의 절반이다.
• 이 공장의 최대 하루 생산 대수는 9대이고, 이번 주에는 요일별로 생산한 공작기계의 대수가 모두 달랐다.
• 목요일부터 토요일까지 생산한 공작기계는 모두 15대이다.
• 수요일에는 9대의 공작기계가 생산되었고, 목요일에는 이보다 1대가 적은 공작기계가 생산되었다.
• 월요일과 토요일에 생산된 공작기계를 합하면 10대가 넘는다.

---

① 10

② 11

③ 12

④ 13

ADVICE 네 번째 조건에서 수요일에 9대가 생산되었으므로 목요일에 생산된 공작기계는 8대가 된다.

월요일	화요일	수요일	목요일	금요일	토요일
		9대	8대		

첫 번째 조건에 따라 금요일에 생산된 공작기계 수는 화요일에 생산된 공작기계 수의 2배가 되는데, 두 번째 조건에서 요일별로 생산한 공작기계의 대수가 모두 달랐다고 하였으므로 금요일에 생산된 공작기계의 수는 6대, 4대, 2대의 세 가지 중 하나가 될 수 있다.

그런데 금요일의 생산 대수가 6대일 경우, 세 번째 조건에 따라 목~토요일의 합계 수량이 15대가 되어야 하므로 토요일은 1대를 생산한 것이 된다. 그러나 토요일에 1대를 생산하였다면 다섯 번째 조건인 월요일과 토요일에 생산된 공작기계의 합이 10대를 넘지 않는다. (∵ 하루 최대 생산 대수는 9대이고 요일별로 생산한 공작기계의 대수가 모두 다른 상황에서 수요일에 이미 9대를 생산하였으므로)

금요일에 4대를 생산하였을 경우에도 토요일의 생산 대수가 3대가 되므로 다섯 번째 조건에 따라 월요일은 7대보다 많은 수량을 생산한 것이 되어야 하므로 이 역시 성립할 수 없다. 즉, 세 가지 경우 중 금요일에 2대를 생산한 경우만 성립하며 화요일에는 1대, 토요일에는 5대를 생산한 것이 된다.

월요일	화요일	수요일	목요일	금요일	토요일
	1대	9대	8대	2대	5대

---

44 다음은 이야기 내용과 그에 관한 설명이다. 이야기에 관한 설명 중 이야기 내용과 일치하는 것은 모두 몇 개인가?

[이야기 내용]

A국의 역사를 보면 갑, 을, 병, 정의 네 나라가 시대 순으로 연이어 존재했다. 네 나라의 수도는 각각 달랐는데 관주, 금주, 평주 한주 중 하나였다. 한주가 수도인 나라는 평주가 수도인 나라의 바로 전 시기에 있었고, 금주가 수도인 나라는 관주가 수도인 나라의 바로 다음 시기에 있었으나, 정보다는 이전 시기에 있었다. 병은 가장 먼저 있었던 나라는 아니지만, 갑보다 이전 시기에 있었다. 병과 정은 시대 순으로 볼 때 연이어 존재하지 않았다.

[이야기에 관한 설명]

1. 금주는 갑의 수도이다.
2. 관주는 병의 수도이다.
3. 평주는 정의 수도이다.
4. 을은 갑의 다음 시기에 존재하였다.
5. 평주는 가장 마지막에 존재한 나라의 수도이다.
6. 을과 병은 연이어 존재했다.

---

① 0개　　　　　　　　　　　　　　② 1개

③ 2개　　　　　　　　　　　　　　④ 3개

> **ⒶADVICE** 한주가 수도인 나라는 평주가 수도인 나라의 바로 전 시기에 있었고, 금주가 수도인 나라는 관주가 수도인 나라 바로 다음 시기에 있었으나 정보다는 이전 시기에 있었으므로 수도는 관주 > 금주 > 한주 > 평주 순임을 알 수 있다. 병은 가장 먼저 있었던 나라는 아니지만, 갑보다 이전 시기에 있었으므로 두 번째나 세 번째가 되는데, 병과 정이 시대 순으로 볼 때 연이어 존재하지 않았으므로 을 > 병 > 갑 > 정이 되어야 한다. 따라서 나라와 수도를 연결해 보면, 을 – 관주, 병 – 금주, 갑 – 한주, 정 – 평주가 되며 [이야기 내용]과 일치하는 것은 3, 5, 6이다.

45 다음은 국제협력의 개념정의와 목표를 설명한 것이다. 각국의 국제협력 정책과 목표를 가장 적절히 연결한 것을 고르면?

국제협력은 국가간 및 국가와 국제기관 간의 모든 유·무상 자본협력, 교역협력, 기술·인력협력, 사회문화협력 등 국제사회에서 발생하는 다양한 형태의 교류를 총제적으로 지칭하는 개념이다.

UN은 다음과 같은 8가지 목표들로 구성된 새천년개발목표를 선언하였다. 새천년개발목표의 선언은 개발도상국의 빈곤문제가 개발도상국 자체만의 문제가 아니라 지구촌 전체의 문제라고 규정하면서 지구촌 모든 국가들의 적극적인 참여를 요청하는 계기가 되었다.

• 목표1 : 극심한 빈곤과 기아의 근절
• 목표2 : 초등교육 의무화 달성
• 목표3 : 성평등 촉진과 여성권의 향상
• 목표4 : 아동사망률 감소
• 목표5 : 모자보건 향상
• 목표6 : 후천성면역결핍증(AIDS), 말라리아 등 질병 퇴치
• 목표7 : 환경의 지속가능성 보장
• 목표8 : 개발을 위한 글로벌 파트너십 조성

〈국가별 국제협력 정책〉

• A국 : 개발도상국에 도로건설 지원사업을 실시하면서 야생동물들의 서식지 파괴를 최소화 하고자 하였다.
• B국 : 빈곤국가인 Z국에 코로나바이러스 감염환자가 급증하자 의료진을 파견하고 재정을 지원하였다.
• C국 : 빈곤국가인 Y국에 대한 발전소 건립 지원사업의 중복문제를 해소하기 위해 국가 간 협력 네트워크에 참여하였다.

---

① A국 - 목표3   ② A국 - 목표5
③ B국 - 목표1   ④ C국 - 목표8

> **ADVICE** ㉠ A국 : 야생동물의 서식지 파괴를 최소화하였으므로 '환경의 지속가능성 보장'(목표7)에 해당한다.
> ㉡ B국 : 코로나바이러스 감염에 대해 의료진 파견과 재정지원을 하였으므로 '후천성 면역 결핍증(AIDS), 말라리아 등 질병 퇴치'(목표6)에 해당한다.
> ㉢ C국 : 국가 간 협력 네트워크에 참여한 것은 '개발을 위한 글로벌 파트너십 조성(목표8)'에 해당한다.

| 46~47 | 다음은 K지역의 지역방송 채널 편성정보이다. 다음을 보고 이어지는 물음에 답하시오.

[지역방송 채널 편성규칙]

• K시의 지역방송 채널은 채널1, 채널2, 채널3, 채널4 네 개이다.
• 오후 7시부터 12시까지는 다음을 제외한 모든 프로그램이 1시간 단위로만 방송된다.

시사정치	기획물	예능	영화 이야기	지역 홍보물
최소 2시간 이상	1시간 30분	40분	30분	20분

• 모든 채널은 오후 7시부터 12시까지 뉴스 프로그램이 반드시 포함되어 있다.

[오후 7시~12시 프로그램 편성내용]
• 채널1은 3개 프로그램이 방송되었으며, 9시 30분부터 시사정치를 방송하였다.
• 채널2는 시사정치와 지역 홍보물 방송이 없었으며, 기획물, 예능, 영화 이야기가 방송되었다.
• 채널3은 6시부터 시작한 시사정치 방송이 9시에 끝났으며, 바로 이어서 뉴스가 방송되었고 기획물도 방송되었다.
• 채널4에서는 예능 프로그램이 연속 2회 편성되었고, 예능을 포함한 4종류의 프로그램이 방송되었다.

---

46 다음 중 위의 자료를 참고할 때, 오후 7시~12시까지의 방송 프로그램에 대하여 바르게 설명하지 못한 것? (단, 프로그램의 중간에 광고방송 시간은 고려하지 않는다.)

① 채널1에서 기획물이 방송되었다면 예능은 방송되지 않았다.
② 채널2는 정확히 12시에 프로그램이 끝나며 새로 시작되는 프로그램이 있을 수 없다.
③ 채널3에서 영화 이야기가 방송되었다면, 정확히 12시에 어떤 프로그램이 끝나게 된다.
④ 채널4에서 예능 프로그램이 연속 2회 방송되기 위해서는 반드시 뉴스보다 먼저 방송되어야 한다.

> **ⒶADVICE** ④ 예능 프로그램 2회 방송의 총 소요 시간은 1시간 20분으로 1시간짜리 뉴스와의 방송 순서는 총 방송 편성시간에 아무런 영향을 주지 않는다.
> ① 채널1은 3개의 프로그램이 방송되었는데 뉴스 프로그램을 반드시 포함해야 하므로, 기획물이 방송되었다면 뉴스, 기획물, 시사정치의 3개 프로그램이 방송되었다.
> ② 기획물, 예능, 영화 이야기에 뉴스를 더한 방송시간은 총 3시간 40분이 된다. 채널2는 시사정치와 지역 홍보물 방송이 없고 나머지 모든 프로그램은 1시간 단위로만 방송하므로 정확히 12시에 프로그램이 끝나고 새로 시작하는 편성 방법은 없다.
> ③ 9시에 끝난 시사정치 프로그램에 바로 이어진 뉴스가 끝나면 10시가 된다. 기획물의 방송시간은 1시간 30분이므로, 채널3에서 영화 이야기가 방송되었다면 정확히 12시에 기획물이나 영화 이야기 중 하나가 끝나게 된다.

47 다음 중 각 채널별로 정각 12시에 방송하던 프로그램을 마치기 위한 방법을 설명한 것으로 옳지 않은 것은? (단, 프로그램의 중간에 광고방송 시간은 고려하지 않는다.)

① 채널1에서 기획물을 방송한다면 시사정치를 2시간 반만 방송한다.

② 채널2에서 지역 홍보물 프로그램을 추가한다.

③ 채널3에서 영화 이야기 프로그램을 추가한다.

④ 채널2에서 영화 이야기 프로그램 편성을 취소한다.

> **ADVICE** ④ 채널2에서 영화 이야기 프로그램 편성을 취소하면 3시간 10분의 방송 소요시간만 남게 되므로 정각 12시에 프로그램을 마칠 수 없다.
>
> ① 기획물 1시간 30분 + 뉴스 1시간 + 시사정치 2시간 30분 = 5시간으로 정각 12시에 마칠 수 있다.
>
> ② 뉴스 1시간 + 기획물 1시간 30분 + 예능 40분 + 영화 이야기 30분 + 지역 홍보물 20분 = 4시간이므로 1시간짜리 다른 프로그램을 추가하면 정각 12시에 마칠 수 있다.
>
> ③ 시사정치 2시간 + 뉴스 1시간 + 기획물 1시간 30분 + 영화 이야기 30분 = 5시간으로 정각 12시에 마칠 수 있다.

┃48～49 ┃ 다음은 블루투스 이어폰을 구매하기 위하여 전자제품 매장을 찾은 K씨가 제품설명서를 보고 점원과 나눈 대화와 설명서 내용의 일부이다. 다음을 보고 이어지는 물음에 답하시오.

> K씨 : "블루투스 이어폰을 좀 사려고 합니다."
> 점원 : "네 고객님, 어떤 조건을 원하시나요?"
> K씨 : "제 것과 친구에게 선물할 것 두 개를 사려고 하는데요. 두 개 모두 가볍고 배터리 사용시간이 좀 길었
>   으면 합니다. 무게는 42g까지가 적당할 거 같고요. 저는 충전시간이 짧으면서도 통화시간이 긴 제품을
>   원해요. 선물하려는 제품은요, 일주일에 한 번만 충전해도 통화시간이 16시간은 되어야 하고, 음악은 운
>   동하면서 매일 하루 1시간씩만 들을 수 있으면 돼요. 스피커는 고감도인 게 더 낫겠죠."
> 점원 : "그럼 고객님께는 (   )모델을, 친구 분께 드릴 선물로는 (   )모델을 추천해 드립니다."

〈제품 사양서〉

구분	무게	충전시간	통화시간	음악재생시간	스피커 감도
A모델	40.0g	2.2H	15H	17H	92db
B모델	43.5g	2.5H	12H	14H	96db
C모델	38.4g	3.0H	12H	15H	94db
D모델	42.0g	2.2H	13H	18H	85db

※ A, B모델 : 통화시간 1시간 감소 시 음악재생시간 30분 증가
※ C, D모델 : 음악재생시간 1시간 감소 시 통화시간 30분 증가

48 다음 중 위 네 가지 모델에 대한 설명으로 옳은 것을 〈보기〉에서 모두 고르면?

〈보기〉
㈎ 충전시간 당 통화시간이 긴 제품일수록 음악재생시간이 길다.
㈏ 충전시간 당 통화시간이 5시간 이상인 것은 A, D모델이다.
㈐ A모델은 통화에, C모델은 음악재생에 더 많은 배터리가 사용된다.
㈑ B모델의 통화시간을 10시간으로 제한하면 음악재생시간을 C모델과 동일하게 유지할 수 있다.

① ㈎, ㈏
② ㈏, ㈑
③ ㈐, ㈑
④ ㈎, ㈐

(개) 충전시간 당 통화시간은 A모델 6.8H > D모델 5.9H > B모델 4.8H > C모델 4.0H 순이다. 음악재생
시간은 D모델 > A모델 > C모델 > B모델 순으로 그 순위가 다르다. (X)

(내) 충전시간 당 통화시간이 5시간 이상인 것은 A모델 6.8H과 D모델 5.9H이다. (O)

(대) 통화 1시간을 감소하여 음악재생 30분의 증가 효과가 있다는 것은 음악재생에 더 많은 배터리가 사용
된다는 것을 의미하므로 A모델은 음악재생에, C모델은 통화에 더 많은 배터리가 사용된다. (X)

(래) B모델은 통화시간 1시간 감소 시 음악재생시간 30분이 증가한다. 현행 12시간에서 10시간으로 통화
시간을 2시간 감소시키면 음악재생시간이 1시간 증가하여 15시간이 되므로 C모델과 동일하게 된다.
(O)

49 다음 중 점원이 K씨에게 추천한 빈칸의 제품이 순서대로 올바르게 짝지어진 것은 어느 것인가?

	K씨	선물
①	C모델	A모델
②	C모델	D모델
③	A모델	C모델
④	A모델	B모델

두 개의 제품 모두 무게가 42g 이하여야 하므로 B모델은 제외된다. K씨는 충전시간이 짧고 통화시간이
길어야 한다는 조건만 제시되어 있으므로 나머지 세 모델 중 A모델이 가장 적절하다.
친구에게 선물할 제품은 통화시간이 16시간이어야 하므로 통화시간을 더 늘릴 수 없는 A모델은 제외되어
야 한다. 나머지 C모델, D모델은 모두 음악재생시간을 조절하여 통화시간을 16시간으로 늘릴 수 있으며
이때 음악재생시간 감소는 C, D모델이 각각 8시간(통화시간 4시간 증가)과 6시간(통화시간 3시간 증가)
이 된다. 따라서 두 모델의 음악재생 가능시간은 15 − 8 = 7시간, 18 − 6 = 12시간이 된다. 그런데 일
주일 1회 충전하여 매일 1시간씩의 음악을 들을 수 있으면 된다고 하였으므로 7시간 이상의 음악재생시
간이 필요하지는 않으며, 7시간만 충족될 경우 고감도 스피커 제품이 더 낫다고 요청하고 있다. 따라서
D모델보다 C모델이 더 적절하다는 것을 알 수 있다.

50 신입사원 甲은 각 부서별 소모품 구매업무를 맡게 되었다. 아래 자료를 참고할 때, 가장 저렴한 가격에 소모품을 구입할 수 있는 곳은 어디인가?

〈소모품별 1회 구매수량 및 구매 제한가격〉

구분	A 물품	B 물품	C 물품	D 물품	E 물품
1회 구매수량	2 묶음	3 묶음	2 묶음	2 묶음	2 묶음
구매 제한가격	25,000원	5,000원	5,000원	3,000원	23,000원

※ 물품 신청 시 1회 구매수량은 부서에 상관없이 매달 일정하다. 예를 들어, A 물품은 2 묶음, B 물품은 3 묶음 단위이다.

※ 물품은 제한된 가격 내에서 구매해야 하며, 구매 제한가격을 넘는 경우에는 구매할 수 없다. 단, 총 구매 가격에는 제한이 없다.

〈소모품 구매 신청서〉

구분	A 물품	B 물품	C 물품	D 물품	E 물품
부서 1	○		○		○
부서 2		○	○	○	
부서 3	○		○	○	○
부서 4		○	○		○
부서 5	○		○	○	○

〈업체별 물품 단가〉

구분	A 물품	B 물품	C 물품	D 물품	E 물품
가 업체	12,400	1,600	2,400	1,400	11,000
나 업체	12,200	1,600	2,450	1,400	11,200
다 업체	12,400	1,500	2,550	1,500	11,500
라 업체	12,500	1,500	2,400	1,300	11,300

(물품 단가는 한 묶음당 가격)

① 가 업체
② 나 업체
③ 다 업체
④ 라 업체

ADVICE 구매 제한가격에 따라 다 업체에서는 C 물품을 구매할 수 없다. 나머지 가, 나, 라 업체의 소모품 구매 가격을 정리하면 다음과 같다.

구분	구매 가격
가 업체	$(12,400 \times 2) + (1,600 \times 3) + (2,400 \times 2) + (1,400 \times 2) + (11,000 \times 2) = 59,200$원
나 업체	$(12,200 \times 2) + (1,600 \times 3) + (2,450 \times 2) + (1,400 \times 2) + (11,200 \times 2) = 59,300$원
라 업체	$(12,500 \times 2) + (1,500 \times 3) + (2,400 \times 2) + (1,300 \times 2) + (11,300 \times 2) = 59,500$원

따라서 가장 저렴한 가격에 소모품을 구입할 수 있는 곳은 가 업체로 구매 가격은 59,200원으로 가장 저렴하다.

CHAPTER 04 정보능력

[정보능력] NCS 출제유형

① 컴퓨터활용능력 : 컴퓨터 프로그램 사용법에 대한 문제를 물어보는 문제이다.
② 정보처리능력 : 엑셀, 알고리즘, 코딩과 관련한 문제를 통해 정보처리 방법을 찾아내는 문제이다.

[정보능력] 출제경향

엑셀 함수문제가 자주 출제가 되는 편이다. 또한 컴퓨터 일반은 난이도가 높지는 않지만 자주 출제되는 편이기 때문에 기본이론을 탄탄하게 준비하고 있는 것이 중요하다. 또한 알고리즘과 관련하여 최근에는 출제가 되고 있는 편으로 디지털 리터러시 능력을 익히는 것이 점차 중요해지고 있다.

[정보능력] 빈출유형

엑셀												
알고리즘												
기초 코딩												
자료해석												`

01 정보능력 모듈형 연습문제

예제 01 정보처리능력

5W2H는 정보를 전략적으로 수집·활용할 때 주로 사용하는 방법이다. 5W2H에 대한 설명으로 옳지 않은 것은?

① WHAT : 정보의 수집 방법을 검토한다.
② WHERE : 정보의 소스(정보원)를 파악한다.
③ WHEN : 정보의 요구(수집)시점을 고려한다.
④ HOW : 정보의 수집 방법을 검토한다.

출제의도
방대한 정보들 중 꼭 필요한 정보와 수집 방법 등을 전략적으로 기획하고 정보 수집이 이루어질 때 효과적인 정보 수집이 가능해진다. 5W2H는 이러한 전략적 정보 활용 기획의 방법으로 그 개념을 이해하고 있는지를 묻는 질문이다.

해설
5W2H의 'WHAT'은 정보의 입수대상을 명확히 하는 것이다. 정보의 수집 방법을 검토하는 것은 HOW(어떻게)에 해당되는 내용이다.

※ ①

예제 02 컴퓨터활용능력

귀하는 커피 전문점을 운영하고 있다. 아래와 같이 엑셀 워크시트로 4개 지점의 원두 구매 수량과 단가를 이용하여 금액을 산출하고 있다. 귀하가 다음 중 [D3] 셀에서 사용하고 있는 함수식으로 옳은 것은?(단, 금액 = 수량 × 단가)

	A	B	C	D
1	지점	원두	수량(100g)	금액
2	A	케냐	15	150,000
3	B	콜롬비아	25	175,000
4	C	케냐	30	300,000
5	D	브라질	35	210,000
6				
7		원두	100g당 단가	
8		케냐	10,000	
9		콜롬비아	7,000	
10		브라질	6,000	
11				

① = C3*VLOOKUP(B3, $B$8 : $C$10, 1, 1)
② = B3*HLOOKUP(C3, $B$8 : $C$10, 2, 0)
③ = C3*VLOOKUP(B3, $B$8 : $C$10, 2, 0)
④ = C3*HLOOKUP($B$8 : $C$10, 2, B3)

출제의도
본 문항은 엑셀 워크시트 함수의 활용도를 확인하는 문제이다.

해설
"VLOOKUP(B3,$B$8 : $C$10, 2, 0)"의 함수를 해설해보면 B3의 값(콜롬비아)을 B8 : C10에서 찾은 후 그 영역의 2번째 열(C열, 100g당 단가)에 있는 값을 나타내는 함수이다.
금액은 "수량 × 단가"으로 나타내므로 [D3] 셀에 사용되는 함수식은
" = C3*VLOOKUP(B3, $B$8 : $C$10, 2, 0)"이다.
※ HLOOKUP과 VLOOKUP
　㉠ HLOOKUP : 배열의 첫 행에서 값을 검색하여, 지정한 행의 같은 열에서 데이터를 추출
　㉡ VLOOKUP : 배열의 첫 열에서 값을 검색하여, 지정한 열의 같은 행에서 데이터를 추출

※ ③

예제 03 정보처리능력

인사팀에서 근무하는 J 씨는 회사가 성장함에 따라 직원 수가 급증하기 시작하면서 직원들의 정보관리 방법을 모색하던 중 다음과 같은 甲사의 직원 정보관리 방법을 보게 되었다. J 씨는 甲사가 하고 있는 이 방법을 회사에도 도입하고자 한다. 이 방법은 무엇인가?

> 甲사의 인사부서에 근무하는 H 씨는 직원들의 개인정보를 관리하는 업무를 담당하고 있다. 甲사에서 근무하는 직원은 수천 명에 달하기 때문에 H 씨는 주요 키워드나 주제어를 가지고 직원들의 정보를 구분하여 관리하여, 찾을 때도 쉽고 내용을 수정할 때도 이전보다 훨씬 간편할 수 있도록 했다.

① 목록을 활용한 정보관리
② 색인을 활용한 정보관리
③ 분류를 활용한 정보관리
④ 1 : 1 매칭을 활용한 정보관리

출제의도
본 문항은 정보관리 방법의 개념을 이해하고 있는가를 묻는 문제이다.

해설
주어진 자료의 甲사에서 사용하는 정보관리는 주요 키워드나 주제어를 가지고 정보를 관리하는 방식인 색인을 활용한 정보관리이다. 디지털 파일에 색인을 저장할 경우 추가, 삭제, 변경 등이 쉽다는 점에서 정보관리에 효율적이다.

❋ ②

1 엑셀 사용 시 발견할 수 있는 다음과 같은 오류 메시지 중 설명이 올바르지 않은 것은?

① #DIV/0! – 수식에서 어떤 값을 0으로 나누었을 때 표시되는 오류 메시지

② #N/A – 함수나 수식에 사용할 수 없는 데이터를 사용했을 경우 발생하는 오류 메시지

③ #NULL! – 잘못된 이수나 피연산자를 사용했을 경우 발생하는 오류 메시지

④ #NUM! – 수식이나 함수에 잘못된 숫자 값이 포함되어 있을 경우 발생하는 오류 메시지

> **ADVICE** '#NULL!'은 교차하지 않은 두 영역의 교차점을 참조 영역으로 지정하였을 경우 발생하는 오류 메시지이며, 잘못된 인수나 피연산자를 사용했을 경우 발생하는 오류 메시지는 '#VAUE!'이다.

2 컴퓨터 사용 도중 발생하는 문제들을 해결하는 방법으로 옳지 않은 것은?

① 시스템 속도가 느린 경우 : [제어판] – [프로그램 추가/제거] – [Windows 구성요소 추가/제거] – [인덱스 서비스]를 선택하여 설치한다.

② 네트워크 통신이 되지 않을 경우 : 케이블 연결과 프로토콜 설정을 확인하여 수정한다.

③ 메모리가 부족한 경우 : 메모리를 추가하거나 불필요한 프로그램을 종료한다.

④ 제대로 동작하지 않는 하드웨어가 있을 경우 : 올바른 장치 드라이버를 재설치한다.

> **ADVICE** [인덱스 서비스]는 빠른 속도로 전체 텍스트를 검색할 수 있도록 문서를 찾고 색인화하는 서비스로, 시스템의 속도는 오히려 조금 느리게 되지만 검색 속도는 빨라진다는 장점이 있다. [인덱스 서비스]를 설치한다고 하여 시스템 속도가 빨라진다고 하기는 어렵다.

Answer. 1.③ 2.①

3 다음 중 데이터베이스에 대한 설명으로 옳지 않은 것은?

① 정보를 효과적으로 조작하고 효율적인 검색을 할 수 있도록 이용하기 위한 것이다.

② 여러 개의 서로 연관된 파일을 데이터베이스라고 한다.

③ 데이터베이스 관리시스템은 데이터와 파일, 그들의 관계 등을 생성하고 유지하고 검색할 수 있게 해주는 소프트웨어를 말한다.

④ 데이터베이스 파일시스템은 한 번에 한 개의 파일에 대하여 생성, 유지, 검색할 수 있는 소프트웨어이다.

> **ADVICE** 파일관리시스템은 한 번에 한 개의 파일에 대해서 생성, 유지, 검색을 할 수 있는 소프트웨어이다.

4 다음 중 컴퓨터 보안 위협의 형태와 그 내용에 대한 설명이 올바르게 연결되지 않은 것은?

① 피싱(Phishing) – 유명 기업이나 금융기관을 사칭한 가짜 웹사이트나 이메일 등으로 개인의 금융정보와 비밀번호를 입력하도록 유도하여 예금 인출 및 다른 범죄에 이용하는 수법

② 스푸핑(Spoofing) – 악의적인 목적으로 임의로 웹사이트를 구축해 일반 사용자의 방문을 유도한 후 시스템 권한을 획득하여 정보를 빼가거나 암호와 기타 정보를 입력하도록 속이는 해킹 수법

③ 디도스(DDoS) – 시스템에 불법적인 행위를 수행하기 위하여 다른 프로그램으로 위장하여 특정 프로그램을 침투시키는 행위

④ 스니핑(Sniffing) – 네트워크 주변을 지나다니는 패킷을 엿보면서 아이디와 패스워드를 알아내는 행위

> **ADVICE** ③ '트로이 목마'를 설명하고 있다. 디도스는 분산서비스 거부 공격으로, 특성 사이트에 오버플로를 일으켜서 시스템이 서비스를 거부하도록 만드는 것이다.

5 다음 중 5W2H에 관한 설명으로 옳지 않은 것은?

① WHAT(무엇을) : 정보의 입수대상을 명확히 한다.

② WHERE(언제까지) : 정보의 요구(수집)시점을 고려한다.

③ WHY(왜) : 정보의 필요목적을 염두에 둔다.

④ WHO(누가) : 정보활동의 주체를 확정한다.

> **ADVICE** 5W2H : 정보 활용의 전략적 기획
> • WHAT(무엇을) : 정보의 입수대상을 명확히 한다.
> • WHERE(어디에서) : 정보의 소스(정보원)를 파악한다.
> • WHEN(언제까지) : 정보의 요구(수집)시점을 고려한다.
> • WHY(왜) : 정보의 필요목적을 염두에 둔다.
> • WHO(누가) : 정보활동의 주체를 확정한다.
> • HOW(어떻게) : 정보의 수집방법을 검토한다.
> • HOW MUCH(얼마나) : 정보수집의 비용성(효용성)을 중시한다.

6 다음 중 '클라우드 컴퓨팅'에 대한 적절한 설명이 아닌 것은 어느 것인가?

① 사용자들이 복잡한 정보를 보관하기 위해 별도의 데이터 센터를 구축할 필요가 없다.

② 정보의 보관보다 정보의 처리 속도와 정확성이 관건인 네트워크 서비스이다.

③ 장소와 시간에 관계없이 다양한 단말기를 통해 정보에 접근할 수 있다.

④ 주소록, 동영상, 음원, 오피스 문서, 게임, 메일 등 다양한 콘텐츠를 대상으로 한다.

> **ADVICE** 클라우드 컴퓨팅이란 인터넷을 통해 제공되는 서버를 활용해 정보를 보관하고 있다가 필요할 때 꺼내 쓰는 기술을 말한다. 따라서 클라우드 컴퓨팅의 핵심은 데이터의 저장·처리·네트워킹 및 다양한 어플리케이션 사용 등 IT 관련 서비스를 인터넷과 같은 네트워크를 기반으로 제공하는데 있어, 정보의 보관 분야에 있어 획기적인 컴퓨팅 기술이라고 할 수 있다.

Answer. 3.④ 4.③ 5.② 6.②

7 다음 내용에 해당하는 인터넷 검색 방식을 일컫는 말은 어느 것인가?

> 이 검색 방식은 검색엔진에서 문장 형태의 질의어를 형태소 분석을 거쳐 언제(when), 어디서(where), 누가 (who), 무엇을(what), 왜(why), 어떻게(how), 얼마나(how much)에 해당하는 5W 2H를 읽어내고 분석하여 각 질문에 답이 들어있는 사이트를 연결해 주는 검색엔진이다.

① 자연어 검색 방식
② 주제별 검색 방식
③ 통합형 검색 방식
④ 키워드 검색 방식

> **◎ ADVICE** ① **자연어 검색 방식** : 컴퓨터를 전혀 모르는 사람이라도 대화하듯이, 일반적인 문장의 형태로 검색어를 입력하는 방식을 말한다. 일반적인 키워드 검색과 달리 자연어 검색은 사용자가 질문하는 문장을 분석하여 질문의 의미 파악을 통해 정보를 찾기 때문에 훨씬 더 간편하고 정확도 높은 답을 찾을 수 있습니다. 말하자면 단순한 키워드 검색의 경우 중복 검색이 되거나 필요없는 정보가 더 많아서 여러 차례 해당하는 정보를 찾기 위해 불편을 감수해야 하지만 자연어 검색은 질문의 의미에 적합한 답만을 찾아주기 때문에 더 효율적이다.
> ② **주제별 검색 방식** : 인터넷상에 존재하는 웹 문서들을 주제별, 계층별로 정리하여 데이터베이스를 구축한 후 이용하는 방식이다. 사용자는 단지 자신이 원하는 정보를 찾을 때까지 상위의 주제부터 하위의 주제까지 분류되어 있는 내용을 선택하여 검색하면 원하는 정보를 발견하게 된다.
> ③ **통합형 검색 방식** : 통합형 검색 방식의 검색은 키워드 검색 방식과 매우 유사하다. 그러나 통합형 검색 방식은 키워드 검색 방식과 같이 검색 엔진 자신만의 데이터베이스를 구축하여 관리하는 방식이 아니라, 사용자가 입력하는 검색어들이 연계된 다른 검색 엔진에게 보내고, 이를 통하여 얻어진 검색 결과를 사용자에게 보여주는 방식을 사용한다.
> ④ **키워드 검색 방식** : 키워드 검색 방식은 찾고자 하는 정보와 관련된 핵심적인 언어인 키워드를 직접 입력하여 이를 검색 엔진에 보내어 검색 엔진이 키워드와 관련된 정보를 찾는 방식이다. 사용자 입장에서는 키워드만을 입력하여 정보 검색을 간단히 할 수 있는 장점이 있는 반면에, 키워드가 불명확하게 입력된 경우에는 검색 결과가 너무 많아 효율적인 검색이 어려울 수 있는 단점이 있다.

8 많은 전문가들은 미래의 사회는 정보기술(IT), 생명공학(BT), 나노기술(NT), 환경기술(ET), 문화산업(CT), 우주항공기술(ST) 등을 이용한 정보화 산업이 주도해 나갈 것이라고 예언한다. 다음 중, 이와 같은 미래 정보화 사회의 6T 주도 환경의 모습을 설명한 것으로 적절하지 않은 것은 어느 것인가?

① 부가가치 창출 요인이 토지, 자본, 노동에서 지식 및 정보 생산 요소로 전환된다.
② 모든 국가의 시장이 국경 없는 하나의 세계 시장으로 통합되는 세계화가 진전된다.
③ 무한한 정보를 중심으로 하는 열린사회로 정보제공자와 정보소비자의 구분이 명확해진다.
④ 과학적 지식이 폭발적으로 증가한다.

> **ⓐADVICE** 미래사회는 지식정보의 창출 및 유통 능력이 국가경쟁력의 원천이 되는 정보사회로 발전할 것이다. 정보사회는 무한한 정보를 중심으로 하는 열린사회로 정보제공자와 정보소비자의 구분이 모호해지며 네트워크를 통한 범세계적인 시장 형성과 경제활동이 이루어진다. 정보통신은 이러한 미래 정보사회의 기반으로서 지식정보의 창출과 원활한 유통이 가능해지기 위해서는 정보통신의 역할이 중요하다. 정보통신 기반을 활용함에 따라 정보사회의 활동 주체들은 모든 사회 경제활동을 시간·장소·대상에 구애 받지 않고 수행할 수 있게 될 것이다.

9 다양한 정보 중 어떤 것들은 입수한 그 자리에서 판단해 처리하고 미련 없이 버리는 것이 바람직한 '동적정보' 형태인 것들이 있다. 다음 중 이러한 동적정보에 속하지 않는 것은 어느 것인가?

① 각국의 해외여행 시 지참해야 할 물품을 기록해 둔 목록표
② 비행 전에 목적지의 기상 상태를 확인하기 위해 알아 본 인터넷 정보
③ 신문에서 확인한 해외 특정 국가의 질병 감염 가능성이 담긴 여행 자제 권고 소식
④ 입국장 검색 절차가 한층 복잡해졌음을 알리는 뉴스 기사

> **ⓐADVICE** 각국의 해외여행 시 지참해야 할 물품이 기록된 자료는 향후에도 유용하게 쓸 수 있는 정보이므로 바로 버려도 되는 동적정보로 볼 수 없다. 나머지 선택지에 제시된 정보들은 모두 1회성이거나 단기에 그 효용이 끝나게 되므로 동적정보이다.
> 신문이나 텔레비전의 뉴스는 상황변화에 따라 수시로 변하기 때문에 동적정보이다. 반면에 잡지나 책에 들어있는 정보는 정적정보이다. 비디오테이프 등에 수록되어 있는 영상정보도 일정한 형태로 보존되어 언제든지 동일한 상태로 재생할 수 있기 때문에 정적정보로 간주할 수 있다.

Answer. 7.① 8.③ 9.①

10 다음 ㈎∼㈐의 설명에 맞는 용어가 순서대로 올바르게 짝지어진 것은 어느 것인가?

> ㈎ 유통분야에서 일반적으로 물품관리를 위해 사용된 바코드를 대체할 차세대 인식기술로 꼽히며, 판독 및 해독 기능을 하는 판독기(reader)와 정보를 제공하는 태그(tag)로 구성된다.
>
> ㈏ 컴퓨터 관련 기술이 생활 구석구석에 스며들어 있는 '퍼베이시브 컴퓨팅(pervasive computing)'과 같은 개념이다.
>
> ㈐ 메신저 애플리케이션의 통화 기능 또는 별도의 데이터 통화 애플리케이션을 설치하면 통신사의 이동통신망이 아니더라도 와이파이(Wi-Fi)를 통해 단말기로 데이터 음성통화를 할 수 있으며, 이동통신망의 음성을 쓰지 않기 때문에 국외 통화 시 비용을 절감할 수 있다는 장점이 있다.

① RFID, 유비쿼터스, VoIP   ② POS, 유비쿼터스, RFID

③ RFID, POS, 핫스팟   ④ POS, VoIP, 핫스팟

ADVICE • RFID : IC칩과 무선을 통해 식품·동물·사물 등 다양한 개체의 정보를 관리할 수 있는 인식 기술을 지칭한다. '전자태그' 혹은 '스마트 태그', '전자 라벨', '무선식별' 등으로 불린다. 이를 기업의 제품에 활용할 경우 생산에서 판매에 이르는 전 과정의 정보를 초소형 칩(IC칩)에 내장시켜 이를 무선주파수로 추적할 수 있다.
 • 유비쿼터스 : 유비쿼터스는 '언제 어디에나 존재한다.'는 뜻의 라틴어로, 사용자가 컴퓨터나 네트워크를 의식하지 않고 장소에 상관없이 자유롭게 네트워크에 접속할 수 있는 환경을 말한다.
 • VoIP : VoIP(Voice over Internet Protocol)는 IP 주소를 사용하는 네트워크를 통해 음성을 디지털 패킷(데이터 전송의 최소 단위)으로 변환하고 전송하는 기술이다. 다른 말로 인터넷전화라고 부르며, 'IP 텔레포니' 혹은 '인터넷 텔레포니'라고도 한다.

11 국내에서 사용하는 인터넷 도메인(Domain)은 현재 2단계 도메인으로 구성되어 있다. 다음 중 도메인 종류와 해당 기관의 성격이 올바르게 연결되지 않은 것은 어느 것인가?

① re.kr – 연구기관   ② pe.kr – 개인

③ kg.kr – 유치원   ④ ed.kr – 대학

ADVICE 대학은 Academy의 약어를 활용한 'ac.kr'을 도메인으로 사용한다. 주어진 도메인 외에도 다음과 같은 것들을 참고할 수 있다.
co.kr – 기업/상업기관(Commercial)
ne.kr – 네트워크(Network)
or.kr – 비영리기관(Organization)
go.kr – 정부기관(Government)
hs.kr – 고등학교(High school)
ms.kr – 중학교(Middle school)
es.kr – 초등학교(Elementary school)

12 길동이는 이번 달 사용한 카드 사용금액을 시기별, 항목별로 다음과 같이 정리하였다. 항목별 단가를 확인한 후 D2 셀에 함수식을 넣어 D5까지 드래그를 하여 결과값을 알아보고자 한다. 길동이가 D2 셀에 입력해야 할 함수식으로 적절한 것은 어느 것인가?

	A	B	C	D
1	시기	항목	횟수	사용금액(원)
2	1주	식비	10	
3	2주	의류구입	3	
4	3주	교통비	12	
5	4주	식비	8	
6				
7	항목	단가		
8	식비	6500		
9	의류구입	43000		
10	교통비	3500		

① =C2*HLOOKUP(B2,$A$8:$B$10,2,0)

② =B2*HLOOKUP(C2,$A$8:$B$10,2,0)

③ =B2*VLOOKUP(B2,$A$8:$B$10,2,0)

④ =C2*VLOOKUP(B2,$A$8:$B$10,2,0)

> **ADVICE** VLOOKUP은 범위의 첫 열에서 찾을 값에 해당하는 데이터를 찾은 후 찾을 값이 있는 행에서 열 번호 위치에 해당하는 데이터를 구하는 함수이다. 단가를 찾아 연결하기 위해서는 열에 대하여 '항목'을 찾아 단가를 구하게 되므로 VLOOKUP 함수를 사용해야 한다.
> 찾을 방법은 TRUE(1) 또는 생략할 경우, 찾을 값의 아래로 근사값, FALSE(0)이면 정확한 값을 표시한다. VLOOKUP(B2,$A$8:$B$10,2,0)은 'A8:B10' 영역의 첫 열에서 '식비'에 해당하는 데이터를 찾아 2 열에 있는 단가 값인 6500을 선택하게 된다. 따라서 '=C2*VLOOKUP(B2,$A$8:$B$10,2,0)'은 10×6500이 되어 결과값은 65,000이 되며, 이를 드래그하면, 각각 129,000, 42,000, 52,000의 사용금 액을 결과값으로 나타내게 된다.

13 다음 그림에서 A6 셀에 수식 '=$A$1+$A2'를 입력한 후 다시 A6 셀을 복사하여 C6와 C8에 각각 붙여넣기를 하였을 경우, ㈎와 ㈏에 나타나게 되는 숫자의 합은 얼마인가?

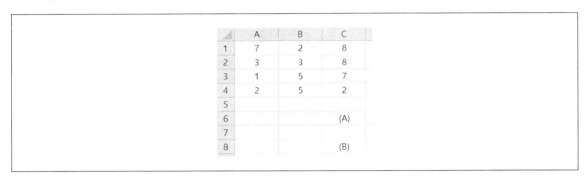

	A	B	C
1	7	2	8
2	3	3	8
3	1	5	7
4	2	5	2
5			
6			(A)
7			
8			(B)

① 10　　　　　　　　　　　　　　　　② 12

③ 14　　　　　　　　　　　　　　　　④ 19

> **ADVICE** '$'는 다음에 오는 셀 기호를 고정값으로 묶어 두는 기능을 하게 된다. A6 셀을 복사하여 C6 셀에 붙이게 되면, 'A'셀이 고정값으로 묶여 있어 ㈎에는 A6 셀과 같은 '$A$1+$A2'의 값 10이 입력된다.
> 한편, ㈏에는 '$'로 묶여 있지 않은 2행의 값 대신에 4행의 값이 대응될 것이다. 따라서 '$A$1+$A4'의 값인 9가 입력된다.
> 따라서 ㈎와 ㈏의 합은 10+9=19가 된다.

14 다음과 같은 네 명의 카드 사용실적에 관한 자료를 토대로 한 함수식의 결과값이 동일한 것을 〈보기〉에서 모두 고른 것은 어느 것인가?

	A	B	C	D	E
1		갑	을	병	정
2	1일 카드사용 횟수	6	7	3	5
3	평균 사용금액	8,500	7,000	12,000	10,000

〈보기〉

(가) =COUNTIF(B2:E2,"◇"&E2)

(나) =COUNTIF(B2:E2,">3")

(다) =INDEX(A1:E3,2,4)

(라) =TRUNC(SQRT(C2),2)

① (가), (나), (다)

② (가), (나), (라)

③ (가), (다), (라)

④ (나), (다), (라)

> **ADVICE** (가) COUNTIF는 범위에서 해당 조건을 만족하는 셀의 개수를 구하는 함수이다. 따라서 'B2:E2' 영역에서 E2의 값인 5와 같지 않은 셀의 개수를 구하면 3이 된다.
> (나) 'B2:E2' 영역에서 3을 초과하는 셀의 개수를 구하면 3이 된다.
> (다) INDEX는 표나 범위에서 지정된 행 번호와 열 번호에 해당하는 데이터를 구하는 함수이다. 따라서 'A1:E3' 영역에서 2행 4열에 있는 데이터를 구하면 3이 된다.
> (라) TRUNC는 지정한 자릿수 미만을 버리는 함수이며, SQRT(인수)는 인수의 양의 제곱근을 구하는 함수이다. 따라서 'C2' 셀의 값 7의 제곱근을 구하면 2.645751이 되고, 2.645751에서 소수점 2자리만 남기고 나머지는 버리게 되어 결과값은 2.64가 된다.
> 따라서 (가), (나), (다)는 모두 3의 결과값을 갖는 것을 알 수 있다.

15 다음 중 '자료', '정보', '지식'의 관계에 대한 설명으로 올바르지 않은 것은 어느 것인가?

① 객관적 실제의 반영이며, 그것을 전달할 수 있도록 기호화한 것을 자료라고 한다.

② 데이터를 집적하고 체계화하여 장래의 일반적인 사항에 대비해 보편성을 갖도록 한 것을 지식이라고 한다.

③ 자료를 가공하여 이용 가능한 정보로 만드는 과정, 자료처리(data processing)라고도 하며 일반적으로 컴퓨터가 담당한다.

④ 업무 활동을 통해 알게 된 세부 데이터를 컴퓨터로 일목요연하게 정리해 내었다면 그것은 지식이라고 불린다.

> **ADVICE** '지식'이란 어떤 특정의 목적을 달성하기 위해 과학적 또는 이론적으로 추상화되거나 정립되어 있는 일반화된 '정보'를 뜻하는 것으로, 어떤 대상에 대하여 원리적·통일적으로 조직되어 객관적 타당성을 요구할 수 있는 판단의 체계를 제시한다. ④에서 언급된 내용은 가치가 포함되어 있지 않은 단순한 데이터베이스라고 볼 수 있다.

16 다음 아래 시트에서 [A9] 셀에서 수식 OFFSET(B3,2,-1)를 입력한 경우 결과 값은?

	A	B	C	D	E
1	직급	학과	연차	성명	주소
2	사원	경제학과	1	최**	서울
3	대리	외교학과	5	허**	경기
4	과장	경영학과	8	윤**	인천
5	부장	경영학과	15	박**	고양
6	부사장	경제학과	17	김**	서울
7					
8					
9					

① 외교학과　　　　　　　　　　　　② 5

③ 경기　　　　　　　　　　　　　　④ 부장

> **ADVICE** OFFSET(기준위치, 행의 이동 값, 열의 이동 값)을 의미한다. 행의 이동 값이 양수이면 하단으로 이동하고, 열의 이동 값이 양수인 경우에는 오른쪽으로 이동한다. 행의 이동 값이 2이므로 하단으로 2칸 이동하고, 열의 이동 값이 1이므로 왼쪽으로 한 칸 이동하여 '부장'에 해당한다.

17 다음 글에서 알 수 있는 '정보'의 특징으로 적절하지 않은 것은 어느 것인가?

천연가스 도매요금이 인상될 것이라는 전망과 그 예측에 관한 정보는 가스사업자에게나 유용한 것이지 일반 대중에게 직접적인 영향을 주는 정보는 아니다. 관련된 일을 하거나 특별한 이유가 있어서 찾아보는 경우를 제외하면 이러한 정보에 관심을 갖게 되는 사람들이 있을까?

① 우리가 필요로 하는 정보의 가치는 여러 가지 상황에 따라서 아주 달라질 수 있다.
② 정보의 가치는 우리의 요구, 사용 목적, 그것이 활용되는 시기와 장소에 따라서 다르게 평가된다.
③ 정보는 비공개 정보보다는 반공개 정보가, 반공개 정보보다는 공개 정보가 더 큰 가치를 가질 수 있다.
④ 원하는 때에 제공되지 못하는 정보는 정보로서의 가치가 없어지게 될 것이다.

> **ADVICE** 적시성과 독점성은 정보의 핵심적인 특성이다. 따라서 정보는 우리가 원하는 시간에 제공되어야 하며, 원하는 시간에 제공되지 못하는 정보는 정보로서의 가치가 없어지게 될 것이다. 또한 정보는 아무리 중요한 내용이라도 공개가 되고 나면 그 가치가 급격하게 떨어지는 것이 보통이다. 따라서 정보는 공개 정보보다는 반공개 정보가, 반공개 정보보다는 비공개 정보가 더 큰 가치를 가질 수 있다. 그러나 비공개 정보는 정보의 활용이라는 면에서 경제성이 떨어지고, 공개 정보는 경쟁성이 떨어지게 된다. 따라서 정보는 공개 정보와 비공개 정보를 적절히 구성함으로써 경제성과 경쟁성을 동시에 추구해야 한다.

18 다음 [A1:D1] 영역을 선택하고 채우기 핸들을 이용하여 아래로 드래그를 할 때, 동일한 데이터로 채워지는 것은?

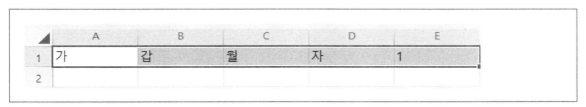

	A	B	C	D	E
1	가	갑	월	자	1
2					

① 가 ② 갑
③ 월 ④ 자

> **ADVICE** ② 갑, 을, 병, 정.. 등의 순서로 B1과 다른 데이터가 나온다.
> ③ 월, 화, 수, 목.. 등의 순서로 C1과 다른 데이터가 나온다.
> ④ 자, 축, 인, 묘.. 등의 순서로 D1과 다른 데이터가 나온다.

19 다음 중 '유틸리티 프로그램'으로 볼 수 없는 것은 어느 것인가?

① 고객 관리 프로그램
② 화면 캡쳐 프로그램
③ 이미지 뷰어 프로그램
④ 동영상 재생 프로그램

> **ⒶADVICE** 사용자가 컴퓨터를 좀 더 쉽게 사용할 수 있도록 도와주는 소프트웨어(프로그램)를 '유틸리티 프로그램'이라고 하고 통상 줄여서 '유틸리티'라고 한다. 유틸리티 프로그램은 본격적인 응용 소프트웨어라고 하기에는 크기가 작고 기능이 단순하다는 특징을 가지고 있으며, 사용자가 컴퓨터를 사용하면서 처리하게 되는 여러 가지 작업을 의미한다. 고객 관리 프로그램, 자원관리 프로그램 등은 대표적인 응용 소프트웨어에 속한다.

20 다음 중 워크시트 셀에 데이터를 자동으로 입력하는 방법에 대한 설명으로 옳지 않은 것은?

① 셀에 입력하는 문자 중 처음 몇 자가 해당 열의 기존 내용과 일치하면 나머지 글자가 자동으로 입력된다.
② 실수인 경우 채우기 핸들을 이용한 [연속 데이터 채우기]의 결과는 소수점 이하 첫째 자리의 숫자가 1씩 증가한다.
③ 채우기 핸들을 이용하면 숫자, 숫자/텍스트 조합, 날짜 또는 시간 등 여러 형식의 데이터 계열을 빠르게 입력할 수 있다.
④ 사용자 지정 연속 데이터 채우기를 사용하면 이름이나 판매 지역 목록과 같은 특정 데이터의 연속 항목을 더 쉽게 입력할 수 있다.

> **ⒶADVICE** 실수인 경우 채우기 핸들을 이용한 [연속 데이터 채우기]의 결과는 일의 자리 숫자가 1씩 증가한다(예: 15.1 → 16.1 → 17.1 → 18.1).

21 소프트웨어는 사용권(저작권)에 따라 분류될 수 있다. 다음 중 이에 따라 분류된 소프트웨어의 특징에 대한 설명으로 올바르지 않은 것은 어느 것인가?

① Shareware – 배너 광고를 보는 대가로 무료로 사용하는 소프트웨어
② Freeware – 무료 사용 및 배포, 기간 및 기능에 제한이 없는 누구나 사용할 수 있는 소프트웨어
③ 베타(Beta) 버전 – 정식 버전이 출시되기 전에 프로그램에 대한 일반인의 평가를 받기 위해 제작된 소프트웨어
④ 상용 소프트웨어 – 사용 기간의 제한 없이 무료 사용과 배포가 가능한 프로그램

> **ⒶADVICE** ④ 상용 소프트웨어는 정해진 금액을 지불하고 정식으로 사용하는 프로그램이다. 한편, 사용 기간의 제한 없이 무료 사용과 배포가 가능한 프로그램은 공개 소프트웨어라고 한다.

22 다음 중 컴퓨터에서 사용되는 자료의 물리적 단위가 큰 것부터 순서대로 올바르게 나열된 것은 어느 것인가?

① Word – Byte – Nibble – Bit

② Byte – Word – Nibble – Bit

③ Word – Byte – Bit – Nibble

④ Word – Nibble – Byte – Bit

> **ADVICE** 데이터의 구성단위는 큰 단위부터 Database → File → Record → Field → Word → Byte(8Bit) → Nibble(4Bit) → Bit의 순이다.
> Bit는 자료를 나타내는 최소의 단위이며, Byte는 문자 표현의 최소 단위로 1Byte=8Bit이다.

23 다음 중 네트워크 관련 장비의 이름과 해당 설명이 올바르게 연결되지 않은 것은 어느 것인가?

① 게이트웨이(Gateway)란 주로 LAN에서 다른 네트워크에 데이터를 보내거나 다른 네트워크로부터 데이터를 받아들이는데 사용되는 장치를 말한다.

② 허브(Hub)는 네트워크를 구성할 때 각 회선을 통합적으로 관리하여 한꺼번에 여러 대의 컴퓨터를 연결하는 장치를 말한다.

③ 리피터(Repeater)는 네트워크 계층의 연동 장치로, 최적 경로 설정에 이용되는 장치이다.

④ 스위칭 허브(Switching Hub)는 근거리통신망 구축 시 단말기의 집선 장치로 이용하는 스위칭 기능을 가진 통신 장비로, 통신 효율을 향상시킨 허브로 볼 수 있다.

> **ADVICE** 리피터(Repeater)는 장거리 전송을 위하여 전송 신호를 재생시키거나 출력 전압을 높여주는 장치를 말하며 디지털 데이터의 감쇠 현상을 방지하기 위해 사용된다.
> 한편, 네트워크 계층의 연동 장치로서 최적 경로 설정에 이용되는 장치는 라우터(Router)이다.

┃24~25┃ 다음은 시스템 모니터링 코드 입력 방법을 설명하고 있다. 시스템을 보고 이어지는 〈보기〉에 알맞은 입력코드를 고르시오.

〈시스템 상태〉

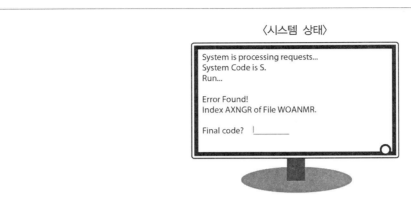

```
System is processing requests...
System Code is S.
Run...

Error Found!
Index AXNGR of File WOANMR.

Final code? |_____
```

〈입력 방법〉

항목	세부사항
Index XX of File YY	• 오류 문자 : 'Index' 뒤에 오는 문자 'XX' • 오류 발생 위치 : File 뒤에 오는 문자 'YY'
Error Value	• 오류 문자와 오류 발생 위치를 의미하는 문자에 사용된 알파벳을 비교하여 일치하는 알파벳의 개수를 확인
Final Code	• Error Value를 통하여 시스템 상태 판단

〈시스템 상태 판단 기준〉

판단 기준	Final Code
일치하는 알파벳의 개수 = 0	Maple
0 < 일치하는 알파벳의 개수 ≤ 1	Walnut
1 < 일치하는 알파벳의 개수 ≤ 2	Cherry
2 < 일치하는 알파벳의 개수 ≤ 3	Aceraceae
3 < 일치하는 알파벳의 개수 ≤ 4	Hockey

24

〈보기〉

```
System is processing requests...
System Code is S.
Run...

Error Found!
Index AVENGORS of File JINIANWAVE

Final code? |_____
```

① Maple　　　　　　　　　　　　② Walnut
③ Cherry　　　　　　　　　　　　④ Hockey

　ADVICE 오류 문자는 'AVENGORS'이며, 오류 발생 위치는 'JINIANWAVE'이다.
　　　　두 값의 일치하는 알파벳 개수는 A, V, E, N로 4개이다.
　　　　따라서 시스템 상태 판단 기준 '3 < 일치하는 알파벳의 개수 ≤ 4'에 의해 Final code는 'Hockey'가 된다.

25

〈보기〉

```
System is processing requests...
System Code is S.
Run...

Error Found!
Index QUESMAB of File ANDIEGOS

Final code? |_____
```

① Maple　　　　　　　　　　　　② Walnut
③ Cherry　　　　　　　　　　　　④ Aceraceae

　ADVICE 오류 문자는 'QUESMAB'이며, 오류 발생 위치는 'ANDIEGOS'이다.
　　　　두 값의 일치하는 알파벳 개수는 E, S, A로 3개이다.
　　　　따라서 시스템 상태 판단 기준 '2 < 일치하는 알파벳의 개수 ≤ 3'에 의해 Final code는 'Aceraceae'가
　　　　된다.

📖 Answer. 24.④ 25.④

|26~28| 다음은 R사에서 수입하는 가구류의 제품 코드 체계이다. 표를 보고 이어지는 질문에 답하시오.

• 예시

2015년 12월에 생산된 미국 Hickory 사의 킹 사이즈 침대 104번째 입고 제품

→ 1512 – 1C – 02003 – 00104

생산 연월	공급자				입고 분류			입고품 수량
	원산지 코드		생산자 코드		제품 코드		용도별 코드	
	1	미국	A	LADD	01	의자	001	거실	
			B	Drexel			002	침실	
			C	Hickory	02	침대	003	킹	
	2	독일	D	Heritage			004	퀸	
			E	Easy wood			005	더블	
2014년 3월 – 1403	3	영국	F	LA-Z-BOY			006	트윈	00001부터 다섯 자리 시리얼 넘버가 부여됨.
			G	Joal	03	장	007	옷장	
2015년 10월 – 1510	4	스웨덴	H	Larkswood			008	장식장	
			I	Pinetree			009	코너장	
			J	Road-7	04	소품	010	조명	
	5	이태리	K	QinQin			011	촛대	
			L	Furniland			012	서랍장	
			M	Omphatic					
	6	프랑스	N	Nine-bed					
			O	Furni Fran					

26 2017년 2월에 생산된 이태리 Omphatic 사의 코너장 223번째 입고 제품의 제품 코드로 알맞은 것은 어느 것인가?

① 01725M0300900223

② 01725L0300902230

③ 17025L0400900223

④ 17025M0300900223

> 🄰 **ADVICE** 2017년 2월이므로 생산 코드는 1702, 이태리의 'Omphatic' 사는 5M, 코너장은 03009, 입고 순번은 223번째이므로 00223이 되어 전체 제품 코드는 17025M0300900223이 된다.

27 R사는 입고 제품 중 원산지 마크 표기상의 문제를 발견하여 스웨덴에서 수입한 제품과 침대류 제품을 모두 재처리하고자 한다. 다음 중 재처리 대상 제품의 제품 코드가 아닌 것은 어느 것인가?

① 15054J03008100010
② 16012D0200600029
③ 14116N0401100603
④ 16054H0100202037

> **ADVICE** 스웨덴에서 수입한 제품은 제품 코드 다섯 번째 자리로 4를 갖게 되며, 침대류는 일곱 번째와 여덟 번째 자리로 02를 갖게 된다. 따라서 이 두 가지 코드에 모두 해당되지 않는 14116N0401100603은 재처리 대상 제품이 아니다.

28 제품 코드가 10103F0401200115인 제품에 대한 설명으로 올바르지 않은 것은 어느 것인가?

① 해당 제품보다 먼저 입고된 제품은 100개 이상이다.
② 유럽에서 생산된 제품이다.
③ 봄에 생산된 제품이다.
④ 소품 중 서랍장 제품이다.

> **ADVICE** ③ 생산 코드가 1010이므로 2010년 10월에 생산된 것이므로 봄에 생산된 것이 아니다.
> ① 115번째 입고 제품이므로 먼저 입고된 제품은 114개가 있다.
> ② 3F이므로 영국의 LA-Z-BOY사에서 생산된 제품이다.
> ④ 소품(04)의 서랍장(012) 제품에 해당한다.

▌29~30▐ 다음은 시스템 모니터링 코드 입력 방법을 설명하고 있다. 시스템을 보고 이어지는 〈보기〉에 알맞은 입력코드를 고르시오.

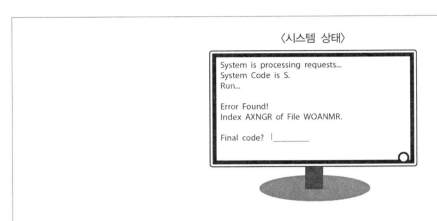

〈시스템 상태〉

System is processing requests...
System Code is S.
Run...

Error Found!
Index AXNGR of File WOANMR.

Final code? |_____

〈입력 방법〉

항목	세부사항
Index XX of File YY	• 오류 문자 : 'Index' 뒤에 오는 문자 'XX' • 오류 발생 위치 : File 뒤에 오는 문자 'YY'
Error Value	• 오류 문자와 오류 발생 위치를 의미하는 문자에 사용된 단어의 처음과 끝 알파벳을 아라비아 숫자(1, 2, 3~)에 대입한 합을 서로 비교하여 그 차이를 확인
Final Code	• Error Value를 통하여 시스템 상태 판단

* 'APPLE'의 Error Value 값은 1(A)+E(5)=6이다.

〈시스템 상태 판단 기준〉

판단 기준	Final Code
숫자에 대입한 두 합의 차이 = 0	raffle
0 < 숫자에 대입한 두 합의 차이 ≤ 5	acejin
5 < 숫자에 대입한 두 합의 차이 ≤ 10	macquin
10 < 숫자에 대입한 두 합의 차이 ≤ 15	phantus
15 < 숫자에 대입한 두 합의 차이	vuritam

29

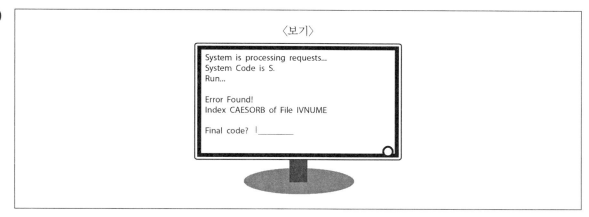

〈보기〉

```
System is processing requests...
System Code is S.
Run...

Error Found!
Index CAESORB of File IVNUME

Final code? |_____
```

① raffle　　　　　　　　　　　② acejin
③ macquin　　　　　　　　　　④ phantus

> ⊙ADVICE 오류 문자는 'CAESORB'이며, 오류 발생 위치는 'IVNUME'이다.
> 오류 문자의 처음과 끝 알파벳에 해당하는 아라비아 숫자의 합은 3(C)+2(B)=5가 되며, 오류 발생 위치
> 의 처음과 끝 알파벳에 해당하는 아라비아 숫자의 합은 9(I)+5(E)=14가 된다. 따라서 5와 14의 차이인
> 9가 시스템 판단 기준이 되어 Final code는 'macquin'이 된다.

30

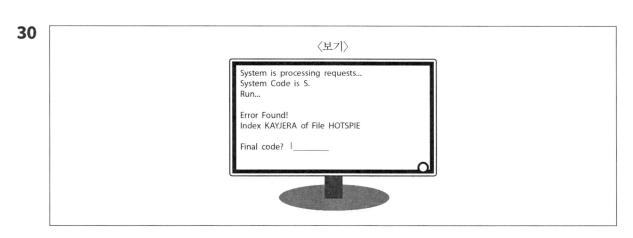

〈보기〉

```
System is processing requests...
System Code is S.
Run...

Error Found!
Index KAYJERA of File HOTSPIE

Final code? |_____
```

① raffle　　　　　　　　　　　② acejin
③ macquin　　　　　　　　　　④ phantus

> ⊙ADVICE 오류 문자는 'KAYJERA'이며, 오류 발생 위치는 'HOTSPIE'이다.
> 오류 문자의 처음과 끝 알파벳에 해당하는 아라비아 숫자의 합은 11(K)+1(A)=12가 되며, 오류 발생 위
> 치의 처음과 끝 알파벳에 해당하는 아라비아 숫자의 합은 8(H)+5(E)=13이 된다. 따라서 12와 13의 차
> 이인 1이 시스템 판단 기준이 되어 Final code는 'acejin'이 된다.

📖 Answer. 29.③ 30.②

▮31~33▮ 다음 K서점 물류 창고 책임자와 담당하고 있는 재고 상품의 코드 목록을 보고 이어지는 질문에 답하시오.

책임자	코드번호	책임자	코드번호
정수빈	11082D0200400135	김재호	11056N0401100030
허경민	12083F0200901009	최주환	11046O0300900045
박건우	11093F0200600100	정진호	11053G0401201182
김재환	12107P0300700085	박세혁	12076N0200700030
오재일	12114H0601501250	양의지	12107Q0501300045
오재원	12091C0200500835	김태형	11091B0100200770
유희관	11035L0601701005	김대한	12081B0100101012

• 예시

2016년 5월에 인천 남도 사에서 출판된 '중국 철학'의 125번째 입고 제품

→ 1605 – 4J – 04012 – 00125

출판 연월	출판지				서적 코드				입고품 수량
	출판지 코드		출판사 코드		분야 코드		세부 코드		
2011년 10월 – 1110 2009년 1월 – 0901	1	서울	A	가사	01	요리	001	양식	00001부터 다섯 자리 시리얼 넘버가 부여됨.
			B	나사			002	한식	
			C	다사	02	참고서	003	초등	
	2	부산	D	라사			004	중등	
			E	마사			005	고등	
	3	대구	F	바사			006	일반	
			G	사사	03	라이프	007	장식	
	4	인천	H	아사			008	자동차	
			I	자사			009	가구	
			J	차사	04	철학	010	서양	
	5	광주	K	카사			011	동양	
			L	타사			012	중국	
			M	파사	05	아동	013	놀이	
	6	세종	N	하사			014	심리	
			O	갑사			015	Mac	
	7	제주	P	을사	06	컴퓨터	016	윈도우	
			Q	정사			017	도스	

31 재고 상품 중 2012년 10월 광주 '카사'에서 출판된 고등학교 참고서의 상품 코드로 알맞은 것은 어느 것인가?

① 12105K0200500025

② 12104H0200401000

③ 12105K0400500120

④ 12104H0500210030

> **ADVICE** 출판연도는 1210이며, 출판지와 출판사 코드는 5K, 고등학교 참고서는 02005가 된다. 뒤의 시리얼 넘버는 지정하지 않았으므로 12105K0200500025가 정답이 된다.

32 다음 중 출판물의 분야가 동일한 서적을 보관하는 물류 창고의 책임자들로 알맞게 짝지어진 것은 어느 것인가?

① 오재일, 박세혁

② 오재원, 김재호

③ 정수빈, 양의지

④ 김재환, 최주환

> **ADVICE** 출판물의 분야를 의미하는 코드는 알파벳 바로 다음인 일곱 번째와 여덟 번째 자릿수이므로, 이것이 모두 '03 라이프' 분야로 동일하게 짝지어진 김재환과 최주환이 정답임을 알 수 있다.
> ① 오재일, 박세혁 : 컴퓨터, 참고서
> ② 오재원, 김재호 : 참고서, 철학
> ③ 정수빈, 양의지 : 참고서, 아동

33 물류 창고에서, 제주도 지역에서 출판된 서적과 '라이프' 분야의 서적을 모두 찾아 본사 매장으로 보내야 한다. 이에 해당하는 서적을 보관 중인 물류 창고 책임자는 모두 몇 명인가?

① 2명

② 3명

③ 4명

④ 5명

> **ADVICE** 제주에서 출판된 서적에는 다섯 번째 상품 코드가 7로 기재되어 있으며, '라이프' 분야 서적에는 일곱 번째와 여덟 번째 상품 코드가 03으로 기재되어 있게 된다. 따라서 다섯 번째 상품 코드로 7을 가진 상품을 담당하는 책임자는 김재환, 양의지이며, 일곱 번째와 여덟 번째 상품 코드로 03을 가진 상품을 담당하는 책임자는 김재환, 최주환이므로 모두 3명이 된다.

📃 Answer. 31.① 32.④ 33.②

34 다음 파일/폴더에 관한 특징 중, 올바른 설명을 모두 고른 것은 어느 것인가?

> (가) 파일은 쉼표(,)를 이용하여 파일명과 확장자를 구분한다.
> (나) 폴더는 일반 항목, 문서, 사진, 음악, 비디오 등의 유형을 선택하여 각 유형에 최적화된 폴더로 사용할 수 있다.
> (다) 파일/폴더는 새로 만들기, 이름 바꾸기, 삭제, 복사 등이 가능하며, 파일이 포함된 폴더도 삭제할 수 있다.
> (라) 파일/폴더의 이름에는 ₩, /, :, *, ?, ", 〈, 〉 등의 문자는 사용할 수 없으며, 255자 이내로(공백 미포함) 작성할 수 있다.
> (마) 하나의 폴더 내에 같은 이름의 파일이나 폴더가 존재할 수 없다.
> (바) 폴더의 '속성' 창에서 해당 폴더에 포함된 파일과 폴더의 개수를 확인할 수 있다.

① (나), (다), (라), (마)

② (가), (라), (마), (바)

③ (나), (다), (마), (바)

④ (가), (나), (라), (마)

> **ADVICE** (가) 파일은 쉼표(,)가 아닌 마침표(.)를 이용하여 파일명과 확장자를 구분한다.
> (라) 파일/폴더의 이름에는 ₩, /, :, *, ?, ", 〈, 〉 등의 문자는 사용할 수 없으며, 255자 이내로 공백을 포함하여 작성할 수 있다.

35 다음과 같은 도표의 'C6' 셀에 제시된 바와 같은 수식을 넣을 경우 나타나게 될 오류 메시지는 다음 중 어느 것인가?

	A	B	C
1	직급	이름	수당(원)
2	과장	홍길동	750,000
3	대리	조길동	600,000
4	차장	이길동	830,000
5	사원	박길동	470,000
6	합계		=SUM(C2:C6)

① #NUM!

② #VALUE!

③ #DIV/0!

④ 순환 참조 경고

> **ADVICE** 수식에서 직접 또는 간접적으로 자체 셀을 참조하는 경우를 순환 참조라고 한다. 열려있는 통합 문서 중 하나에 순환 참조가 있으면 모든 통합 문서가 자동으로 계산되지 않는다. 이 경우 순환 참조를 제거하거나 이전의 반복 계산 (반복 계산: 특정 수치 조건에 맞을 때까지 워크시트에서 반복되는 계산) 결과를 사용하여 순환 참조와 관련된 각 셀이 계산되도록 할 수 있다.

36 다음과 같이 수출액과 수입액의 데이터 순서를 바꾸고자 할 때 사용하는 방법을 올바르게 설명한 것은 어느 것인가?

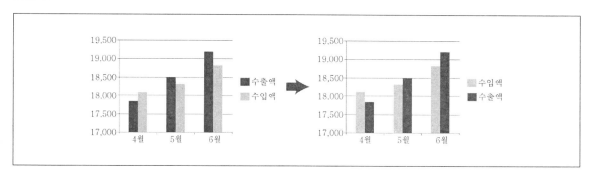

① 먼저 범례를 표시할 공간이 충분히 확보되도록 그림 영역을 조정해 둔다.

② 마우스로 범례를 이동하거나 크기를 변경하면 그림 영역의 크기 및 위치는 자동으로 조정된다.

③ '데이터 원본 선택' 대화 상자로 들어가 범례 항목(계열)에서 계열을 선택한 후 화살표를 이용하여 순서를 변경한다.

④ 변경할 요소를 선택한 후 '차트 도구' – '레이아웃' – '서식' 탭 – '현재 선택 영역' 그룹 – '선택 영역 서식'을 선택한다.

> **ADVICE** 차트를 선택한 후 '차트 도구' – '디자인' 탭 – '데이터' 그룹 – '데이터 선택'으로 들어가면 '데이터 원본 선택' 대화 상자를 찾을 수 있다.

37 다음 보기 중, 정보통신기술 관련 용어를 올바르게 설명하지 못한 것은 어느 것인가?

① 지그비(Zigbee) : 각종 센서에서 수집한 정보를 무선으로 수집할 수 있도록 구성한 사물 통신망

② RFID : 전파를 이용해 정보를 인식하는 기술로 출입 관리, 주차 관리 등에 주로 사용된다.

③ 텔레매틱스 : 자동차와 무선 통신을 결합한 새로운 개념의 차량 무선 인터넷 서비스

④ 와이브로 : 무선과 광대역 인터넷을 통합한 의미로, 휴대용 단말기를 이용하여 정지 및 이동 중에 인터넷에 접속이 가능하도록 하는 서비스

> **ADVICE** 지그비(Zigbee)는 저전력, 저비용, 저속도와 2.4GHz를 기반으로 하는 홈 자동화 및 데이터 전송을 위한 무선 네트워크 규격으로 30cm 이내에서 데이터 전송이 가능하다.
> 제시된 내용의 사물 통신망은 유비쿼터스 센서 네트워크를 의미한다.

📝 **Answer.** 34.③ 35.④ 36.③ 37.①

38 다음 (가)~(마) 중 '인쇄 미리 보기'와 출력에 대한 올바르지 않은 설명을 모두 고른 것은 어느 것인가?

(가) '인쇄 미리 보기'를 실행한 상태에서 '페이지 설정'을 클릭하여 '여백' 탭에서 여백을 조절할 수 있다.

(나) '인쇄 미리 보기' 창에서 셀 너비를 조절할 수 있으나 워크시트에는 변경된 너비가 적용되지 않는다.

(다) 엑셀에서 그림을 시트 배경으로 사용하면 화면에 표시된 형태로 시트 배경이 인쇄된다.

(라) 차트를 선택하고 '인쇄 미리 보기'를 하면 차트만 보여 준다.

(마) 차트를 클릭한 후 'Office 단추' – '인쇄'를 선택하면 '인쇄' 대화 상자의 인쇄 대상이 '선택한 차트'로 지정된다.

---

① (가), (나), (라)

② (나), (라), (마)

③ (나), (마)

④ (나), (다)

> ● ADVICE (나) '인쇄 미리 보기' 창에서 열 너비를 조정한 경우 미리 보기를 해제하면 워크시트에 조정된 너비가 적용되어 나타난다. (X)
> (다) 워크시트에서 그림을 인쇄 배경으로 사용하려면 '삽입' – '머리글/바닥글' – 디자인 탭이 생성되면 '머리글/바닥글 요소' 그룹의 '그림'아이콘 – 시트배경 대화 상자에서 그림을 선택하고 '삽입'의 과정을 거쳐야 한다. (X)

39 다음은 엑셀의 사용자 지정 표시 형식과 그 코드를 설명하는 표이다. ㉠~㉣중 올바른 설명이 아닌 것은 어느 것인가?

년	yy	연도를 뒤의 두 자리로 표시
	yyyy	연도를 네 자리로 표시
월	m	월을 1~12로 표시
	mm	월을 01~12로 표시
	mmm	월을 001~012로 표시 → ㉠
	mmmm	월을 January~December로 표시
일	d	일을 1~31로 표시
	dd	일을 01~31로 표시 → ㉡
요일	ddd	요일을 Sun~Sat로 표시
	dddd	요일을 Sunday~Saturday로 표시
	aaa	요일을 월~일로 표시
	aaaa	요일을 월요일~일요일로 표시 → ㉢
시	h	시간을 0~23으로 표시
	hh	시간을 00~23으로 표시 → ㉣
분	m	분을 0~59로 표시
	mm	분을 00~59로 표시
초	s	초를 0~59로 표시
	ss	초를 00~59로 표시

① ㉠   ② ㉡

③ ㉢   ④ ㉣

ADVICE '월'을 표시하는 'mmm'은 월을 'Jan~Dec'로 표시한다는 의미이다.

40 다음과 같이 매장별 판매금액을 정리하여 A매장의 판매 합계금액을 별도로 계산하고자 한다. 'B11' 셀에 들어가야 할 수식으로 알맞은 것은 어느 것인가?

	A	B
1	매장명	판매액(원)
2	A매장	180,000
3	B매장	190,000
4	B매장	200,000
5	C매장	150,000
6	A매장	100,000
7	A매장	220,000
8	C매장	140,000
9		
10	매장명	합계금액
11	A매장	

① =SUMIF(A2:A8,A11,B2:B8) ② =SUMIF(A2:B8,A11,B2:B8)
③ =SUMIF(A1:B8,A11,B1:B8) ④ =SUMIF(A2:A8,A11,B1:B8)

> **ADVICE** SUMIF 함수는 주어진 조건에 의해 지정된 셀들의 합을 구할 때 사용하는 함수이다. '=SUMIF(범위,함수조건,합계범위)'로 표시하게 된다. 따라서 찾고자 하는 이름의 범위인 A2:A8, 찾고자 하는 이름(조건)인 A11, 합계를 구해야 할 범위인 B2:B8을 순서대로 기재한 '=SUMIF(A2:A8,A11,B2:B8)'가 올바른 수식이 된다.

41 다음 중 'D10'셀에 '셔츠' 판매금액의 평균을 계산하는 수식으로 적절한 것은 어느 것인가?

	A	B	C	D
1	제품명	단가	수량	판매금액
2	셔츠	26,000	10	260,000
3	바지	32,000	15	480,000
4	셔츠	28,000	12	336,000
5	신발	52,000	20	1,040,000
6	신발	58,000	18	1,044,000
7	바지	35,000	20	700,000
8	셔츠	33,000	24	792,000
9				
10	셔츠 판매금액의 평균			

① =DCOUNT(A1:D8,D1,A1:A2) ② =DAVERAGE(A1:D8,D1,A1:A2)
③ =AVERAGE(A1:D8,D1,A1:A2) ④ =DAVERAGE(A1:D8,A1:A2,D1)

DAVERAGE 함수에 대한 설명이다. DAVERAGE 함수는 범위에서 조건에 맞는 레코드 필드 열에 있는 값의 평균을 계산할 때 사용한다. 사용되는 수식은 '=DAVERAGE(범위, 열 번호, 조건)'이다. 따라서 '=DAVERAGE(A1:D8,D1,A1:A2)'와 같은 수식을 입력해야 한다.

42 K사 홍보팀에서는 다음과 같이 직원들의 수당을 지급하고자 한다. C12셀부터 D15셀까지 기재된 사항을 참고로 D열에 수식을 넣어 직책별 수당을 작성하였다. D2셀에 수식을 넣어 D10까지 드래그하여 다음과 같은 자료를 작성하였다면, D2셀에 들어가야 할 적절한 수식은 어느 것인가?

	A	B	C	D
1	사번	직책	기본급	수당
2	9610114	대리	1,720,000	450,000
3	9610070	대리	1,800,000	450,000
4	9410065	과장	2,300,000	550,000
5	9810112	사원	1,500,000	400,000
6	9410105	과장	2,450,000	550,000
7	9010043	부장	3,850,000	650,000
8	9510036	대리	1,750,000	450,000
9	9410068	과장	2,380,000	550,000
10	9810020	사원	1,500,000	400,000
11				
12			부장	650,000
13			과장	550,000
14			대리	450,000
15			사원	400,000

① = VLOOKUP(C12,$C$12:$D$15,2,1)

② = VLOOKUP(C12,$C$12:$D$15,2,0)

③ = VLOOKUP(B2,$C$12:$D$15,2,0)

④ = VLOOKUP(B2,$C$12:$D$15,2,1)

D2셀에 기재되어야 할 수식은 = VLOOKUP(B2,$C$12:$D$15,2,0)이다. B2는 직책이 대리이므로 대리가 있는 셀을 입력하여야 하며, 데이터 범위인 C12:D15가 변하지 않도록 절대 주소로 지정을 해 주게 된다. 또한 대리 직책에 대한 수당이 있는 열의 위치인 2를 입력하게 되며, 마지막에 직책이 정확히 일치하는 값을 찾아야 하므로 0을 기재하게 된다.

Answer. 40.① 41.② 42.③

43 다음 중 아래와 같은 자료를 '기록(초)' 필드를 이용하여 최길동의 순위를 계산하고자 할 때 C3에 들어갈 함수식으로 올바른 것은 어느 것인가?

	A	B	C
1	이름	기록(초)	순위
2	김길동	53	3
3	최길동	59	4
4	박길동	51	1
5	이길동	52	2
6			

① = RANK(B3,$B$2:$B$5,1)
② = RANK(B3,$B$2:$B$5,0)
③ = RANK(B3,$B$2:B5,1)
④ = RANK(B3,B2:$B$5,0)

> **ADVICE** RANK 함수는 지정 범위에서 인수의 순위를 구할 때 사용하는 함수이다. 결정 방법은 수식의 맨 뒤에 0을 입력하거나 생략할 경우 내림차순, 0 이외의 값은 오름차순으로 표시하게 되며 결과값에 해당하는 필드의 범위를 지정할 때에는 절대 주소로 지정한다.

44 다음 설명에 해당하는 엑셀 기능은 무엇인가?

> 입력한 데이터 정보를 기반으로 하여 데이터를 미니 그래프 형태의 시각적 표시로 나타내 주는 기능

① 클립아트
② 스파크라인
③ 하이퍼링크
④ 워드아트

> **ADVICE** 스파크라인 기능을 이용하여 셀 안에 데이터를 기반으로 한 미니 그래프를 삽입할 수 있다.

45 아래 그림을 참고할 때, 할인율을 변경하여 '판매가격'의 목표값을 150,000으로 변경하려고 한다면 [목표값 찾기] 대화 상자의 '수식 셀'에 입력할 값으로 적절한 것은 어느 것인가?

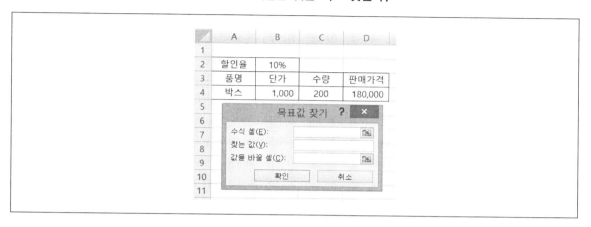

① B4

② C4

③ B2

④ D4

목표값 찾기는 수식으로 구하려는 결과 값은 알지만 해당 결과를 구하는데 필요한 수식 입력 값을 모르는 경우 사용하는 기능이다. 제시된 대화 상자의 빈 칸에는 다음과 같은 내용이 입력된다.
수식 셀 : 결과 값이 출력되는 셀 주소를 입력 → 반드시 수식이어야 함
찾는 값 : 목표값으로 찾고자 하는 값 입력
값을 바꿀 셀 : 목표 결과값을 계산하기 위해 변경되는 값이 입력되어 있는 셀 주소 입력

46 다음 매크로 실행 및 보안에 대한 설명 중 올바르지 않은 것은 어느 것인가?

① Alt+F1 키를 누르면 Visual Basic Editor가 실행되며, 매크로를 수정할 수 있다.

② Alt+F8 키를 누르면 매크로 대화 상자가 표시되어 매크로 목록에서 매크로를 선택하여 실행할 수 있다.

③ 매크로 보안 설정 사항으로는 모든 매크로 제외(알림 표시 없음), 모든 매크로 제외(알림 표시), 디지털 서명된 매크로만 포함, 모든 매크로 포함(알림 표시) 등이 있다.

④ 개발 도구-코드 그룹의 매크로를 클릭하거나 매크로를 기록할 때 지정한 바로가기 키를 눌러 매크로를 실행할 수 있다.

매크로 보안 설정 사항으로는 모든 매크로 제외(알림 표시 없음), 모든 매크로 제외(알림 표시), 디지털 서명된 매크로만 포함 등이 있으며, '모든 매크로 포함'은 위험성 있는 코드가 실행될 수 있으므로 권장하지 않는다.

Answer. **43.**① **44.**② **45.**④ **46.**③

47 워크시트에서 다음 〈보기〉의 표를 참고로 55,000원에 해당하는 할인율을 'C6'셀에 구하고자 할 때의 적절한 수식은 어느 것인가?

	A	B	C	D	E	F
1		〈보기〉				
2		금액	30,000	50,000	80,000	150,000
3		할인율	3%	7%	10%	15%
4						
5		금액	55,000			
6		할인율	7%			
7						

① =VLOOKUP(C5,C2:F2,C3:F3)　　　　　② =LOOKUP(C5,C2:F2,C3:F3)

③ =HLOOKUP(C5,C2:F2,C3:F3)　　　　　④ =LOOKUP(C6,C2:F2,C3:F3)

> **ADVICE** LOOKUP 함수에 대한 설명이다. LOOKUP 함수는 찾을 값을 범위의 첫 행 또는 첫 열에서 찾은 후 범위의 마지막 행 또는 열의 같은 위치에 있는 값을 구하는 것으로, 수식은 '=LOOKUP(찾을 값, 범위, 결과 범위)'가 된다.

48 다음에서 ㉠에 해당하는 설명으로 옳지 않은 것은?

> 클라우드 컴퓨팅이란 중앙의 데이터 센터에서 모든 컴퓨팅을 수행하고, 그 결과 값을 네트워크를 통해 사용자에게 전달하는 방식의 기술이다. 디바이스들에 대한 모든 통제가 데이터센터에서 중앙 집중형으로 진행된다. 그러나 5G시대에 (특히 IoT 장치가 확산되고 실용화되면서) 데이터 트래픽이 폭발적으로 증가할 경우 클라우드 컴퓨팅 기술로 대응하기 어려울 것에 대비하여 그 대체기술로서 _____㉠_____이 주목받기 시작하였다.

① ㉠은 프로세서와 데이터를 중앙 데이터센터 컴퓨팅 플랫폼에 보내지 않고 네트워크 말단의 장치 및 기기 근처에 배치하는 것을 의미한다.

② ㉠은 IoT 사물 등 로컬 영역에서 직접 AI, 빅데이터 등의 컴퓨팅을 수행하므로 네트워크에 대한 의존도가 높을 수밖에 없다.

③ 클라우드 컴퓨팅이 주로 이메일, 동영상, 검색, 저장 등의 기능을 소화했다면, ㉠은 그를 넘어 자율주행, 증강현실, IoT, 스마트팩토리 등 차세대 기술을 지원할 수 있다.

④ 클라우드 컴퓨팅에 비해 연산능력이 떨어지더라도 응답속도가 빠르고, 현장에서 데이터를 분석·적용하기 때문에 즉시성이 높다는 장점이 있다.

> **ADVICE** ㉠에 해당하는 용어는 '엣지컴퓨팅'이다. 엣지컴퓨팅은 네트워크가 없어도 기기 자체에서 컴퓨팅을 구현할 수 있는 기술이다. 따라서 네트워크에 대한 의존도를 크게 낮출 수 있는 기술로 평가된다.

49 다음과 같은 자료를 참고할 때, F3 셀에 들어갈 수식으로 알맞은 것은 어느 것인가?

① =COUNTIF(C2:C13,"<"&AVERAGE(C2:C13))

② =COUNT(C2:C13,"<"&AVERAGE(C2:C13))

③ =COUNTIF(C2:C13,"<", "&" AVERAGE(C2:C13))

④ =COUNT(C2:C13,">"&AVERAGE(C2:C13))

> **ADVICE** COUNTIF 함수는 통계함수로서 범위에서 조건에 맞는 셀의 개수를 구할 때 사용된다.
> =COUNTIF(C2:C13,"<"&AVERAGE(C2:C13))의 수식은 AVERAGE 함수로 평균 금액을 구한 후, 그 금액보다 적은 개수를 세게 된다. COUNT 함수는 범위 내에서 숫자가 포함된 셀의 개수를 구하는 함수이다.

50 다음 자료를 참고할 때, B7 셀에 '=SUM(B2:CHOOSE(2,B3,B4,B5))'의 수식을 입력했을 때 표시되는 결과값으로 올바른 것은 어느 것인가?

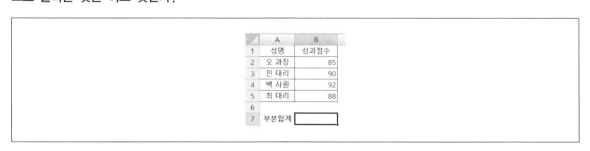

① 175

② 355

③ 267

④ 177

> **ADVICE** CHOOSE 함수는 'CHOOSE(인수,값1,값2,...)'과 같이 표시하며, 인수의 번호에 해당하는 값을 구하게 된다. 다시 말해, 인수가 1이면 값1을, 인수가 2이면 값2를 선택하게 된다. 따라서 두 번째 인수인 B4가 해당되어 B2:B4의 합계를 구하게 되므로 정답은 267이 된다.

📑 **Answer.** 47.② 48.② 49.① 50.③

논리적 사고력

01 논리적 사고력 기초

❶ 논술 및 논리적 사고력

(1) 논술이란?

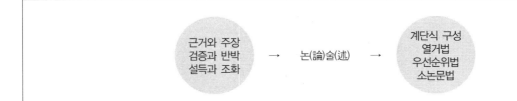

　　사람들은 어떠한 주제에 대해 자신의 의견을 전달하고 싶어 한다. 이렇게 주장을 피력하는 방법으로 글로 쓰는 논술과 말로 전달하는 구술이 있다. 논술과 구술 모두 자신의 의견을 전달하는 방법이라는 공통점을 지니지만 표현하는 수단이 다르기 때문에 그 방법에서도 차이가 날 수 밖에 없다. 논술은 어떤 논제에 관하여 의견을 논리적으로 서술하는 행위 또는 그런 서술을 말한다. 따라서 논술을 할 때에는 **자신이 주장하는 의견에 대하여 그것을 뒷받침할 수 있는 근거가 필요**하다. 타당한 근거가 제시될 때만이 자신이 주장하는 의견이 받아들여 질 수 있으며, 논술의 목표라고 할 수 있는 독자의 설득이 가능해진다. 정리하자면 논술의 답안을 작성할 때에는 두 가지의 핵심 요소가 필수적이라고 할 수 있다.

① 자신이 주장하고자 하는 바를 명료하게 제시한다.

② 주장에 따른 타당한 근거를 제시하여 설득력을 높인다.

　　논술 쓰기에 있어서 가장 우선적으로 해야 할 것은 논제를 파악하는 것이다. 제시문 또는 문제를 읽고 출제자의 의도를 고려하여 정확한 논점을 확립해야 한다. 논제에 대한 파악이 끝나면 논지를 설정해야 한다. 논지 설정은 논제에 대해 어떤 주장을 어떻게 할 것인지에 대한 결정이다. 보통 논지(논제에 대한 자신의 주장)는 한두 문장 정도의 주제문 또는 결론으로 표현될 수 있다. 논지를 정할 때에는 **출제자의 의도와 자신의 견해를 반영하되 타당한 근거를 찾기 쉬운 논지**로 정하는 것이 논술 답안을 작성할 때 수월할 수 있다. 이렇게 논지가 설정되면 이에 대한 적합한 논거를 생성하여 개요를 짜고 답안을 작성한 후 고쳐 쓰기를 하는 순서로 논술 쓰기가 마무리 된다. 순서도로 나타내면 다음과 같다.

> 논제 파악 ➡ 논지 설정 ➡ 논거 생성 ➡ 개요 짜기 ➡ 답안 작성 ➡ 고쳐 쓰기

(2) 논리적 사고력

논술에서 가장 중요한 요소는 생각하는 힘, 즉 사고력의 증진이다. 사고력을 키우기 위해서는 다양한 체험과 폭 넓은 독서로 배경지식을 쌓아야 한다. 타인과의 의견 교환인 토론 역시 사고력 향상에 도움이 된다. 하지만 아무리 많은 체험을 하고 창의적인 생각을 지녔다 하더라도 적절히 활용하지 못한다면 소용이 없다. 따라서 논술 학습이 필요하다. 논술을 잘하기 위해서는 사고에 대한 훈련이 필요한데 사고의 유형으로는 다음과 같은 것이 있다.

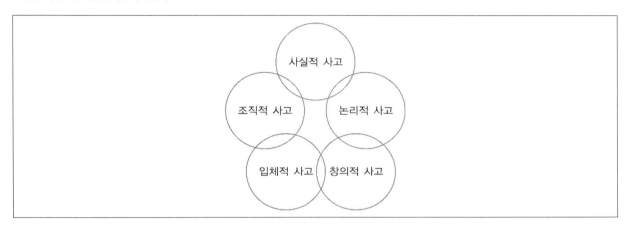

① **사실적 사고** … 독자를 설득하기 위해서는 사실에 근거하여 논술해야 한다.

② **조직적 사고** … 자신의 주장과 주장을 뒷받침할 근거를 조직적으로 구조화해야 한다.

③ **논리적 사고** … 이치를 따지고 앞뒤를 가려 모순 없이 타당하게 생각해야 한다.

④ **입체적 사고** … 올바른 판단을 위해 다양한 시각에서 종합적으로 생각해야 한다.

⑤ **창의적 사고** … 논제에 대한 독창적인 생각으로 뻔함이 아닌 새로움을 반영해야 한다.

❷ 논술 작성 개요(서론 · 본론 · 결론)

논술의 구성 방법에는 여러 가지가 있는데 실제 시험에 임했을 때 어떤 구성 방법을 취하는 것이 바람직한가에 대한 고찰이 필요하다. 논술 시험에서는 독자가 바로 채점자가 된다. 채점자는 정해진 시간 안에 다수의 논술을 읽고 평가해야 하기 때문에 그 내용이 얼마나 쉽게 읽히는지의 여부가 큰 영향을 미친다. 즉, 가독성이 좋은 글을 써야 한다는 것이다. 논술에서의 가독성은 **논제와 결론에 대해 명확하게 표현**하는 것으로 높일 수 있다. 취업 논술의 논제는 경제 용어 또는 사회 현상에 대한 의견 및 대안을 질문하는 형태들이 많은 비중을 차지한다. 일반적인 논술이 그러하듯 서론, 본론, 결론의 세 단계로 논술하는 것이 바람직하다.

① 서론 ··· 논제에 제시된 용어를 정의한다. 용어의 정의가 필요한 이유는 이후 논리를 전개할 때 의미의 혼동을 줄이고, 독자로 하여금 내용을 쉽게 이해시키기 위함이다.

② 본론 ··· 사회 · 경제적인 현상을 설명한다. 자신의 생각보다는 이론이나 일반적으로 통용되는 현상을 소개하는 것이 바람직하다.

③ 결론 ··· 본론에서 언급한 것을 근거로 자신의 주장을 정리한다.

〈개요 작성의 예시〉

논제 : 사회 양극화현상이 불러올 수 있는 소비성향 변화를 서술하고, 경제학적 관점에서 전체 소비에 어떤 영향을 미치는지 논하시오.

① 서론 : '사회 양극화현상', '소비 성향', '전체 소비' 등 주요 용어를 정의한다. 용어 정의는 간단하게 한 두 문장 정도면 충분하다.

② 본론 : '소비성향 변화가 전체 소비에 미치는 영향'에 대해 설명한다. 주요 현상을 정리하고 일반화하며, 몇 가지의 예시를 드는 것이 바람직하다.

③ 결론 : 본론의 내용을 근거로 '전체 소비의 변화'에 대해서 자신의 의견을 정리한다.

논술 작성방법

논술은 앞에서 살펴본 바와 같이 논리적인 글쓰기이다. 소설이나 수필 등 다른 산문과의 가장 큰 차이도 이러한 논리성에 있다. 대다수의 학습자들이 논술에 익숙하면서도 어려움을 느끼는 이유는 여러 가지가 있지만 그 중에서도 이 논리성이 큰 부분을 차지한다. 정답이 정해져 있지 않다는 논술의 특징은 수험생들에게 장점으로 작용할 수 있음에도 불구하고 많은 수험생들이 오히려 부담을 느낀다. 논술은 정해진 답을 외워서 빨리 옮겨 쓰는 것이 아니기 때문에 그 전개 방식이 다양하다. 채점하는 입장에서도 이러한 다양성을 존중하여 정해진 틀에 의한 글만을 답으로 인정하지 않고 폭넓은 논리 구조를 허용하고 있다. 그러므로 자신의 생각을 조리 있게 정리하여 풀어쓰는 것이 논술의 핵심이라 할 수 있다. 그러나 이러한 내용을 알고 있음에도 불구하고 현실적으로 직면하는 문제는 논술 실력이 금방 늘지 않는다는 것이다.

많이 읽어 보기   많이 작성 해보기   많이 토론 하기

점수를 위한 글쓰기와 결과에 대한 부담, 상대적으로 빈약한 학습 자료 등은 수험생들이 논술을 어렵게 느끼게 하는 요인이 되어왔다. 하지만 논술은 고급 개별 지도를 받아야만 향상되는 것은 아니다. 앞으로 소개하는 내용을 잘 숙지한다면 누구나 논술을 잘 쓸 수 있게 된다. 논술을 잘 쓰기 위해서 반드시 행해야 할 세 가지를 살펴보자.

❶ 논술 작성방법

(1) 좋은 글을 쓰는 방법 첫 번째는 '다독(多讀)'이다.

① 많이 읽는 것이 좋은 글쓰기의 시작임을 강조하는 것은 새삼스러워 보이기까지 하지만 현실적으로 제일 지켜지지 않는 분야중 하나이다. 결코 많이 읽는 것이 대충 읽는 것을 뜻하지는 않는다. 인터넷 신문, 태블릿PC를 이용한 모바일 잡지 등 기존에는 존재하지 않던 다양한 매체들이 우리 주변에 등장하였다. 우리는 이러한 정보의 바다에 수시로 접속하면서 다양한 자료를 접하지만 이러한 형태의 읽기는 올바른 다독(多讀)의 방법이 아니다. 이러한 읽기가 초래하는 제일 큰 문제점은 읽는 속도이다. 전자 매체는 그 특성상 다양한 메뉴와 기능들을 활용하여 손쉽게 내용의 전이가 가능하다. 글을 읽다가도 재미가 없어지거나, 마음에 들지 않는 내용이 등장하면 손쉽게 페이지를 바꿀 수 있다. 이러한 특징은 기존의 신문, 책이 가지지 못하는 것으로 속독을 넘어서서 훑어보기 수준의 독서 형태를 초래한다.

② 문제는 이렇게 쉽고 빠르게 읽는 과정에서 그 글에 담긴 내용의 흐름을 잡지 못한다는 것에 있다. 다른 사람의 글을 읽는 것의 핵심은 그 글이 잘 써진 글인지 여부와 무관하게 그에 담긴 핵심 흐름을 파악하는 것이다. 나쁜 글은 그 내용에 일관성이 떨어지고 핵심 논리 구조가 존재하지 않으며 좋은 글은 그 글의 형태적 구성과 핵심 내용의 흐름도 자연스럽다는 것을 다독(多讀)을 통해 느껴야 한다. 이러한 생각 없이 막연히 많이 읽는 방식은 결코 자신의 글쓰기 실력과 연관되지 않는다. 엄밀히 말하면 그러한 읽기 방법은 눈으로 '보았다' 이지 '읽었다'라고 말할 수 없기 때문이다. 안 좋은 글을 보면 오히려 글쓰기에 해가 된다고 생각하는 독자들도 있다. 그러나 그것은 잘못된 생각이다. 글은 문제 풀이와 같이 맞고 틀림이 명확하지 않다. 그러나 그 글의 질을 평가할 수는 있는데 이러한 **평가의 핵심이 바로 논리구조**이다. 그러므로 어떠한 글의 논리 구조가 흐리멍텅하다면 그 글은 안 좋은 글이지만 그 글을 읽음으로써 논리구조의 부족을 생각하게 되고 스스로 부족한 부분을 채우려는 노력을 시도하게 된다. 다른 이의 나쁜 글도 자신에게 '타산지석(他山之石)'이 될 수 있다.

③ 또한 경계해야 할 맹신 중 하나는 '잘 쓰여진 좋은 글을 많이 읽으면 좋다'라는 것이다. 분명 좋은 글을 많이 접하는 것은 어휘나 글의 구성, 내용의 흐름 등에 있어서 본받을 점들이 많다. 하지만 좋은 글을 '많이' 읽는 것만으로 자신의 글쓰기 실력을 향상시킬 수는 없다. 자신의 주장을 논리적으로 펼 수 있는 생각을 가진 상태로 다른 좋은 글에서 접한 미사여구와 논리구조를 적용하는 것이 중요하다.

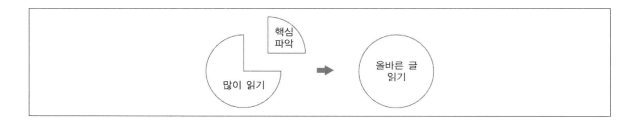

(2) 좋은 글을 쓰는 방법 두 번째는 바로 '다작(多作)'이다.

① 다작(多作)이란 직접 많이 써보는 것인데 이 역시 식상할 정도로 많이 들어왔던 말일 것이다. 하지만 다독(多讀)에서의 핵심이 단순히 '많이' 읽는 것이 아니었음을 상기한다면 다작(多作)에서도 단순히 '많이' 글을 쓴다는 것을 의미하지 않음을 짐작해 볼 수 있을 것이다. 글쓰기는 생각의 투영과 같아서 생각하는 것이 변하지 않으면 글쓰기도 크게 변하지 않는다. 이는 한 자리에서 같은 주제로 두 개 이상의 서로 다른 글쓰기를 하는 것이 얼마나 어려운지를 살펴보면 알 수 있다. 이러한 보완(feed-back) 없는 글쓰기는 결국 유사한 글의 중복된 작성과 같다. 그렇다고 여기서 말하는 다작이 글을 쓸 때마다 매번 문체를 바꾸는 것을 의미하지는 않는다. 문체를 수시로 바꾼다는 것은 현실적으로 불가능에 가깝다. 또한 문체는 사람마다 글을 쓰는 성향으로서 일관성을 가지는 것도 중요하기 때문에 문체가 다작의 핵심이 되지는 못한다.

② 다작(多作)의 중심에는 바로 개선(改善)이 있다. '많이' 표현을 해보는 과정이 중요하지만 그러한 과정을 통해 **일련의 개선(改善)이 발생하여야 그 글쓰기가 진정으로 의미있는 행위가 된다.** 논술은 교재에 나온 주제를 몇 번이고 반복해서 쓰는 것만으로 실력이 향상되지 않는다. 심지어 대부분 논술의 주제들은 매우 상식적이고 친숙하지 않던가. 그러한 친숙한 주제들을 반복해 답변하는 것이 시간의 효용상 얼마나 가치 있는 일인지는 스스로 반문해볼 필요가 있다. 그렇다면 개선(改善)은 어떻게 '다작(多作)'의 효과를 가져오며 어떻게 그러한 개선(改善)을 얻어낼 수 있을까?

③ 같은 주제에 대하여 글을 쓰더라도 생각의 흐름이 변하면 글도 변하게 된다. 수필이나 산문이 아닌 논술의 핵심이 논리성에 있는 것을 감안할 때, 이러한 생각의 흐름의 변화는 논술에서 매우 중요하다고 할 수 있다. 생각에는 정해진 틀이 존재하지 않으므로 다양한 각도로 구성을 엮어갈 수 있다. 이러한 생각의 장점은 간혹 논리성의 부재라는 치명적 단점을 초래하기도 하는데 우리가 속담으로 친숙한 '까마귀 날자 배떨어졌다'와 같은 것이 그것이다. 우연적 상황에 많이 인용되는 본 속담은 논리적인 글이 지양(止揚)해야 할 특징을 극명하게 보여준다. 논리적인 글은 그 연결구조가 우연에 의하면 안된다. 끈끈한 논리적 결속력을 바탕으로 글을 전개해야 독자들의 혼돈을 줄이고 핵심을 빨리 이해하도록 할 수 있다. 그러므로 논술을 위한 글쓰기 연습을 할 때 '다작'을 통하면서 본인의 논리구조에 개선을 행해야 한다.

(3) 논술을 잘 쓰기 위한 마지막 핵심은 바로 '다화(多話)'이다.

① 많이 말해야 한다는 '다화(多話)'의 핵심은 위에서 살펴본 '다작(多作)'의 경우와 같이 개선(改善)에 있다. 논술은 생각의 표현이라 하였는데 이러한 생각을 함양시켜 주는 방법으로 많이 이야기 하는 방법이 있다. 글쓰기의 문체만큼이나 사람의 생각도 가치관에 따라 특징이 있어서 그러한 특징을 벗어나기가 쉽지 않다. 문제는 생각이 가치관을 투영하여 보여준다는 것이 아니라 이러한 가치관에 얽매여서 다른 관점을 이해하지 못하거나 일방적으로 매도하는 경우가 발생할 수 있다는 데 있다. 자신의 생각이 확실한 사람일수록 글쓰기가 쉬워지는 경향이 있으나 이러한 글쓰기는 두 번째에 언급한 '다작의 함정'에 빠지기 쉽다. 주제에 대해 다양한 방법의 접근이 가능하고 본인의 생각이 논리적으로 완벽하지 않을 수 있기 때문에 다른 이들과의 대화를 통하여 자신의 생각을 확인해보고 발상을 전환해보는 과정이 반드시 필요하다. 이러한 과정을 통해 개선된 생각과 더 완성된 논리 흐름을 만들어 낼 수 있기 때문이다.

② 이러한 '다화'의 방법은 이야기를 통하는 경우도 많고 논술의 경우 '첨삭(添削)'을 통하여 이루어지게 된다. 첨삭은 직접 대화하지 못하는 경우에도 일정 부분 의견을 주고받을 수 있는 길을 열어주어 글쓰기의 개선에 큰 도움을 준다. 대부분의 논술학원들에서 이러한 '첨삭'을 강조하고 첨삭 능력이 그 학원의 경쟁력으로 작용할 정도이니 다자간 대화가 불가능한 논술에 있어서 이러한 '첨삭'이 '다화'의 기능으로서 얼마나 중요한지 알 수 있다.

③ 정리해보면 좋은 글쓰기를 위해서는 **평소에 많은 자료들을 접하고, 친구들과 많은 대화를 통하여 본인의 생각을 정리하며, 그것을 다작을 통해 표현하면서 이에 첨삭을 첨가하여 개선을 꾀하는 것이 필요하다.** 좋은 논술을 쓰는 방법은 '저 언덕 너머에' 있지 않다. 우리 주변 가까운 곳에 있는 자료들로부터 시작하여 우리의 머릿속에서 완성이 되고 누군가의 질문과 조언으로 보완이 되는 것이다.

❷ 논술은 쓰는 사람보다 읽는 사람

논술을 잘 쓰기 방법에 첨언해 보자면 논술은 그 특징상 쓰는 사람보다 글을 읽는 사람이 유리하다. 여기서 유리하다는 말은 심신의 흐트러짐이 적고 정신이 정돈되어 있다는 것을 의미한다. 왜 논술은 읽는 사람이 유리할까?

논술을 쓰는 현실적인 상황을 생각해보면 논술은 우리가 집에서 서너 시간씩 책과 노트북을 끼고 인터을 거쳐 가며 쓰지 않는다. 제한된 1시간 남짓한 시간 내에 1,500자에 달하는 분량을 채워야 하다 보니 물리적인 필기 시간의 압박도 상당하다. 이러한 현실적인 상황에서 아무리 머리에 잘 정리가 되어 있고 많은 양을 암기했다고 해도 교과서에 판 박힌 그대로 훌륭한 논술을 즉석에서 써내는 것은 불가능하다. 그러므로 교과서적 글쓰기를 100점 만점으로 본다면 실전 논술에서는 80점만 받아도 만점수준에 가깝게 썼다고 할 수 있는 것이다. 그러므로 본인의 글쓰기를 평가할 때 결코 교과서나 학습서에 나온 모범답안과 직접 비교하는 우를 범하지 않았으면 한다. 이러한 모범 답안은 말 그대로 모범적인 답안이다. 현실적인 제약들이 거의 제거된 상태에서 퇴고를 거쳐 완성된 답안인 것이다. 이러한 답안과 수험생 여러분이 현장에서 작성하는 답안은 같이 평가되어서는 안 된다.

이렇게 급하게 쓰인 실제 논술 시험지는 채점자에 의해 채점되게 되는데 채점자들은 읽는 이의 입장에서 글쓴이의 논리 구조를 파악하는데 주력할 충분한 시간이 있다. 이는 채점자가 아닌 일반적인 누구라도 읽는 사람이면 누구나 되돌려 읽기, 생각하고 다시 읽기 등의 과정을 거쳐 더 유리한 위치에 있게 되는 것을 의미한다. 그러므로 여러분의 글이 이를 읽는 친구들이나 다른 사람들에 의해 지적받고 교정되어지더라도 그것은 지극히 당연한 결과임을 생각해야 한다. 다시 한 번 강조하지만 논술의 핵심은 머릿속에 구조화 시켜놓은 생각을 글의 뼈대로 삼아 현장에서 그동안의 상식들과 글 솜씨로 살을 붙여내는 과정이다. 이를 읽는 채점관이나 독자들이 제일 우선 느끼는 것도 그 논리 핵심의 유무이며 현실적 한계로 이러한 구조에 빈틈이 있을 경우 쉽게 찾아내게 된다. 그러므로 단지 첨삭(添削)이 많은 글이 나쁜 글도 아니오, 첨삭이 적은 글이 항상 좋은 글이 아님은 명백하다. 이를 잘 이해하고 글쓰기에 임하게 된다면 글을 쓰고 평가받는 데서 오는 불안감을 덜 수 있고 본인의 생각을 정리하여 핵심화하는데 더욱 집중할 수 있게 된다. **논술을 잘 쓰는 방법은 이와 같이 쓰고 평가받는 방법을 되풀이 하는 것이다.** 그러므로 수험생 누구나 이것을 잘 숙지하면 훌륭히 논술을 소화해 낼 수 있게 됨을 명심하자.

❸ 경제논술 잘 쓰는 법

경제논술을 잘 쓰는 첫걸음은 주어진 주제를 정확히 파악하는 것이다. 이미 경제논술과 일반논술의 차이를 살펴볼 때 언급하였지만 경제논술의 주제 자체는 생각보다 친숙하다. 그러나 그 주제의 친숙함과는 다르게 그 막후에 숨겨진 논리전개를 찾는 것은 어렵다. 이러한 논리전개 방향을 잘 잡기 위해서는 주제를 접하고 그 주제를 큰 범주별로 구별해야 한다. 주어진 제시문이 있다면 제시문을 읽고 그 제시문과 주제의 핵심이 포괄적이고 시사적인 접근인지 아니면 경제학적인 접근인지 경영학적인 접근인지 아니면 그것들을 모두 물어보고 있는지를 먼저 파악하는 것이 중요하다. 세 가지 유형마다 각자 논리구조 전개 방법과 인용 분야가 다소 다르기 때문이다. 관세율 하락의 효과나 공개시장조작 등의 주제를 전개할 때 기업 통합전략이나 신규마케팅 전략 등을 언급하고 인용하는 것이 글을 엉망으로 만들 수 있음은 굳이 강조하지 않아도 될 것이다.

문제 파악과 분류를 마쳤으면 그 다음단계로 유기적인 논리전개를 해야 하는데, 이때에는 그동안 학습해 온 내용을 바탕으로 서너 단계의 인과관계를 구상한다. 논리 연결이 과도하게 많아질 수록 그 연결사이의 견련성이 약화될 수 있고 현실 설명력이 떨어질 수 있다. 또한 단순하게 이단 논법을 사용하여 ~이므로 ~이다. 라는 논지로만 논술을 구성하는 것은 논증이 빈약하고 무성의해 보일 수 있으므로 피해야 한다. 파급효과들의 구성을 마쳤다면 각 논리연결 단계마다 그 연결을 뒷받침할 법칙이나 사례들을 찾아야 한다. 이 경우 주어진 사회적 현상에 대한 기존의 이론적 해석이나 이론적으로 해석된 전례들을 인용하는 방법이 사용되는데 경제논술에 주로 사용되는 인용의 예를 보면 다음과 같다. 외부효과(네트워크 효과), 코즈의 정리, 무임승차문제, 가치재, 공유지의 비극, 정부실패, 공리주의, 경제적지대, 신호이론, 정보비대칭, 내생적 성장모형, 성장회계분석, 총요소생산성, 구축효과, 통화승수, 효율적시장가설, 대부자금설, 필립스곡선, 화폐수량설, 피셔효과, 메츨러의 역설, 교역조건, 수입할당제, 구상무역, 사중손실, 신보호무역주의, 구매력평가설, 이자율평가설, 트리핀의 딜레마, 캐리트레이드, 한계소비성향, 래퍼곡선, 토빈의 q, 톱니효과, 전시효과, 총수요곡선의 자산효과, 이자율효과, 제품 간 대체효과, 소득효과, 메뉴비용, 스태그플레이션, 경기지수, 립스틱효과, 재할인율 정책, 지급준비율 정책, 공개시장조작, 공급충격, 재정정책의 시차 등의 경제학적 관점들을 도입하여 자신의 주장을 뒷받침 할 수 있다.

마지막으로 중요한 것은 법칙들을 인용할 때 단순히 정의의 나열이나 끼워 맞추기 식의 배열은 전혀 도움이 되지 않으므로 주의하여야 한다. 수개의 경제학적 개념들을 단순히 나열하는 것은 오히려 글의 흐름을 방해하고 원하는 인용의 효과를 얻어낼 수 없게 된다. 적은 수의 인용을 하더라도 논지에 알맞은 분석의 틀로서 적용하는 것이 제일 중요하다. 인용 법칙과 설명하고자 하는 현실적 사안을 유기적으로 연결하여 현실 설명력을 높이는 글쓰기를 하여야 한다. 그리고 그 법칙의 현실적 한계와 기타 변수들의 영향도 언급해 주는 것이 좋다. 법칙들이 현실을 완벽하게 설명하지는 못하기 때문에 그 법칙이 갖는 가정과 관련된 내용들도 언급해주어야 좋은 경제논술이 될 수 있다. 수치의 인용 시에도 논술에서 소수점 둘째자리까지의 정확도를 요구한다던지 하는 일은 없으므로 펼치고자 하는 주장에 일부로서 수치를 사용하는 것이 좋다. 물론 터무니없는 숫자를 사용하는 것은 안 되겠지만 합리적인 수준에서 숫자는 보조적으로만 사용하면 된다. 중국의 경제성장률이 8.9% 인지 8.5%인지는 논술에서 크게 중요하지 않다. 이런 경우 '약 8%의 경제성장을 유지하던' 이라는 문구로도 충분히 원하는 효과를 거둘 수 있으므로 숫자의 정확성에 너무 매달리지 않도록 한다. 결국 평소에 경제 경영에 관한 이론지식과 시사상식들을 많이 알고 이에 대한 단순암기를 넘어서서 이해도를 높여놓는 것이 경제논술 잘 쓰는 법의 핵심이라 볼 수 있다.

❹ 경제논술 논제예시

① 사이드카와 서킷브레이커의 차이점에 대해서 약술하시오.

② 상평통보의 도입배경과 그 영향에 대해서 쓰시오.

③ 동북공정에 대해 쓰고 자신의 의견을 쓰시오.

④ 예금자보호 한도를 높이는 것에 대한 자신의 의견을 쓰시오.

⑤ 갈라파고스 신드롬의 개념에 대해 설명하시오.

⑥ p2p대출 개념에 대해 설명하시오.

⑦ 코리보(KORIBOR) 개념에 대해 설명하시오.

⑧ 슈퍼노트 개념에 대해 설명하시오.

⑨ 민간 소비부진의 원인과 이러한 현상이 중소기업과 은행에 미치는 영향에 대하여 논하시오.

⑩ 금융기관에서 슈퍼앱을 도입함으로써 얻을 수 있는 효과와 이를 활용한 마케팅이 수익으로 연결되기 위한 방안에 대하여 논하시오.

⑪ 중소기업의 해외진출에 따르는 애로사항과 이에 대한 은행의 역할에 대하여 논하시오.

⑫ 세계적으로 재정건전성을 강화하는 가운데 지속가능한 복지정책을 이어가기 위한 방법을 논하시오.

⑬ 최근 국제유가가 고공행진을 하며 세계경제를 위협하고 있는데, 국제유가 상승의 원인과 국내외 경제의 금융과 실물 측면에서 각각 논하시오.

⑭ 최근 해외 은행의 파산으로 폰 뱅크런 사태의 위험성이 부각되고 있다. 이러한 사태를 방지하기 위해서 대처방안에 대해 논하시오.

⑮ 금융거래에 대한 세금이 현재보다 확대될 경우, 금융시장 및 금융기관에 미칠 영향에 대해 논하시오.

⑯ 세계적으로 한류 콘텐츠가 급속히 퍼져나가고 있는데, 이러한 한류열풍을 기업이 어떻게 활용할 수 있는지 논하시오.

⑰ 인공지능 AI의 개발이 급격하게 발달하고 있다. 이러한 기술은 금융기관에서 어떠한 방식으로 적용하여 이용할 수 있는지 논하시오.

⑱ 고성장 · 고수익을 창출할 수 있는 투자 대상인 신흥국에 대한 리스크 평가 및 대응전략에 대해 논하시오.

⑲ 글로벌 기업들의 재무관리에 있어 중요시되는 자금조달의 다각화 및 재무적 유연성에 대해 논하시오.

⑳ 은행의 가계대출 연체율과 부실채권 비율이 상승하는 가운데, 연체 초기 단계에서 프리워크아웃 및 개인회생을 신청하는 사람들이 증가하고 있다. 가계부채 관련 대책이 효과적으로 작용하기 위한 방법에 대해 논하시오.

일반시사논술 기출논제

※ 논제를 복원하여 수록하였으며, 타 금융권 기출논제도 포함되었습니다.

외국인 노동자 유입에 따라 발생할 수 있는 사회경제적인 비용에 대해 설명하고, 이러한 상황에 맞추어 기업이 어떻게 대응해야 하는지에 대한 견해를 밝히시오.

개인 의사결정을 선택하는 개인수준의 의사결정과는 달리 집단형태에 도달하여 결과를 도출하는 집단의사결정에 대한 긍정적인 예와 부정적인 예를 논하시오.

3고 현상(고금리, 고환율, 고물가)에 직면한 현재 화폐금융정책으로 환율경로와 실물경제에 미치는 영향과 빅스텝을 지속함에도 원/달러 환율이 고환율인 이유를 서술하시오.

슈퍼달러 – 엔저현상의 의미와 원인에 대하여 설명하고 이 현상이 우리나라에 미치는 영향에 대하여 서술하시오.

메타버스의 개념에 대해서 설명하고 금융기관에서 메타버스를 활용할 수 있는 사업방향을 서술하시오.

R의 공포와 대응 방안에 대하여 논하시오.

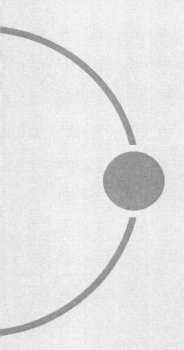

02. 면접 기출질문

PART

03

면접

면접의 기본

❶ 면접 이미지 메이킹

(1) 성공적인 이미지 메이킹 포인트

① 인사

　㉠ 의미 : 인사는 예의범절의 기본이며 상대방의 마음을 여는 기본적인 행동이라고 할 수 있다. 인사는 처음 만나는 면접관에게 호감을 살 수 있는 가장 쉬운 방법이 될 수 있기도 하지만 제대로 예의를 지키지 않으면 지원자의 인성 전반에 대한 평가로 이어질 수 있으므로 각별히 주의해야 한다.

　㉡ 핵심 포인트

　　• 인사말 : 인사말을 할 때에는 밝고 친근감 있는 목소리로 하며, 자신의 이름과 수험번호 등을 간략하게 소개한다.

　　• 시선 : 인사는 상대방의 눈을 보며 하는 것이 중요하며 너무 빤히 쳐다본다는 느낌이 들지 않도록 주의한다.

　　• 표정 : 인사는 마음에서 우러나오는 존경이나 반가움을 표현하고 예의를 차리는 것이므로 살짝 미소를 지으며 하는 것이 좋다.

　　• 자세 : 인사를 할 때에는 가볍게 목만 숙인다거나 흐트러진 상태에서 인사를 하지 않도록 주의하며 절도 있고 확실하게 하는 것이 좋다.

② 시선처리와 표정, 목소리

　㉠ 시선처리와 표정 : 표정은 면접에서 지원자의 첫인상을 결정하는 중요한 요소이다. 얼굴 표정은 사람의 감정을 가장 잘 표현할 수 있는 의사소통 도구로, 표정 하나로 상대방에게 호감을 주거나 비호감을 사기도 한다. 면접 중에는 밝은 표정으로 미소를 지어 호감을 형성할 수 있도록 한다. 시선은 면접관과 고르게 맞추되 생기 있는 눈빛을 띄도록 한다.

　㉡ 목소리 : 면접은 주로 면접관과 지원자의 대화로 이루어지므로 목소리가 미치는 영향이 상당하다. 답변을 할 때에는 부드러우면서도 활기차고 생동감 있는 목소리로 하는 것이 면접관에게 호감을 줄 수 있으며 적당한 제스처가 더해진다면 상승효과를 얻을 수 있다. 적절한 답변을 하였음에도 불구하고 빠른 속도, 자신감 없는 작은 목소리는 답변의 신뢰성을 떨어뜨릴 수 있으므로 주의하도록 한다.

③ 자세

　㉠ 발바닥 전체가 닿는 느낌으로 안정감 있게 걸으며 발소리가 나지 않도록 주의한다.

　㉡ 몸 전체를 곧게 펴고 가슴을 자연스럽게 내민 후 등과 어깨에 힘을 주지 않는다.

　㉢ 정면을 바라본 상태에서 턱을 약간 당기고 아랫배에 힘을 주어 당기며 바르게 선다.

　㉣ 의자 깊숙이 앉고 등받이와 등 사이에 주먹 1개 정도의 간격을 두며 기대듯 앉지 않도록 주의한다.

　㉤ 시선은 정면을 바라보며 어깨를 펴고, 턱은 가볍게 당기고 미소를 짓는다.

　㉥ 앉고 일어날 때에는 자세가 흐트러지지 않도록 주의한다.

(2) 면접 예절

① 행동 관련 예절

   ⊙ 지각은 절대 금물 : 면접장소가 결정되면 교통편과 소요시간을 확인하고 가능하다면 사전에 미리 방문해 보는 것도 좋다. 면접 당일에는 서둘러 출발하여 면접 시간 20 ~ 30분 전에 도착하여 면접장을 둘러보고 환경에 익숙해지는 것도 성공적인 면접을 위한 요령이 될 수 있다.

   ⓒ 면접 대기 시간 : 지원자들은 대부분 면접장에서의 행동과 답변 등으로만 평가를 받는다고 생각하지만 그렇지 않다. 면접 대기 시간에도 행동과 말을 조심해야 하며, 면접을 마치고 돌아가는 순간까지도 긴장을 늦춰서는 안 된다. 면접 중 압박적인 질문에 답변을 잘 했지만, 면접장을 나와 흐트러진 모습을 보이거나 욕설을 한다면 면접 탈락의 요인이 될 수 있으므로 주의해야 한다.

   ⓒ 입실 후 태도 : 본인의 차례가 되어 호명되면 또렷하게 대답하고 들어간다. 문을 여닫을 때에는 소리가 나지 않게 조용히 하며 공손한 자세로 인사한 후 성명과 수험번호를 말하고 면접관의 지시에 따라 자리에 앉는다. 이 경우 착석하라는 말이 없는데 먼저 의자에 앉으면 무례한 사람으로 보일 수 있으므로 주의한다. 의자에 앉을 때에는 끝에 앉지 말고 무릎 위에 양손을 가지런히 얹는 것이 예절이라고 할 수 있다.

   ⓒ 옷매무새를 자주 고치지 말 것 : 일부 지원자의 경우 옷매무새 또는 헤어스타일을 자주 고치거나 확인하기도 하는데 이러한 모습은 과도하게 긴장한 것 같아 보이거나 면접에 집중하지 못하는 것으로 보일 수 있다.

   ⓜ 불필요한 행동은 면접 탈락의 지름길 : 자신도 모르게 다리를 떨거나 손가락을 만지는 등의 행동을 하는 지원자가 있는데, 이는 면접관의 주의를 끌 뿐만 아니라 불안하고 산만한 사람이라는 느낌을 주게 된다.

② 답변 관련 예절

   ⊙ 면접관이나 다른 지원자와 가치 논쟁을 하지 않는다 : 질문을 받고 답변하는 과정에서 면접관 또는 다른 지원자의 의견과 다른 의견이 있을 수 있다. 면접에서 면접관이나 다른 지원자와 가치 논쟁을 할 필요는 없으며 오히려 불이익을 당할 수도 있다. 정답이 정해져 있지 않은 경우에는 가치관이나 성장배경에 따라 문제를 받아들이는 태도에서 답변까지 충분히 차이가 있을 수 있으므로 굳이 면접관이나 다른 지원자의 가치관을 지적하고 고치려 드는 것은 좋지 않다.

   ⓒ 답변은 항상 정직해야 한다 : 거짓말을 하게 되면 지원자는 불안하거나 꺼림칙한 마음이 들게 되어 면접에 집중을 하지 못하게 되고 수많은 지원자를 상대하는 면접관은 그것을 놓치지 않는다.

   ⓒ 경력직인 경우 전 직장에 대해 험담하지 않는다 : 지원자가 전 직장에서 무슨 업무를 담당했고 어떤 성과를 올렸는지는 면접관이 관심을 둘 사항일 수 있지만, 전 직장에 대해 험담을 늘어놓는다든가, 동료와 상사에 대한 악담을 하게 된다면 오히려 지원자에 대한 부정적인 이미지만 심어줄 수 있다.

   ⓒ 자기 자신이나 배경에 대해 자랑하지 않는다 : 자신의 성취나 부모 형제 등 집안사람들이 사회 · 경제적으로 어떠한 위치에 있는지에 대한 자랑은 면접관으로 하여금 지원자에 대해 오만한 사람이거나 배경에 의존하려는 나약한 사람이라는 이미지를 갖게 할 수 있다.

❷ 면접 질문 및 답변 포인트

(1) 성격 및 가치관에 관한 질문

Q 당신의 PR포인트를 말해 주십시오.

> **TIP** PR포인트를 말할 때에는 지나치게 겸손한 태도는 좋지 않으며 적극적으로 자기를 주장하는 것이 좋다. 앞
> 으로 입사 후 하게 될 업무와 관련된 자기의 특성을 구체적인 일화를 더하여 이야기하도록 한다.

MEMO

Q 당신의 장·단점을 말해 보십시오.

> **TIP** 지원자의 구체적인 장·단점을 알고자 하기 보다는 지원자가 자기 자신에 대해 얼마나 알고 있으며 어느
> 정도의 객관적인 분석을 하고 있나, 그리고 개선의 노력 등을 시도하는지를 파악하고자 하는 것이다. 따라서 장
> 점을 말할 때는 업무와 관련된 장점을 뒷받침할 수 있는 근거와 함께 제시하며, 단점을 이야기할 때에는 극복
> 을 위한 노력을 반드시 포함해야 한다.

MEMO

Q 가장 존경하는 사람은 누구입니까?

> **TIP** 존경하는 사람을 말하기 위해서는 우선 그 인물에 대해 알아야 한다. 잘 모르는 인물에 대해 존경한다고
> 말하는 것은 면접관에게 바로 지적당할 수 있으므로, 추상적이라도 좋으니 평소에 존경스럽다고 생각했던 사람
> 에 대해 그 사람의 어떤 점이 좋고 존경스러운지 대답하도록 한다. 또한 자신에게 어떤 영향을 미쳤는지도 언
> 급하면 좋다.

MEMO

(2) 학교생활에 관한 질문

Q 지금까지의 학교생활 중 가장 기억에 남는 일은 무엇입니까?

> **TIP** 가급적 직장생활에 도움이 되는 경험을 이야기하는 것이 좋다. 또한 경험만을 간단하게 말하지 말고 그 경험을 통해서 얻을 수 있었던 교훈 등을 예시와 함께 이야기하는 것이 좋으나 너무 상투적인 답변이 되지 않도록 주의해야 한다.

MEMO

Q 성적은 좋은 편이었습니까?

> **TIP** 면접관은 이미 서류심사를 통해 지원자의 성적을 알고 있다. 그럼에도 불구하고 이 질문을 하는 것은 지원자가 성적에 대해서 어떻게 인식하느냐를 알고자 하는 것이다. 성적이 나빴던 이유에 대해서 변명하려 하지 말고 담백하게 받아드리고 그것에 대한 개선노력을 했음을 밝히는 것이 적절하다.

MEMO

Q 학창시절에 시위나 집회 등에 참여한 경험이 있습니까?

> **TIP** 기업에서는 노사분규를 기업의 사활이 걸린 중대한 문제로 인식하고 거시적인 차원에서 접근한다. 이러한 기업문화를 제대로 인식하지 못하여 학창시절의 시위나 집회 참여 경험을 자랑스럽게 답변할 경우 감점요인이 되거나 심지어는 탈락할 수 있다는 사실에 주의한다. 시위나 집회에 참가한 경험을 말할 때에는 타당성과 정도에 유의하여 답변해야 한다.

MEMO

(3) 지원동기 및 직업의식에 관한 질문

Q 왜 우리 회사를 지원했습니까?

> **TIP** 이 질문은 어느 회사나 가장 먼저 물어보고 싶은 것으로 지원자들은 기업의 이념, 대표의 경영능력, 재무 구조, 복리후생 등 외적인 부분을 설명하는 경우가 많다. 이러한 답변도 적절하지만 지원 회사의 주력 상품에 관한 소비자의 인지도, 경쟁사 제품과의 시장점유율을 비교하면서 입사동기를 설명한다면 상당히 주목 받을 수 있을 것이다.

> **MEMO**

Q 만약 이번 채용에 불합격하면 어떻게 하겠습니까?

> **TIP** 불합격할 것을 가정하고 회사에 응시하는 지원자는 거의 없을 것이다. 이는 지원자를 궁지로 몰아넣고 어떻게 대응하는지를 살펴보며 입사 의지를 알아보려고 하는 것이다. 이 질문은 너무 깊이 들어가지 말고 침착하게 답변하는 것이 좋다.

> **MEMO**

Q 당신이 생각하는 바람직한 사원상은 무엇입니까?

> **TIP** 직장인으로서 또는 조직의 일원으로서의 자세를 묻는 질문으로 지원하는 회사에서 어떤 인재상을 요구하는가를 알아두는 것이 좋으며, 평소에 자신의 생각을 미리 정리해 두어 당황하지 않도록 한다.

> **MEMO**

Q 직무상의 적성과 보수의 많음 중 어느 것을 택하겠습니까?

> **TIP** 이런 질문에서 회사 측에서 원하는 답변은 당연히 직무상의 적성에 비중을 둔다는 것이다. 그러나 적성만을 너무 강조하다 보면 오히려 솔직하지 못하다는 인상을 줄 수 있으므로 어느 한 쪽을 너무 강조하거나 경시하는 태도는 바람직하지 못하다.

> MEMO

Q 상사와 의견이 다를 때 어떻게 하겠습니까?

> **TIP** 과거와 다르게 최근에는 상사의 명령에 무조건 따르겠다는 수동적인 자세는 바람직하지 않다. 회사에서는 때에 따라 자신이 판단하고 행동할 수 있는 직원을 원하기 때문이다. 그러나 지나치게 자신의 의견만을 고집한다면 이는 팀원 간의 불화를 야기할 수 있으며 팀 체제에 악영향을 미칠 수 있으므로 선호하지 않는다는 것에 유념하여 답해야 한다.

> MEMO

(4) 여가 활용에 관한 질문

Q 취미가 무엇입니까?

> **TIP** 기초적인 질문이지만 특별한 취미가 없는 지원자의 경우 대답이 애매할 수밖에 없다. 그래서 가장 많이 대답하게 되는 것이 독서, 영화감상, 혹은 음악감상 등과 같은 흔한 취미를 말하게 되는데 이런 취미는 면접관의 주의를 끌기 어려우며 설사 정말 위와 같은 취미를 가지고 있다하더라도 제대로 답변하기는 힘든 것이 사실이다. 가능하면 독특한 취미를 말하는 것이 좋으며 이제 막 시작한 것이라도 열의를 가지고 있음을 설명할 수 있으면 그것을 취미로 답변하는 것도 좋다.

> **MEMO**

Q 술자리를 좋아합니까?

> **TIP** 이 질문은 정말로 술자리를 좋아하는 정도를 묻는 것이 아니다. 우리나라에서는 대부분 술자리가 친교의 자리로 인식되기 때문에 그것에 얼마나 적극적으로 참여할 수 있는 가를 우회적으로 묻는 것이다. 술자리를 싫어한다고 대답하게 되면 원만한 대인관계에 문제가 있을 수 있다고 평가될 수 있으므로 술을 잘 마시지 못하더라도 술자리의 분위기는 즐긴다고 답변하는 것이 좋으며 주량에 대해서는 정확하게 말하는 것이 좋다.

> **MEMO**

(5) 지원자를 당황하게 하는 질문

Q 성적이 좋지 않은데 이 정도의 성적으로 우리 회사에 입사할 수 있다고 생각합니까?

TIP 비록 자신의 성적이 좋지 않더라도 이미 서류심사에 통과하여 면접에 참여하였다면 기업에서는 지원자의 성적보다 성적 이외의 요소, 즉 성격·열정 등을 높이 평가했다는 것이라고 할 수 있다. 그러나 이런 질문을 받게 되면 지원자는 당황할 수 있으나 주눅 들지 말고 침착하게 대처하는 면모를 보인다면 더 좋은 인상을 남길 수 있다.

MEMO

Q 우리 회사 회장님 함자를 알고 있습니까?

TIP 회장이나 사장의 이름을 조사하는 것은 면접일을 통고받았을 때 이미 사전 조사되었어야 하는 사항이다. 단답형으로 이름만 말하기보다는 그 기업에 입사를 희망하는 지원자의 입장에서 답변하는 것이 좋다.

MEMO

Q 당신은 이 회사에 적합하지 않은 것 같군요.

TIP 이 질문은 지원자의 입장에서 상당히 곤혹스러울 수밖에 없다. 질문을 듣는 순간 그렇다면 면접은 왜 참가시킨 것인가 하는 생각이 들 수도 있다. 하지만 당황하거나 흥분하지 말고 침착하게 자신의 어떤 면이 회사에 적당하지 않는지 겸손하게 물어보고 지적당한 부분에 대해서 고치겠다는 의지를 보인다면 오히려 자신의 능력을 어필할 수 있는 기회로 사용할 수도 있다.

MEMO

Q 다시 공부할 계획이 있습니까?

> **TIP** 이 질문은 지원자가 합격하여 직장을 다니다가 공부를 더 하기 위해 회사를 그만 두거나 학습에 더 관심을 두어 일에 대한 능률이 저하될 것을 우려하여 묻는 것이다. 이때에는 당연히 학습보다는 일을 강조해야 하며, 업무 수행에 필요한 학습이라면 업무에 지장이 없는 범위에서 야간학교를 다니거나 회사에서 제공하는 연수 프로그램 등을 활용하겠다고 답변하는 것이 적당하다.

> MEMO

Q 지원한 분야가 전공한 분야와 다른데 여기 일을 할 수 있겠습니까?

> **TIP** 수험생의 입장에서 본다면 지원한 분야와 전공이 다르지만 서류전형과 필기전형에 합격하여 면접을 보게 된 경우라고 할 수 있다. 이는 결국 해당 회사의 채용 방침상 전공에 크게 영향을 받지 않는다는 것이므로 무엇보다 자신이 전공하지는 않았지만 어떤 업무도 적극적으로 임할 수 있다는 자신감과 능동적인 자세를 보여주도록 노력하는 것이 좋다.

> MEMO

(6) 인성 면접 기출 키워드

Q 입사 후 해보고 싶은 업무, 들어가고 싶은 부서는?

Q 인생에서 가장 큰 실수는?

Q 많이 알려진 사람 중 자신과 비슷하다고 생각하는 사람은 누구인가?

Q 당행에 장점은 무엇이라고 생각하는가?

Q 당행에서 꼭 얻어 가고 싶은 것은?

Q 조직사회에서 적응하는 본인의 노하우는?

Q 본인의 강점은 무엇인가?

Q 부당한 지시에 대한 자신의 대처방법을 말해보시오.

Q 예측하기 힘든 상황이 왔던 사례와 대처 방안을 말해보시오.

Q 체력을 관리하는 방법은 무엇인가?

Q 받아들이기 힘든 요구를 받았을 때 어떻게 행동하였는가?

Q 하기 싫은 일을 맡은 경험과 그 대처방법은?

Q 조직을 위해 헌신했던 경험과 느낀 점을 말해보시오.

Q 은행에서 근무하는 사람에게 중요한 점은 무엇이라고 생각하는가?

Q 타인과 의견이 달라 갈등을 빚은 경험을 말해보시오.

Q 어떤 방법으로 고객의 기억에 남는 직원이 될 것인가?

Q 인생에서 가장 크게 한 실수는 무엇인가?

Q 자신에게 가장 큰 영향을 끼친 사람은 누구인가?

Q 가장 크게 화를 낸 적은 언제인가? 이유는 무엇인가?

Q 본인에게 당행은 어떤 이미지인가?

Q 금융인으로써 자신이 가진 전문성은 무엇이라고 생각하는가?

Q 정직에 대한 자신의 생각과 관련된 경험을 말해보시오.

Q 본인이 생각하는 좋은 기업이란 무엇인가?

Q 자신이 겪은 가장 힘들었던 일과 그 극복과정을 말해보시오.

Q 금융인이 되기 위해 필요한 마음가짐은 무엇이라고 생각하는가?

Q 떠밀려서 일했던 경험과 이를 통해 깨닫게 된 것이 있다면 말해보시오.

Q 입사 후에 어떤 계획을 가지고 있는가?

Q 자신이 생각하는 성실의 의미는 무엇인가?

Q 오랜 시간 동안 소중하게 간직하고 있는 물건과 이유는 무엇인가?

Q 금융과 관련 있는 경험은 무엇인가?

면접 기출질문

❶ KDB산업은행 면접 기출질문

(1) 인성/회사 질문

1. 당사에 대해 아는 대로 말해 보시오.

2. 왜 KDB산업은행에 입행을 하고 싶은가?

3. KDB산업은행의 5대 가치에 대해서 설명해보시오.

4. 경쟁사와 당사를 비교하여 설명해 보시오.

5. 당사 영업점에 가본 적이 있는지, 가본 소감은 어떤지 말해 보시오.

6. 당사 외에 지원한 곳이 있는지, 결과는 어떻게 되었는지 말해 보시오.

7. 지원서에 공백 기간이 있는데, 그 기간 동안 무엇을 하였는가?

8. 당사의 애플리케이션을 사용해 본 적이 있는가, 좋았던 부분과 개선되었으면 하는 부분이 있다면?

9. 당사와 타사의 모바일 뱅킹 애플리케이션의 차이점은 무엇이라고 생각하는가?

10. 살면서 가장 열정적으로 임했던 일이 있는가?

11. 학과활동 이외에 열정적이었던 경험이 있다면 말해보시오.

12. 살면서 가장 힘들었던 경험이 있다면?

13. 가장 좋아하는 과목을 이유와 함께 말해 보시오.

14. 대학 전공이 직무와 맞지 않는데, 지원한 이유는 무엇인가?

15. ○○과를 졸업하였는데 은행업무와 연관이 있다고 생각하는가?

16. 자신의 취미/특기/장점/단점을 말해 보시오.

17. 그동안 취업을 위해 무엇을 준비했는지 말해보시오.

18. 입사 후 포부를 말해 보시오.

19. 입사 후에 하고 싶은 일은 어떤 것인가?

20. 지방 근무/비연고지 근무가 가능한가?

21. 상사가 중요 프로젝트에는 참여시키지 않고 기타 부수적인 일만 지시한다면?

22. 자기소개를 30초간 해보시오.

23. 타 공공기관 인턴을 통해 진행한 프로젝트 및 경험에 대해 말해보시오.

24. 신문을 읽는가? 읽는다면 처음부터 끝까지 정독을 하는지, 일부만 읽는지. 최근에 가장 인상 깊게 본 시사 뉴스에 대해서 말해보시오.

25. 경제토론 동아리 활동을 하였는데 가장 최근에 토론한 내용은 무엇인가?

26. 국책은행이 시중은행보다 좋은 이유는 무엇인가?

27. 고객과 갈등이 발생한다면 어떻게 해결할 것인가?

28. 기업의 존재 이유는 무엇이라고 생각하는가?

29. 기업금융 업무를 잘 할 수 있는 역량으로 무엇이 있습니까?

30. 지점에 발령받게 된다면 어떤 업무를 하고 싶은가?

31. 10년 후 KDB산업은행에서 본인의 모습을 그려보시오.

32. 지방인재 우대채용에 대해서 어떻게 생각하는가?

33. 어디 부서에서 근무하고 싶은가?

34. 본인 기수의 1년 후 퇴사율은 어느 정도라고 예상하고 있는가?

35. KDB산업은행이 시중은행과 차별화되는 점에 대해 예상해보시오.

36. KDB산업은행 어떤 성향의 사람을 선호하는 것 같은가? (내향적, 외향적 성격 등)

37. 연고지가 없는 지방에 발령을 받게 된다면 어떻게 할 것인가?

38. 정년을 보장해주는 것이 아닌데도 지원한 이유가 무엇인가?

39. 입행을 하고난 이후 하고 싶은 공부가 있는가? 있다면 무엇인가?

40. 갈등을 해결해 본 경험이 있는가? 있다면 어떻게 해결했는지 말해보시오.

(2) 직무능력 질문

1. 지원한 직무에서 어떤 일을 수행하는지 알고 있는가?

2. 당사의 업무를 잘 수행할 수 있는 역량이 무엇이라고 생각하는지, 본인에게 그 역량이 있는지 말해보시오.

3. KDB산업은행의 기업금융과 개인금융의 비중을 알고 있는가?

4. 자기자본비율/신용위험에 관해 설명하시오.

5. ELS에 대해서 설명해보시오.

6. 학교동아리를 통해 배운 점을 조직에서 엮을 수 있다면 어떤 장점을 가져올 수 있는가?

7. 핀테크가 어느 단계에 있다고 생각하는지 말해보시오.

8. 내일 주가가 폭락한다는 사실을 미리 접했다면 어떻게 하겠는가?

9. 중소기업을 살려야하는 이유에 대해 말해보시오.

10. APT, 기업가치, 지분법, 파산비용에 대해 설명하시오.

11. 국내 금융과 미국의 금융의 차이점에 대해 설명하시오.

12. 다이렉트 상품에 대해 설명하시오.

13. CIB를 설명하시오.

14. KDB미래전략연구서에서 나온 보고서에 대해서 읽어본 적이 있는가? 최근에 읽어본 것은?

15. 현재 환율이 얼마인가? 환율이 상승하면 국내에 미치는 영향이 무엇인가?

(3) PT/심층과제 면접

1. 4차 산업과 코로나로 비대면화가 활성화되고 있는 만큼 어떤 산업이 가장 변화가 있을 것이며 그에 대한 대응방안에 대해 말해보시오.

2. 한정된 보증재원으로 기업을 지원하는 만큼 고려할 평가요소가 많습니다. 어떠한 평가요소가 있는지 말해보시오.

3. 한전의 전기요금 인상에 대해서 정부가 재원을 지원하는 것에 대해서 설명해보시오.

4. 소액주주를 보호하기 위한 방안에 대해서 설명해보시오.

5. 가계자산의 현황과 장기적으로 바람직한 변동방향에 대해서 설명하시오

6. 자동차산업의 SWOT를 분석하고 전략적 제휴와 M&A 중 장단점을 설명해보시오

7. 흉악범을 지원하는 것에 대해서 찬성하는가, 반대하는가?

8. 글로벌 진출을 희망하는 PRE-IPO 단계에 있는 기업을 지원하기 위한 방법에 대해서 설명하시오.

9. 공매도에 대해서 찬성하는가, 반대하는가?

10. 벌금 비례제도에 대해서 찬성하는가, 반대하는가?

❷ 금융권 면접 기출질문

(1) 인성 질문

1. 입사 후 일하기를 원하는 부서와 왜 그 부서에서 일하고 싶은지 말해보시오.

2. 학력과 학벌주의에 대해서 어떻게 생각하는가?

3. 직장 생활 중 적성에 맞지 않는다고 느낀다면 다른 일을 찾을 것인가? 아니면 참고 견뎌내겠는가?

4. 팔로우와 팔로워 중 본인은 어디에 해당하는가?

5. 중요한 집안 행사와 회사일이 겹치면 어떻게 할 것인가?

6. 상사가 부정한 일로 자신의 이득을 취하고 있다. 이를 인지하게 되었을 때 자신이라면 어떻게 행동할 것인가? 상부에 보고할 것인가?

7. 자신이 상사라면 어떤 성향의 후배 직원이 있었으면 좋겠는가?

8. 자신만의 특별한 취미가 있는가? 그것을 은행 업무에서 활용할 수 있다고 생각하는가?

9. 조직생활에서 중요하다고 생각하는 것 세 가지를 나열해보시오.

10. 오디션 프로그램의 범람 현상에 대해 어떻게 생각하는가?

11. 자신의 가치를 돈으로 평가한다면?

12. 면접을 보러 가는 길인데 신호등이 빨간불이다. 시간이 매우 촉박한 상황인데, 무단횡단을 할 것인가?

13. 자신이 대인관계에서 가장 중요하게 여기는 것은 무엇인가?

14. 신문을 읽을 때 가장 먼저 읽는 면이 무엇인가?

15. 행원으로서 본인에게 가장 부족한 역량은 무엇인가? 그 역량을 높이기 위해 어떠한 노력을 해왔으며 어떻게 노력할 것인가?

16. 원하는 직무에 배치 받지 못할 경우 어떻게 행동할 것인가?

17. 자기 자신을 PR해보시오.

18. (옆 사람의 자기소개가 끝난 후)자기 옆에 앉아있는 지원자의 특징에 대해서 말해보고 장점에 대해 칭찬해보시오.

19. 만약 나 자신을 제외하고 다른 사람이 최종 합격을 해야 한다면 이 중 가장 적임자는 누구인지 고르고 그 이유를 말하시오.

20. 건강한 신체와 적극적인 마인드를 유지하기 위해 본인은 어떠한 노력을 하고 있는가?

(2) 직무능력 관련 질문

1. 경제신문에 나오는 '금리, 환율, 종합주가지수'의 용어에 대해 설명해보시오.

2. 은행의 주 수입원은 무엇이라 생각하는가?

3. 레버리지 효과란 무엇인가?

4. 신파일러에게 금융상품을 판매해야하는 경우 어떻게 할 것인가?

5. 10억이 주어진다면 어떻게 포트폴리오를 구성할 것인가?

6. 공제상품을 어떻게 소비자들에게 팔 수 있는가?

7. 부동산 담부대출에 대해서 설명해보시오.

8. 고객이 영업점에 방문해야 다양한 금융상품의 판매에 용이한데, 비대면 상품구매가 활성화된 요즘에 고객이 영업점에 방문하게 하기 위해 어떻게 할 것인가?

9. MZ세대를 타깃으로 하여 상품을 판매하기 위해서 어떠한 방식으로 해야 하는가?

10. 예대율과 예대마진에 대해 설명하시오.

11. 출구전략에 대해 설명하시오.

12. 통화스왑이 무엇인가?

13. 10만원 계좌를 가진 손님과 100억 계좌를 가진 손님이 동시에 왔다고 다툰다면 어느 손님부터 업무를 처리하겠는가?

14. 매우 바쁜 점심시간에 할머니께서 동전을 두 자루 교환하러 오셨다. 어떻게 할 것인가?

15. 환율이 하락할 경우 기업에 미치는 영향에 3대해 설명해 보시오.

16. 관료제의 맹점이 무엇이라고 생각하는가?

17. 대기고객이 많고 바쁜 상황에서 투자유치하기에 가치가 있다고 생각되는 고객이 있다면 어떠한 방법으로 이 고객을 유치할 수 있는가?

18. 수표와 어음의 의미를 각각 설명해보시오.

19. 한국은행의 역할에 대해서 설명해보시오.

20. 유동성함정에 대해서 설명해보시오.

상식
용어사전
시리즈

합격GO!

1 금융상식 2주 만에 완성하기

금융은행권, 단기간 공략으로 끝장낸다! 필기 걱정은 이제 NO! <금융상식 2주 만에 완성하기> 한 권으로 시간은 아끼고 학습효율은 높이자!

2 중요한 용어만 한눈에 보는 시사용어사전 1130

매일 접하는 각종 기사와 정보 속에서 현대인이 놓치기 쉬운, 그러나 꼭 알아야 할 최신 시사상식을 쏙쏙 뽑아 이해하기 쉽도록 정리했다!

3 중요한 용어만 한눈에 보는 경제용어사전 961

주요 경제용어는 거의 다 실었다! 경제가 쉬워지는 책, 경제용어사전!

4 중요한 용어만 한눈에 보는 부동산용어사전 1273

부동산에 대한 이해를 높이고 부동산의 개발과 활용, 투자 및 부동산 용어 학습에도 적극적으로 이용할 수 있는 부동산용어사전!

자격증
기출문제
총집합!

자격증 별로 정리된
기출문제로 깔끔하게 합격하자!

기출문제로 자격증 시험 준비하자!

건강운동관리사, 스포츠지도사, 손해사정사, 손해평가사,
농산물품질관리사, 수산물품질관리사, 관광통역안내사, 국내여행안내사, 보세사, 사회조사분석사